Hannes Bahrmann/Christoph Links

Wir sind das Volk

Die DDR zwischen 7. Oktober und 17. Dezember 1989

Eine Chronik

Aufbau   Texte zur Zeit

Hannes Bahrmann/Christoph Links

Wir sind das Volk

Die DDR zwischen 7. Oktober
und 17. Dezember 1989
Eine Chronik

Aufbau-Verlag Berlin und Weimar
Peter Hammer Verlag Wuppertal

Vorwort

„Wir sind das Volk“ – dieser schlichte Satz hat Weltgeschichte gemacht. Er bündelte unterschiedliche Interessen zu gemeinsamem Aufbegehren, er diente als Sprengkraft und als Programm. Seine Signalwirkung rührt aus vier Jahrzehnten Propaganda her, in denen eine sich immer mehr vom Volk entfernende Führung immer lauter behauptete, alles für das Volk zu tun, ganz in seinem Sinne zu handeln. Dem setzten Hundertausende ein klares Zeichen entgegen. Sie sprachen der Führung mit diesem einen Satz jede Legitimität ab, denn nur aus der Behauptung, Sachwalter der Volksinteressen zu sein, leitete sich ihr Herrschaftsanspruch ab, der durch keine ehrlichen Wahlen untermauert war. Das Volk nahm seine Entmündigung nicht länger hin. Während sich ringsum Veränderungen vollzogen, man in der Sowjetunion, in Polen und Ungarn daran ging, stalinistische Verhältnisse zu überwinden, versuchte Erich Honecker mit seinem überalterten Politbüro, die verkrusteten Strukturen weiter zu zementieren. Doch weder die Manipulationen bei den Kommunalwahlen im Frühjahr 1989, noch die demonstrative Begrüßung des Massakers in China, weder die eingeschränkten Reisemöglichkeiten, noch die gleichgeschalteten Medien konnten das überlebte System retten. Im Gegenteil. Die Unfähigkeit zum Dialog, die allgemeine Verhärtung erhöhten nur den Druck. Zehntausende verließen über Ungarn und die CSSR das Land in Richtung Westen. Im Innern formierten sich neue Oppositionskräfte, die nun auch öffentlich hervortraten und den Regierenden die Stirn boten. Selbst in der SED brachen die Widersprüche auf, meldeten sich Reformentschlossene zu Wort. Prominente Künstler und Schriftsteller engagierten sich für die Bewegung. Bald gingen die ersten auf die Straße, wo sie mit Gummiknüppeln, Wasserwerfern und Hundestaffeln empfangen wurden. Doch ihnen folgten trotz allem Tausende und Abertausende nach. Sie machten deutlich: „Wir sind das Volk“. Und dieses Volk ließ sich weder abwählen noch auswechseln. Entschlossen und besonnen meldete es seine Forderungen an, verlangte, nicht nur gehört zu werden, sondern endlich selbst entscheiden zu können. Es ging nicht mehr nur um den Wechsel von Figuren, sondern um eine grundlegende Neugestaltung der politischen Verhältnisse. Der Rücktritt der gesamten Führungsmannschaft, die Auflösung einiger Ministerien, der Verzicht der SED auf einen in der Verfassung festgeschriebenen Führungsanspruch und die Öffnung der Grenzen waren nur erste Schritte auf dem Weg in eine von Grund auf veränderte Gesellschaft. Wie diese jedoch aussehen soll, ist durchaus strittig. Während die einen meinen, aus „Wir sind das Volk" müßte nun „Wir sind ein Volk" werden, meinen andere, die Eigenstaatlichkeit der DDR sollte möglichst lange erhalten bleiben. Während hier nach freier Marktwirtschaft gerufen wird, fordert man dort Rätedemokratie. Gegensätzliche Konzepte prallen aufeinander, unterschiedliche Interessen treten zu Tage. Keine Gruppierung verfügt über ausreichend Kraft, sich allein durchzusetzen. Der Ruf „Wir sind das Volk" reicht nicht mehr aus. Er brachte vor allem den gemeinsamen Protest zum Ausdruck, war Programm für die Zeit des stürmischen Aufbruchs, der hier in seiner Dynamik und Vielfalt zu dokumentieren versucht wurde. Künftig muß wohl wieder mit vielen verschiedenen Leitsprüchen gerechnet werden, denn eine Situation wie in diesem Herbst 1989 gibt es in den meisten Ländern wohl nur ganz selten. Es sind die großen Augenblicke der Weltgeschichte.

Christoph Links/Hannes Bahrmann

Sonnabend, 7. Oktober

Die DDR wird 40 Jahre alt.

Das SED-Zentralorgan „Neues Deutschland" erscheint als einzige Zeitung an diesem Tag mit einer Sonderausgabe. Über die ganze Titelseite prangt in großen Lettern: „Die Entwicklung der Deutschen Demokratischen Republik wird auch in Zukunft das Werk des ganzen Volkes sein". Dies sollte sich bewahrheiten. Doch anders als gedacht.

Der Tag beginnt in Berlin mit Aufräumarbeiten. Straßenkehrmaschinen beseitigen die Überreste des propagandistisch hochgejubelten Fackelzuges der Freien Deutschen Jugend, bei dem am Abend zuvor 100 000 Jugendliche an Erich Honecker und den Ehrengästen vorbeigezogen waren, um „ihre Liebe und Treue zur Partei der Arbeiterklasse zu bekunden". Wenige Stunden später beginnt auf der Karl-Marx-Allee eine Militärparade. Am Nachmittag dann Volksfeste in allen Stadtbezirken. Doch Begeisterung will nicht recht aufkommen. Auf dem Land lastet ein bisher nicht gekannter Druck. Seit dem 10. September verlassen täglich Tausende vor allem junger Menschen die Deutsche Demokratische Republik. Sie nehmen den Weg über Ungarn und die Botschaften der Bundesrepublik Deutschland in Prag und Warschau. Unzufriedenheit über mangelnde Reisemöglichkeiten, eingeschränkte Rechte bei der Meinungsäußerung und politischen Betätigung, die Manipulation bei den Kommunalwahlen am 7. Mai, die offizielle Begrüßung der Gewalttaten in China und die Verlogenheit der Medien haben Verdruß erzeugt – und Entschlossenheit.

Gegen 17 Uhr finden sich, wie an jedem 7. der letzten Monate, einige hundert Jugendliche auf dem Berliner Alexanderplatz ein, um „auf die Wahlen zu pfeifen". Zunächst wird diskutiert, dann werden die ersten Sprechchöre laut. Im Gegensatz zu früheren Kundgebungen, bei denen zu hören war „Wir wollen raus", heißt es diesmal: „Wir bleiben hier!". Schnell ist die Gruppe von Neugierigen umringt, westliche Kamerateams, von Sicherheitskräften stark behindert, kommen zu ihren Bildern. Gegen 17.20 Uhr macht sich die Gruppe auf den Weg in Richtung Palast der Republik, wo zu dieser Zeit die Partei- und Staatsführung mit ihren Gästen, darunter

Michail Gorbatschow, Todor Shiwkow, Milos Jakes, Wojciech Jaruzelski und Nicolae Ceausescu, Geburtstag feiert. Polizeiketten vor der Spreebrücke verhindern ein weiteres Vorrücken. Die inzwischen auf zwei- bis dreitausend Personen angewachsene Menge skandiert immer wieder „Gorbi, Gorbi", „Wir sind das Volk" und „Gorbi, hilf uns." Michail Gorbatschow hatte tags zuvor, auf den Reformunwillen der DDR-Führung angesprochen, diplomatisch aber unmißverständlich erklärt: „Wer zu spät kommt, den bestraft das Leben."

Um 18 Uhr setzt sich ein geordneter Demonstrationszug mit mehreren tausend Menschen in Richtung des nördlichen Stadtbezirks Prenzlauer Berg in Bewegung. Hier findet seit einer Woche in der Gethsemanekirche eine Mahnwache für politische Gefangene statt. Auf Höhe der staatlichen Nachrichtenagentur ADN rufen die Demonstranten „Lügner, Lügner" und „Pressefreiheit – Meinungsfreiheit". Die ersten Mannschaftswagen fahren heran. Polizisten sperren die Seitenstraßen ab. Es kommt zu Handgreiflichkeiten, zu Verhaftungen und zum Einsatz von Gummiknüppeln. „Keine Gewalt" ruft die Menge und strebt weiter vorwärts. Ein Fernsehreporter postiert sich vor dem heranrückenden Zug und kommentiert: „Dies ist die erste größere Protestdemonstration in Ost-Berlin seit dem Arbeiteraufstand am 17. Juni 1953."

Neben Polizisten werden jetzt auch zivile Sicherheitskräfte gegen die Demonstranten eingesetzt, die untergehakt Keile in den Marschzug treiben, um den Block zu zersplittern sowie Abgedrängte auf Mannschaftswagen zu verladen und „zuzuführen", wie es später im offiziellen Bericht heißt. Anderthalbtausend Menschen erreichen schließlich die Gethsemanekirche an der Schönhauser Allee. Vor dem Portal brennen Hunderte von Kerzen für die zu unrecht Inhaftierten in Leipzig, Potsdam und Berlin. Drinnen hat eine Fastenaktion für sie begonnen. An den Wänden hängen Berichte über die gewaltsamen Auseinandersetzungen an den Vortagen in Dresden. Vor der Tür wieder Sprechchöre: „Neues Forum, Neues Forum".

Unter diesem Namen hatte sich vier Wochen zuvor eine Bürgerinitiative gebildet, die dem bis dahin unartikulierten und unorganisierten Protest Stimme und Gestalt verlieh. Tausende Unterschriften standen inzwischen unter dem „Aufruf 89“ zur Initiierung „eines demokratischen Dialogs über die Aufgaben des Rechtsstaates, der Wirtschaft und der Kultur“. Wörtlich hieß es in der Erklärung vom 12. September: „Es kommt in der jetzigen gesellschaftlichen Entwicklung darauf an, daß eine größere Anzahl von Menschen am gesellschaftlichen Reformprozeß mitwirkt, daß die vielfältigen Einzel- und Gruppenaktivitäten zu einem Gesamthandeln finden. Wir bilden deshalb gemeinsam eine politische Plattform für die ganze DDR, die es Menschen aus allen Berufen, Lebenskreisen, Parteien und Gruppen möglich macht, sich an der Diskussion und Bearbeitung lebenswichtiger Gesellschaftsprobleme in diesem Land zu beteiligen.“ Die Straße ist ein erster Ort dafür.

Während die Demonstranten weiter ihre Forderungen nach Demokratisierung der Gesellschaft rufen, rüsten Spezialeinheiten der Polizei und der Staatssicherheit zur gewaltsamen Zerschlagung dieser, wie sie finden, konterrevolutionären Ansammlung. Gegen 21 Uhr wird die Gegend um den Bahnhof Schönhauser Allee hermetisch abgeriegelt. Vergitterte Lastwagen und Wasserwerfer fahren auf, Fahrzeuge, die bis dahin in der DDR unbekannt waren. Gegen Mitternacht kommt der Befehl zum Losschlagen, genau wie in Leipzig, Dresden, Plauen, Jena, Magdeburg, Ilmenau, Arnstadt, Karl-Marx-Stadt und Potsdam, wo an diesem Feiertag politische Demonstrationen ebenfalls gewaltsam aufgelöst werden. Was sich dabei ereignet, verändert das Leben grundlegend. Zeugen geben später Details zu Protokoll: „Als ich gegen Mitternacht zum Bahnhof Schönhauser Allee kam, traf ich auf eine größere Menschengruppe, die diskutierend zwischen Polizeikordons stand. Die gesamte Straße war abgeriegelt. Auf Befehl rückte die Sperrkette vor, um uns abzudrängen, obwohl wir bisher allen Aufforderungen, wie etwa zur Räumung der Fahrbahn, nachgekommen waren. Plötzlich und völlig unmotiviert sprangen dahinter Spezialeinheiten mit Gummiknüppeln hervor, die wahllos auf alle einschlugen. Mir galt offensichtlich ein besonderer Einsatz, da ich bis zu diesem Zeitpunkt versucht hatte, mit einem befehlskräftigen Offizier zu diskutieren. Wenigstens drei Polizisten stürzten gleichzeitig auf mich los. Sie schlugen auch noch auf mich ein, als ich bereits am Boden lag. Mehrere Schläge waren auf meinen Kopf gerichtet, die anderen

„Zuführung" am Rande der Demonstration auf dem Berliner Alexanderplatz

trafen meine Rippen und meine rechte Hand, mit der ich versuchte, mich an einem Fußgängergeländer festzuhalten. Auf einen Freund, der schrie, sie mögen damit endlich aufhören, gingen sie ebenfalls mit gezücktem Gummiknüppel los. Als ich der Zuführung zu entkommen suchte und von einem Bereitschaftswagen sprang, wurde ich von einem anderen Polizei-Lkw angefahren, der nach kurzem Stop weiterbrauste. Insgesamt habe ich drei Wochen mit einem schweren Schädelhirntrauma, zwei Platzwunden am Hinterkopf und perforiertem Trommelfell in den Krankenhäusern zugebracht." (Klaus Laabs)

Am gleichen Abend findet in dem kleinen Ort Schwante am nördlichen Rand von Berlin die Gründung einer Sozialdemokratischen Partei (SDP) für die DDR statt. In den Statutengrundsätzen heißt es:

„Die SDP bemüht sich um die Entmonopolisierung, Demokratisierung und Teilung der Macht in Staat und Gesellschaft mit dem Ziel des Aufbaus einer ökologisch orientierten sozialen Demokratie." Gleichzeitig verabschiedete Grundpositionen zur Erarbeitung des Parteiprogramms enthalten unter anderem die Forderungen nach strikter Gewaltenteilung, Trennung von Staat und Partei, ökologisch orientierter sozialer Marktwirtschaft mit demokratischer Kontrolle ökonomischer Macht, nach dem Recht auf freie Gewerkschaften nebst Streikrecht, Reisefreiheit und Auswanderungsrecht sowie Anerkennung der Zweistaatlichkeit Deutschlands, bei gleichzeitiger Option für mögliche Veränderungen im Rahmen einer europäischen Friedensordnung.

Die anwesenden Personen wählen einen Vorstand und bereiten alles für die schnelle Aufnahme weiterer Mitglieder vor. Staatliche Stellen werden nicht um Genehmigung gefragt, ihnen wird die Parteigründung mitgeteilt.

Sonntag, 8. Oktober

Die Grenzen nach Westberlin bleiben auch an diesem Tag weitgehend geschlossen. Tausende Touristen werden ohne Begründung abgewiesen. Zwei Tage vor dem Staatsjubiläum hatte die Regierung diese Maßnahme verfügt, da sie davon ausging, daß Störungen vorrangig von außen, vom Klassenfeind, hereingetragen würden, während das Volk, von einigen Provokateuren abgesehen, geschlossen hinter Partei und Regierung stünde.

Folgerichtig ist daher die aktuelle Meldung der Nachrichtenagentur ADN: „In den Abendstunden des 7. Oktober versuchten in Berlin Randalierer die Volksfeste zum 40. Jahrestag der DDR zu stören. Im Zusammenspiel mit westlichen Medien rotteten sie sich am Alexanderplatz und Umgebung zusammen und riefen republikfeindliche Parolen. Der Besonnenheit der Schutz- und Sicherheitsorgane sowie der Teilnehmer an den Volksfesten ist es zu verdanken, daß beabsichtigte Provokationen nicht zur Entfaltung kamen. Die Rädelsführer wurden festgenommen."

In Gottesdiensten wird an diesem Sonntag zu Besonnenheit und Gewaltlosigkeit gemahnt. Das „Neue Forum" verteilt maschinengeschriebene Handzettel mit dem Aufruf: „Gewalt ist kein Mittel der politischen Auseinandersetzung. Laßt Euch nicht provozieren! Wir haben nichts zu tun mit rechtsradikalen und antikommunistischen Tendenzen. Wir wollen den besonnenen Dialog, ernstes Nachdenken über unsere Zukunft, keine blinden Aktionen. Angesichts der gegenwärtigen kritischen Situation rufen wir alle Menschen in der DDR zu verantwortungsvollem, solidarischen Handeln auf."

In Dresden kommt es erneut zu Demonstrationen. Während Oberbürgermeister Wolfgang Berghofer versucht, den Dialog aufzunehmen und ein spontan gebildetes Bürgerkomitee, die „Gruppe der 20" empfängt, geht die Polizei auf zentrale Weisung wieder hart vor. Ein Bericht der Ereignisse am 8. Oktober in der Stadt veröffentlicht die Zeitung „Union", das lokale Blatt der CDU. Darin schildert Michael Dulig seine Erlebnisse aus der Perspektive des Betroffenen: „Die stehengebliebenen Demonstranten blieben ruhig und riefen sich gegenseitig zur Besonnenheit auf. Nach ca. 10 Minuten wurden LKWs rückwärts angefahren. Die Menge machte sich auf einen Abtransport gefaßt. Langsam und ohne Widerstand zu leisten bestiegen wir die LKWs. Auch ein Rollstuhlfahrer wurde aufgeladen... In einem Kasernengelände – wie sich herausstellte eine Kaserne der Bereitschaftspolizei auf dem Heller – wurden die LKWs nacheinander entladen. „Die Frauen nach links! Die Männer nach rechts!", lauteten die Anweisungen. Sofort wurden wir an Garagentore verteilt und mußten uns mit dem Gesicht zur Wand, mit gespreizten Beinen und Händen schräg an die Wand lehnen. Fliegerstellung nannte man dies. In dieser Haltung mußten wir uns einer Leibesvisitation unterziehen und bekamen Ausweise und Gürtel weggenommen... In der Garage befanden sich 100 Männer in Verwahrung. Ein Offizier in Kampfanzug, wahrscheinlich der Einsatzleiter, teilte uns mit, daß wir uns in einem militärisch gesicherten Objekt befänden. Bei Fluchtversuch würde von der Waffe Gebrauch gemacht...

Die bewachenden Bereitschaftspolizisten wurden des Schreiens müde, und die Ordnung lockerte sich. Da stürmten gegen 22.30 Uhr Offiziersschüler des Strafvollzugs in Kampfanzügen lauthals in die Garage. Mit Knüppeln schlugen sie in Rücken und Genick, packten die zuhinterst Stehenden und stellten sie brutal in die geforderte Stellung. Dabei schlugen sie mit den Knüppeln oder mit den Stiefeln zwischen die Beine, bis die geforderte Spreizung der Beine erreicht war. Wer nicht gleich reagierte oder sich beschwerte, wurde angebrüllt, brutal aus der Garage geschleift und draußen gegen die Tore geschleudert...

Ich wurde gegen 0.30 Uhr in einen Gefängnis-LKW verladen. Dicht gedrängt saßen wir in den Zellen des LKWs. Die Fahrt dauerte lange. Fehlende Straßenlaternen und schlechter Zustand der Straßen ließen uns vermuten, daß man uns nach Bautzen brachte. Wir hatten Angst, rechneten mit einem Schnellverfahren, Standgericht. Sollten in der Nacht Sondergesetze in Kraft getreten sein?

Unter lautem Gebrüll wurden wir aus dem LKW gejagt. „Hände in den Nacken!", „Im Laufschritt!" Wächter bildeten eine Gasse. Überall hagelte es Schläge. Es ging zu wie beim Viehtreiben. Ich bekam im Laufen Fußtritte, Knüppelschläge auf das Gesäß und einen gezielten Knüppelschlag auf den Hinterkopf. (Ärztliche Diagnose: Kopfprellung.) Endlich gegen 17.00 Uhr holte man kleine Gruppen heraus, was auf eine Entlassung (aber evt. auch Inhaftierung) schließen ließ. Ich selbst gehörte zur mittleren Gruppe. In einem Kellerraum teilte uns ein Polizeibeamter mit, daß entschieden worden sei, keine Strafverfolgung einzuleiten, aber ein

Ordnungsstrafverfahren eingeleitet wurde. Nach einer Unterschrift unter eine nochmalige Stellungnahme und wieder im Gang mit dem Gesicht zur Wand bekamen wir unsere Sachen wieder. ‚Es konnte Ihnen keine Straftat nachgewiesen werden. Sie sind frei.' Wie wir nach Dresden kommen, sei unsere Sache. Geld hätten wir ja. Auf meine Beschwerde hin, daß ich mir die Fahrt nach Bautzen nicht ausgesucht hätte, bekam ich zur Antwort, daß ich mich nicht an illegalen Demonstrationen zu beteiligen brauche."

Neben diesem Bericht, der drei Wochen später als einziger in der offiziellen DDR-Zeitung „Union" veröffentlicht wurde, steht auch der Brief eines Bereitschaftspolizisten an seinen Seelsorger, der aus einer anderen Perspektive die Auseinandersetzungen schildert. Dabei geht es um einen Einsatz im Vorfeld des 40. Jahrestages, aus dem sich offensichtlich manche späteren Reaktionen der Polizei erklären. Am 4. und 5. Oktober wurden auf Entscheidung der DDR-Regierung 11 000 Ausreisewillige aus der Prager BRD-Botschaft auf dem Umweg über das eigene Territorium mit Sonderzügen in die BRD transportiert. Tausende Dresdner versuchten daraufhin, den Bahnhof zu stürmen und auf die Züge nach Bayern aufzuspringen.

„Für uns gibt es nur zwei Möglichkeiten, entweder die Befehle auszuführen, oder für lange, für sehr lange Zeit nach Schwedt ins Militärgefängnis zu gehen. Am Mittwoch und Donnerstag war die Situation noch eine ganz andere. Da standen uns Leute gegenüber, die die Polizei mit Steinen, Brandflaschen und Säureflaschen bewarfen. Unsere Einheit war am Mittwoch mit dabei, als der Hauptbahnhof belagert wurde, und am Donnerstag auf der Prager Straße. Uns holte man erst relativ spät und stellte uns dorthin, wo es am gefährlichsten war. Wir hatten nur Angst. Auf unsere Schilde prasselten Steine, vor uns schlugen Brand- und Säureflaschen auf den Asphalt. Zwei Mann von uns kippten um. Steine hatten ihre Visiere durchschlagen. Danach wurden wir aus der ersten Reihe herausgenommen und mußten unsere Schilde ablegen. Dann wurden wir zu Fünfergruppen aufgeteilt und wurden in die Massen reingejagt, um die Steinewerfer herauszuholen. Unsere Offiziere, die Schutzpolizei und die Stasi (Angehörige des Ministeriums für Staatssicherheit – d. A.) blieben in sicherem Abstand hinter der

Sperrkette. In diesen Minuten hatte ich das erste und bis jetzt das einzige Mal in meinem Leben das Gefühl von Todesangst. Vor uns die wütende Menschenmasse und hinter uns Offiziere, Stasi und der Militärstaatsanwalt. Das, was wir dort drinnen (in der Menschenmenge) gemacht haben, taten wir aus Angst und einfach aus Überlebenswillen. Was sich aber in den letzten Tagen, und auch schon seit den ersten, von bestimmten Gruppen der Schutz- und Sicherheitsorgane praktiziert, abspielte, ist für jeden noch normal denkenden Menschen abstoßend und erschütternd. So werden unbeteiligte Zuschauer und gewaltlos demonstrierende Menschen von ‚Leuten' des Strafvollzugs in der Kaserne genauso ‚empfangen' wie die Leute, die mit Brandflaschen geworfen haben. Besonders erschütternd ist, wie von diesen ‚Leuten' (es können keine Menschen mehr sein) Frauen, Mädchen und ältere Menschen geschlagen werden."

Am Abend des 8. Oktober ereignen sich noch einmal schreckliche Prügelszenen rings um die Gethsemane-Kirche. Nach der Fürbittandacht kesseln Polizeieinheiten die herausströmenden Menschen ein und verlangen, daß sich alle 3 000 Personen einzeln durch einen Kordon begeben. Die Gruppe bleibt jedoch zusammen, läßt sich mit Kerzen in der Hand zum Sitzstreik nieder. Nun wird gewaltsam geräumt. Die freigegebenen Gummiknüppel gehen auch auf viele Unbeteiligte nieder, so den Direktor der Sektion Theologie der Humboldt-Universität, Prof. Heinrich Fink, der zugleich Vorsitzender der Christlichen Friedenskonferenz ist. An diesem Sonntag kommen auch erstmals bürgerkriegsähnlich aufgerüstete Spezialeinheiten mit Helm, Schild und Schlagstock zum Einsatz, eskortiert von Hundestaffeln. In das Geschrei der Betroffenen mischt sich das mitternächtliche Sturmgeläut der Kirche. Die Gewalt eskaliert ins Unkontrollierbare.

Montag, 9. Oktober

Die Morgenzeitungen lassen von den Spannungen im Land wenig ahnen. Doch in den sonst eher gleichlautenden Medien werden erste politische Akzentverschiebungen deutlich. Während „Neues Deutschland" in seiner „Hofberichterstattung" fortfährt und Erich

Honecker auf drei Seiten mit achtzehn wechselnden Gesprächspartnern im Foto abbildet, informiert die „Sächsische Zeitung" darüber, daß die Dresdener SED zwei Bürgermeistermandate an die National-Demokratische Partei (NDPD) und die Christlich-Demokratische Union (CDU) abgegeben habe. Dies sei im Sinne des Ausbaus der sozialistischen Demokratie geschehen. Im Organ der Freien Deutschen Jugend (FDJ), „Junge Welt", beklagt der Präsident des Schriftstellerverbandes Herrmann Kant die Ausreisewelle und übt heftige Kritik am Zustand der Medien. In einem Offenen Brief, der bereits vom 1. Oktober datiert ist, erinnert Kant daran, daß er kürzlich auf die Frage nach dem Besten der DDR geantwortet habe: „Daß es sie gibt". Frage man ihn jetzt nach dem Schlechtesten an ihr, müßte er antworten: „Daß es sie so wie derzeit gibt."

In Leipzig spitzt sich die Lage vor der allwöchentlichen Montagsdemonstration gefährlich zu. Es wird bekannt, daß medizinisches Personal für die Spät- und Nachtschicht zwangsverpflichtet wurde, ganze Krankenhausstationen geräumt sind und zusätzliche Blutkonserven bereitstehen. Für den Abend wird Schlimmstes befürchtet. Das Syndrom des „himmlischen Friedens" geht um, chinesiche Lösungen werden nicht mehr ausgeschlossen. Die Angst ist keineswegs unbegründet.

In der „Leipziger Volkszeitung" war drei Tage zuvor unter der Überschrift „Werktätige des Bezirkes fordern: Staatsfeindlichkeit nicht länger dulden" folgende Erklärung erschienen: „Die Angehörigen der Kampfgruppenhundertschaft ‚Hans Geiffert' verurteilen, was gewissenlose Elemente seit einiger Zeit in der Stadt Leipzig veranstalten... Wir fühlen uns belästigt, wenn wir nach getaner Arbeit mit diesen Dingen konfrontiert werden... Wir sind bereit und Willens, das von unserer Hände Arbeit Geschaffene wirksam zu schützen, um diese konterrevolutionären Aktionen endgültig und wirksam zu unterbinden. Wenn es sein muß mit der Waffe in der Hand."

In dieser Situation entscheiden sich verantwortungsbewußte Kräfte in unterschiedlichen politischen Lagern, eigene Wege für Leipzig zu gehen, um den Kreislauf der Gewalt im Lande zu durchbrechen. Der „Arbeitskreis Gerechtigkeit", die „Arbeitsgruppe Menschenrechte“ und die „Arbeitsgruppe Umweltschutz“ richten einen eindringlichen Appell an alle Leipziger: „In der letzten Woche ist es mehrfach und in verschiedenen Städten der DDR zu Demonstrationen gekommen, die in Gewalt mündeten: Pflastersteinwürfe, zerschlagene Scheiben, ausgebrannte Autos, Gummiknüppel- und Wasserwerfereinsatz... Auch der letzte Montag in Leipzig endete mit Gewalt. Wir haben Angst. Angst um uns selbst, Angst um unsere Freunde, um den Menschen neben uns und Angst um den, der uns da in Uniform gegenübersteht. Wir haben Angst um die Zukunft unseres Landes. Gewalt schafft immer wieder nur Gewalt. Gewalt löst keine Probleme. Gewalt ist unmenschlich. Gewalt kann nicht das Zeichen einer neuen, besseren Gesellschaft sein... Partei und Regierung müssen vor allem für die entstandene ernste Situation verantwortlich gemacht werden. Aber heute ist es an uns, eine weitere Eskalation der Gewalt zu verhindern. Davon hängt unsere Zukunft ab.“

Auch in der Bezirksleitung der SED finden sich drei Sekretäre, die entgegen der bis dahin herrschenden Linie eine Initiative zur Deeskalation unterstützen. Über den Stadtfunk wird am Nachmittag folgende Erklärung verbreitet: „Wir sind von der Entwicklung in unserer Stadt betroffen und suchen nach einer Lösung. Wir alle brauchen freien Meinungsaustausch über die Weiterführung des Sozialismus in unserem Land. Deshalb versprechen die genannten Leute allen Bürgern, ihre ganze Kraft und Autorität dafür einzusetzen, daß dieser Dialog nicht nur im Bezirk Leipzig, sondern auch mit unserer Regierung geführt wird. Wir bitten Sie dringend um Besonnenheit, damit der friedliche Dialog möglich wird.

Leipzig, den 9. Oktober 1989

Kurt Meier, Jochen Pommert, Roland Wötzel (Sekretäre der SED-Bezirksleitung), Kurt Masur (Chefdirigent des Gewandhauses), Peter Zimmermann (Pfarrer), Bernd Lutz Lange (Kabarettist)“

Am Abend erlebt Leipzig die größte Protestdemonstration der DDR seit dem 17. Juni 1953. 70 000 Menschen ziehen durch die Innenstadt, der Georgi-Ring ist menschenübersät. Die Polizei hat sich fast vollständig zurückgezogen, greift nur noch verkehrsregelnd ein. Angehörige der Kampfgruppe werden umringt und in

Montagsdemonstration in Leipzig

Diskussionen verstrickt. Immer wieder erschallt der alles bestimmende Ruf: „Wir sind das Volk“. Mit ihm wird den Herrschenden das Recht abgesprochen, weiter im Namen des Volkes zu agieren. Er geht zugleich an die Grundfeste der oft beschworenen Einheit von Partei und Volk, die als Legitimation für die Vorherrschaft der SED diente. In diesem Ruf bündelt sich der Wille zu einer radikalen Umgestaltung.

Wie die längst überfällige Reformierung der DDR aussehen kann, wird inzwischen vielerorts diskutiert, nicht nur in der DDR selbst. Das Hamburger Nachrichtenmagazin „Der Spiegel“ veröffentlicht an diesem 9. Oktober ein Gespräch mit Doris Cornelsen (56), die als „eine der besten Kennerinnen der DDR-Wirtschaft“ vorgestellt wird. Sie erklärt: „Die DDR hat ihre große Chance schon 1985 vertan, als sie Gorbatschows Reformkurs nicht folgte. Hätte sie damals Reformen eingeleitet, wäre es kaum soweit gekommen. Je länger sie nun wartet, desto schwieriger wird die Situation...“ Auf die Frage nach den jetzt erforderlichen Schritten antwortet sie: „Ich würde mit politischen Reformen beginnen. Überhastete Wirtschaftsreformen sind nicht das, was die DDR braucht. Die Sowjetunion und Polen liefern ja auch kein überzeugendes Vorbild. Die DDR-Bevölkerung braucht im Moment eigentlich nur das Gefühl, daß in der politischen Führung die Bereitschaft besteht, mit ihr zusammenzuarbeiten und gemeinsam einen Weg aus der Krise zu finden.“

Dienstag, 10. Oktober

Viele atmen erleichtert auf. Die Nacht ist in den meisten Städten friedlich verlaufen. Auch in Berlin waren die Sicherheitskräfte am Abend zuvor abgezogen worden, so daß sich die stille Protestkundgebung rund um die Gethsemane-Kirche in den frühen Morgenstunden unbehelligt auflöste. In vielen Fenstern der Umgebung brannten zum Zeichen der Solidarität die ganze Nacht über Kerzen. In Halle allerdings kam es auf dem Marktplatz noch einmal zu einer gewaltsamen Räumaktion mit Schlagstockeinsatz.

Hinter den Kulissen verschärft sich der Machtkampf. Das Politbüro der SED, das die Machtzentrale im Land darstellt, tagt an diesem Dienstag in erweiterter Runde. Für einen Kurs der Erneuerung finden sich jedoch noch keine klaren Mehrheiten. Die Beratung wird um einen Tag verlängert.

Während die politische Führung zerstritten und weitgehend handlungsunfähig ist, nehmen die Forderungen der unterschiedlichen Basisgruppen an Kraft und Vielfalt zu. In Kirchen und Betrieben werden neben dem Aufruf des „Neuen Forums“ und den Statuten der SDP auch die „Thesen für eine demokratische Umgestaltung in der DDR“ verbreitet. Sie wurden von der Bürgerbewegung „Demokratie jetzt“ verfaßt, die ursprünglich der innerkirchlichen Gruppe „Absage an Prinzip und Praxis der Abgrenzung“ entstammt, aber schnell breiten Zulauf aus allen Gesellschaftsbereichen erhalten hat. Sie erklärt:

„Wir wollen, daß die sozialistische Revolution, die in der Verstaatlichung steckengeblieben ist, weitergeführt und dadurch zukunftsfähig gemacht wird. Statt eines vormundschaftlichen, von der Partei beherrschten Staates, der sich ohne gesellschaftlichen Auftrag zum Direktor und Lehrmeister des Volkes erhoben hat, wollen wir einen Staat, der sich auf den Grundkonsens der Gesellschaft gründet, der Gesellschaft gegenüber rechenschaftspflichtig ist und so zur öffentlichen Angelegenheit mündiger Bürgerinnen und Bürger wird.“

Neben politischen Forderungen wie Reform des Wahlrechts, Gewaltenteilung, Schul- und Medienreform, unabhängige Gewerkschaften mit Streikrecht, Selbstverwaltung der Kultur und Verfassungsgerichtsbarkeit sowie Positionen zu einer neuen Umweltpolitik enthalten die Thesen auch Vorstellungen über die weitere Vergesellschaftung der Produktionsmittel.

„Wir befürworten ein Ende der politbürokratischen Kommandowirtschaft. Der bestehende Staatsplandirigismus sollte durch eine staatliche Rahmenplanung abgelöst werden. Nur solche staatlichen Aufsichts- und Lenkungskompetenzen sollten bestehen bleiben, die für die Bindung jeglicher Wirtschaftstätigkeit an das Gemeinwohl erforderlich sind (Umwelt- und Sozialverträglichkeit). Betriebe und Vereinigungen von Betrieben sollten ökonomisch selbständig werden und ihre Angebote und ihre Preise am Markt orientieren, damit aus dem bestehenden Nachfrage- ein

Angebotswettbewerb wird. Wir befürworten eine gewerkschaftliche Mitbestimmung in den Betrieben, die Wählbarkeit von Leitungskräften, eine echte Rechenschaftspflicht der Leitung gegenüber der Belegschaft und eine Gewinnbeteiligung der Belegschaft... Wir befürworten die Zulassung privater Kooperativen sowie die Ermöglichung privater Wirtschafts- und Eigentumsformen, sofern eine angemessene Mitbestimmung der Beschäftigten gewährleistet ist."

Mittwoch, 11. Oktober

Das Politbüro tagt noch immer, doch von den Spannungen drinnen dringt nach üblicher stalinistischer Praxis nichts nach außen. Die Zeitungen vermitteln weiter das Bild einer heilen Welt. Lediglich das Zentralorgan der Liberal-Demokratischen Partei (LDPD), „Der Morgen", überrascht mit dem Abdruck einer Rede des Präsidenten der Akademie der Künste der DDR, Prof. Manfred Wekwerth, die dieser bereits am 18. September zur Eröffnung der neuen Spielzeit des Berliner Ensembles gehalten hatte. Darin greift er die herrschende Medienpolitik deutlich an: „Die alles lähmende Selbstverständlichkeit macht das Erstaunlichste, was hier geleistet wurde, unwirksam, da es in statistischem Dauererfolg untergeht. Sie stellt keine Fragen mehr, da die Antworten vor ihnen da sind. Sie macht Format zur Formel, Freundlichkeit zur Dienstleistung, also zur Mangelware. Ja, sie macht aus Veränderungen, deren es viele gab und die viel Mut machen könnten, das Immerschon-Vorhandene, damit niemand auf den Gedanken kommt, etwas war veränderungswürdig. Wie leicht wird hier aus Selbstverständlichkeit Selbstgefälligkeit... Ganze Techniken schließen aus, daß der, dem man die Wahrheit sagt, sie wirklich erfährt. Aus dem ‚Schlechten' wird das ‚Noch nicht Gute'. Wurde schlecht gearbeitet, wird daraus der Appell ‚noch besser zu arbeiten'. Überhaupt, die Wörter ‚noch' und ‚zunehmend' vollbringen Wunder. Selbst eine Aufforderung, Dinge nicht zu beschönigen, hört sich dann so an: ‚Wir müssen noch wirksamer dazu übergehen, zunehmend von den Fakten auszugehen, um die Bevölkerung noch realistischer in die Richtigkeit unseres Weges einzuweihen, der einerseits sieghaft ist, andererseits natürlich noch Mängel und Schwächen aufweist, die zunehmend beseitigt werden, daß die Gesetzmäßigkeit unserer Entwicklung sich noch spürbarer auswirkt, um zunehmend Niederlagen (sprich ‚Noch-nicht-Siege‘) zu vermeiden.“

Markus Wolf, General a. D. des Ministeriums für Staatssicherheit, früherer Chef der Hauptabteilung Aufklärung und Autor des vielbeachteten Buches „Die Troika“, bewertet in einem BBC-Interview die Veränderungen in der DDR als zu gering und zu langsam. Das bewirke ein Gefühl der Hoffnungslosigkeit in Teilen der Bevölkerung. Er sei aber optimistisch in bezug auf die Zukunft des Landes. Auf die Frage, ob er diese Zukunft unter der gegenwärtigen Führung sehe, antwortet er: „Kein Kommentar.“

Am Abend wird eine „Erklärung des Politbüros“ bekanntgegeben, die die widerstreiten Interessen der einzelnen Gruppierungen innerhalb der Parteiführung spiegelt und deutlichen Kompromißcharakter trägt. Einerseits heißt es dort: „Gemeinsam wollen wir über alle grundlegenden Fragen unserer Gesellschaft beraten.“ Und: „Der Sozialismus braucht jeden. Er hat Platz und Perspektive für alle.“ Ein „sachlicher Dialog“ und ein „vertrauensvolles politisches Miteinander“ werden angeregt. Andererseits werden jene Kräfte, die dies in den Tagen zuvor öffentlich einforderten, als verantwortungslose Störer von Ruhe und Ordnung bezeichnet, beziehungsweise als Opfer, die zu „konterrevolutionären Attacken mißbraucht“ wurden. Schließlich finden sich in der Erklärung auch die alten Dogmen wieder: der Führungsanspruch der SED und die Behauptung, daß bereits alle erforderlichen Formen der Demokratie vorhanden seien.

Wer dies anders sagt, bekommt das Wort verboten. Alle Beiträge des Westberliner Privatsenders „100,6“, in denen das Wort DDR vorkommt, werden an diesem Tag durch starkes Rauschen gestört. Da offensichtlich die Argumente fehlen und die eigene politische Defensive überspielt werden soll, wird auf dieses Mittel aus den Zeiten des Kalten Krieges zurückgegriffen.

Die Volksmassen lassen sich das Wort nicht verbieten. Sie demonstrieren erneut in mehreren Städten, meist im Anschluß an Friedensgebete und Gottesdienste, in denen eine ungewöhnlich klare, zuweilen auch scharfe Sprache vorherrscht.

Donnerstag, 12. Oktober

Das Innenministerium gibt bekannt, daß derzeit nur Rentner und Invaliden Reisen in die ĈSSR beantragen dürften. Es ist genau jener Personenkreis, der nach geltenden Bestimmungen auch frei in den Westen fahren darf. Damit soll der Strom weiterer Ausreisewilliger in die BRD-Botschaft von Prag oder über Ungarn nach Österreich gestoppt werden. Seit dem 30. Oktober 1980, da der visafreie Reiseverkehr mit Polen abgebrochen wurde, war die ĈSSR das einzige Land, das für DDR-Bürger ohne Erlaubnis und nur mit dem Personalausweis erreicht werden konnte. Allein 1988 reisten neun Millionen DDR-Bürger in dieses Nachbarland. Für alle anderen sozialistischen Staaten werden Ausreisepapiere benötigt, die bei der Polizei Wochen im voraus zu beantragen sind. Für Polen sind seit 1980 sogar darüber hinaus noch Einladungen vorzulegen.

Während nach außen abgeschottet wird, soll nach Ansicht der SED-Führung im Innern der Dialog beginnen. Der im Politbüro für Wissenschaft und Kultur zuständige ZK-Sekretär Kurt Hager (77), der seit 1955 „Chefideologe" der Partei ist, meint jetzt sogar, die Kommunisten hätten den Dialog erfunden. Im DDR-Fernsehen ruft er von Moskau aus zur „Diskussion über die Lösung der Probleme des Landes" auf. Es gebe keinen anderen Weg, und es gehe darum, „dem Willen der Bürger entsprechend das Leben besser zu gestalten". Er zeigt sich überzeugt, daß „der Sozialismus in der DDR entgegen allen Prophezeiungen westlicher Medien weiter erstarken und vollkommener" werde. Hager galt allgemein als ein Gegner der Politik der Perestroika. Im April 1987 hatte er gegenüber der Illustrierten „Stern" den legendären Satz geprägt: „Würden Sie, wenn Ihr Nachbar seine Wohnung neu tapeziert, sich verpflichtet fühlen, Ihre Wohnung ebenfalls neu zu tapezieren?"

Die Evangelische Landeskirche Berlin-Brandenburg will das Dialogangebot, so halbherzig es auch noch sein mag, auf jeden Fall nutzen. Bischof Gottfried Forck äußert nach einem Treffen mit Berlins Oberbürgermeister Erhard Krack gegenüber ADN: „Es ist nicht kirchliches Ziel, die DDR zu destabilisieren. Es kommt auch für die Kirche darauf an, die Teilnahme der Bürger an der Gestaltung der Gesellschaft zu fördern."

Ähnlich äußern sich die Initiativgruppen an der Basis. „Das ‚Neue Forum' begrüßt die Verlautbarungen des Politbüros der SED als ein erstes Zeichen, sich mit den angestauten und tiefgreifenden Problemen der Gesellschaft auseinanderzusetzen." Zugleich wird aber deutlich gemacht: „Voraussetzungen für jedes Gespräch ist die Freilassung aller bei den Demonstrationen Inhaftierten, die Einstellung der Ermittlungsverfahren, die Aufhebung der Strafbefehle und Ordnungsstrafen. Echter Dialog bedeutet:

1. Zulassung des ‚Neuen Forum' und aller anderen Basisgruppen, Parteien und Bürgerinitiativen, die sich für die Demokratisierung der Gesellschaft einsetzen,
2. Zugang zu den Massenmedien,
3. Pressefreiheit und Abschaffung der Zensur,
4. Versammlungs- und Demonstrationsfreiheit."

Die Erklärung des Politbüros nimmt auch die Initiative für eine Vereinigte Linke, die Anfang September bei einem Treffen in Böhlen als Plattform ins Leben gerufen worden war, zum Anlaß, ihre Ansichten über erforderliche Sofortmaßnahmen darzulegen. Gefordert werden unter anderem der Rücktritt des SED-Politbüros und der Regierung, die Bildung einer befristeten Übergangsregierung aus reformwilligen Kräften und die Schaffung einer breiten Koalition der Vernunft und des Realismus zur Verwirklichung einer radikalen Verfassungs- und Gesellschaftsreform, einschließlich Wirtschaftsreform. Ziel soll betriebliche Selbstverwaltung der Werktätigen sein, wozu die Bildung unabhängiger Arbeiterkommissionen und die Schaffung von Betriebsräten notwendig sei. Damit werden Forderungen laut, die über die sonst geäußerten Vorstellungen, die meist auf die rein politische Ebene zielen, deutlich hinausgehen und auf zukünftige Konfliktfelder hinweisen.

Freitag, 13. Oktober

„Die Geschichte beweist, daß keine Partei im Sozialismus a priori, schon Kraft ihrer Existenz und ihres Wirkens die politische Wahrheit für sich hat", liest man in der Erkärung des Vorsitzenden der Liberal-Demokratischen Partei (LDPD), Prof. Manfred Gerlach, die die Zeitung „Der Morgen" veröffentlicht. „In Wirklichkeit geht es um die Handhabung sowohl der führenden Rolle der SED als auch der Staatsmacht bei der Gestaltung des Sozialismus hierzulande. Hier liegt ein Problem und Aufgabenfeld, das zuweilen beschrieben wird als ‚Vervollkommnung der sozialistischen Demokratie', eine Formel freilich, die, so die Erfahrung der LDPD, der notwendigen Dynamik demokratischer Erneuerung nicht gerecht wird; was nützte es, wenn Unzulängliches auch noch vervollkommnet würde?"

Weitere Kernsätze der Rede Gerlachs sind nicht minder sensationell: „Wir treten entschieden dafür ein, gesellschaftliche und politische Verkrustungen aufzubrechen, Überholtes der Geschichte nicht verbal, sondern tatsächlich zu überantworten, unvermeidliche Entscheidungen unverzüglich im Bündnis gemeinsam zu treffen, Entscheidungen, die Realitätssinn und Vertrauen in die Bürger zur Grundlage haben... Anpassung und Heuchelei, manchmal getarnt als Bewahrung des Bewährten und als Treue zu Beschlüssen, wirken kontraproduktiv." – Damit wird erstmals von einem Spitzenpolitiker des traditionellen Bündnisblocks deutliche Distanz zur Politik der SED signalisiert. Diese geht noch von den alten Prinzipien aus.

Am Vormittag findet in Berlin ein Treffen der SED-Führung, vertreten durch Erich Honecker und seine beiden engsten Vertrauten, die ZK-Sekretäre Günter Mittag und Joachim Herrmann, mit den Vorsitzenden der Blockparteien statt. Honecker schlägt den Gesprächspartnern dabei zwar vor, den Sozialismus in der DDR durch „tiefgreifende Wandlungen und Reformen ständig weiter zu verbessern", doch läßt er zugleich deutlich werden, daß am bisherigen Modell des demokratischen Blocks, also der Führung durch die SED, festgehalten werden soll. Auch ein Abgehen von den Wahleinheitslisten, wonach bereits vor der Abstimmung der Machtproporz zugunsten der SED aufgeteilt wird, steht nicht zur Disposition.

Es geht um Verbesserungen innerhalb der vorhandenen Strukturen. Die Einbeziehung der neuformierten Volkskräfte gehört dabei nicht ins Kalkül. Dies belegt eine parteiinterne Information der SED, die an diesem Tag öffentlich bekannt wird. Darin charakterisiert die Parteiführung das „Neue Forum", dessen Zulassung am 21.

September offiziell abgelehnt wurde, als staatsfeindliche Gruppierung. Es wird vor der Gefahr gewarnt, „daß aus einer Sammlung von kritischen Bürgern, Andersdenkenden, Enttäuschten und – eine andere Sicht wäre politische Blauäugigkeit – offenen und verdeckten Gegnern der sozialistischen Ordnung in der DDR heraus eine Bewegung gegen den Sozialismus in der DDR mit Massencharakter formiert werden kann". Eine Auseinandersetzung mit „einer sich in dieser oder jener Weise formierenden Oppositionsbewegung zu suchen", wäre der Weiterentwicklung des Sozialismus abträglich, heißt es dort.

Obwohl sich die „Partei- und Staatsführung", wie sie seit Jahrzehnten in realer Widerspieglung der Machtverquickung genannt wird, grundsätzlichen Wandlungen verschließt, muß sie dem wachsenden Druck von unten doch Stück für Stück nachgeben und erste pragmatische Zugeständnisse machen. Die Generalstaatsanwaltschaft gibt am Nachmittag bekannt, daß bis auf elf Personen, gegen die noch wegen Gewalttaten ermittelt werde, alle festgenommenen Demonstranten inzwischen auf freien Fuß gesetzt worden seien. Der prominente Berliner Rechtsanwalt Wolfgang Vogel, der als Honecker-Vertrauter bisher diffizile Fälle im deutsch-deutschen Ausreisegeschehen betreut hatte, spricht sich dafür aus, alle DDR-Bürger, die sich wegen Fluchtversuchs und im Zusammenhang mit Demonstrationen der letzten Wochen noch in Haft befinden, endgültig freizulassen.

Die Forderungen der Arbeiter erfährt SED-Politibüromitglied Günter Schabowski, der zugleich 1. Sekrtatär der Bezirksleitung Berlin ist, bei einem Besuch in der Maschinenfabrik „VEB Bergmann-Borsig". Vertrauensleute dieses Großbetriebes hatten sich bereits Ende September mit einem Offenen Brief an den Gewerkschaftsvorsitzenden Harry Tisch gewandt, in dem sie ihr Unverständnis über den politischen Kurs der Führung zum Ausdruck gebracht hatten. Darin heißt es: „In Diskussionen ist eine nahezu einhellige Ablehnung der Art und Weise festzustellen, wie Presse, Rundfunk und Fernsehen tiefgreifende und die Werktätigen bewegende aktuelle politische Probleme abhandeln oder zum Teil verschweigen... Es trifft nicht im entferntesten die Überzeugungen und Empfindungen der Mehrzahl unserer Kollegen, wenn die

Medien nach peinlichem Schweigen nun den Versuch unternehmen, die Abkehr so vieler unserer Menschen ausschließlich als Machwerk des Klassengegners zu entlarven, bei dem diese DDR-Bürger nur Opfer oder Statisten sein sollen... Wir halten es deshalb für dringend erforderlich, daß die wahren Gründe, die zum Weggang unserer Bürger führen, sorgfältig und ehrlich untersucht und diskutiert werden. Wir erwarten den öffentlichen Dialog über dringend notwendige Veränderungen in allen gesellschaftlichen Bereichen." In den Debatten an diesem 13. Oktober, einem Freitag, werden noch deutlich radikalere Forderungen angebracht. Es geht um reale Mitsprache in den Betrieben, um Reisefreiheit und den Abbau von Privilegien.

Sonnabend, 14. Oktober

Etwa 120 Mitglieder des „Neuen Forums", dessen Gründungsaufruf mittlerweile über 25 000 Menschen unterschrieben haben, treffen sich in Berlin zu einem Koordinierungstreffen. Dort wird bekannt, daß der Oberbürgermeister von Karl-Marx-Stadt Vertretern des „Neuen Forums" einen Dialog angeboten hat. Kontakte mit Behördenvertretern gab es auch in Leipzig und Potsdam. Schwierigkeiten haben dagegen die Vertreter aus Halle, wo einige in den vergangenen Tagen von der Polizei „zugeführt" wurden. Das „Neue Forum" diskutiert an diesem Wochenende unter anderem auch Fragen der inneren Organisation. Soll der basisdemokratische Ansatz beibehalten werden, wonach sich die einzelnen Gruppen spontan über Kontaktadressen in den Wohngebieten bilden und die Themen ihrer inhaltlichen Arbeit selbst wählen, oder erfordert die Entwicklung im Lande eine Parteistruktur, die Erarbeitung eines klaren Programms? Man kommt überein, daß ein umfassendes Reformkonzept nicht vorgegeben, sondern nur in einem übergreifenden Diskussionsprozeß entwickelt werden kann. Ansatzpunkte dafür bildet der „Offene Problemkatalog", der Schlüsselfragen zu Wirtschaft und Ökologie, Kultur, Bildung und Wissenschaft sowie zum Staats- und Rechtswesen aufwirft. Nach dem Graswurzel-Prinzip soll die Bewegung weiter in die Breite getrieben werden. Perspektivisch ist die Bildung eines Koordinierungsausschusses und die Wahl eines Sprecherrates aus Vertretern der regionalen Zentren vorgesehen.

Im Unterschied zur SDP, die von Anfang an mit nahezu fertiger Struktur und Programmatik antrat, verfolgt die Bürgerbewegung „Demokratie jetzt", die zu diesem Zeitpunkt etwa 1 000 Mitglieder hat, ein ähnliches Konzept wie das „Neue Forum". In der ersten Ausgabe ihrer Zeitung mit dem Schmetterlingssymbol – ein beidseitig bedrucktes A-4-Blatt – wird den Bürgern folgende Vorgehensweise empfohlen: „Wir schlagen Ihnen vor, Verbindung zu gleichgesinnten Gruppen in Ihrer Nachbarschaft zu suchen. Organisieren Sie Treffen in den Stadtbezirken und Kreisen. Wählen Sie Sprecherinnen und Sprecher. Entsenden Sie Vertreter zu überregionalen Veranstaltungen." In der zweiten Nummer der Zeitung, die an diesem Wochenende verteilt wird, umreißt „Demokratie jetzt" ihre Vorstellungen noch etwas deutlicher: „Wir verstehen uns als Bewegung, an der sich jeder durch Mitarbeit ohne formelle Mitgliedschaft beteiligen kann, unabhängig davon, ob er Mitglied einer der alten Parteien oder einer der neuen Vereinigungen ist." Und als unmittelbares politisches Ziel wird formuliert: „Zusammen mit anderen demokratischen Initiativen machen wir uns Gedanken um ein gemeinsames Wahlprogramm. Ein solches Programm soll von einer repräsentativen Versammlung beschlossen werden. Sie wird Kandidaten nominieren und den Anspruch auf Beteiligung an der bevorstehenden Volkskammerwahl erheben. Wir wollen, daß der Wähler über eine demokratische Umgestaltung entscheiden kann."

Sonntag, 15. Oktober

Die letzten Inhaftierten der Demonstrationen vom 7. und 8. Oktober werden freigelassen. An diesem Tag trifft sich auch die Berliner Initiativgruppe „Demokratischer Aufbruch", die sich im Sommer aus kirchennahen Kreisen gebildet hatte und deren bisher bekanntester Vertreter der Pfarrer der Samariterkirche Rainer Eppelmann ist. In einem Offenen Brief an den Berliner Oberbürgermeister Erhard Krack wird von ihr die Einsetzung einer unabhängigen Untersuchungskommission zur Aufklärung der am 7./8. Oktober aufgetretenen Rechtsverletzungen gefordert. Gewalt und Einschüchterung seien keine geeigneten Voraussetzungen für einen demokratischen Dialog.

Am Abend findet in der Berliner Erlöserkirche ein „Konzert gegen Gewalt“ statt, bei dem bekannte Sänger und Schriftsteller zu grundlegenden Reformen aufrufen. Aber auch Lehrer, Studenten und ein Abgeordneter melden sich zu Wort. Liedermacher Kurt Demmler persifliert das Dialogverständnis von ZK-Sekretär Kurt Hager: „Ein bißchen reformeln und dialogeln, da hat man gut normeln, da hat man gut mogeln.“ Der Schriftsteller Christoph Hein fordert die Einsetzung eines Untersuchungsausschusses „für den offenbar gelenkten Exzeß der Sicherheitskräfte“. Daran sollte auch die Kirche beteiligt sein, die sich nach seiner Einschätzung als besonders verantwortlich für dieses Land und die sozialistische Gesellschaft erwiesen habe, „verantwortlicher, volksnäher und handlungsfähiger als andere Kräfte. Riesiger Beifall kommt auf, als der Texter und Liedermacher Gerhard Schöne mitteilt, daß er die 20 000 Mark, mit denen der am 7. Oktober an ihn verliehene Nationalpreis der DDR verbunden ist, je zur Hälfte einer kirchlichen Entwicklungshilfegruppe und den Inhaftierten spenden werde. Eine Lehrerin berichtet, wie ihr Kollege fristlos entlassen wurde, weil er den Lehrplan im Fach Geschichte kritisiert hatte und sich als Anhänger des „Neuen Forums“ bekannte. Ein Abgeordneter der SED aus dem Stadtteil Prenzlauer Berg erklärt: „Beruhigt euch nicht. Wir haben wahrscheinlich nur diesen einen Versuch; wenn wir scheitern, verlieren wir Hunderttausende, durch Ausreise oder durch innere Emigration… Handelt gewaltfrei! Redet mit allen, auch mit den 2,3 Millionen SED-Mitgliedern. Grenzt sie nicht von vornherein aus, viele von ihnen haben dazu beigetragen, daß jetzt Hoffnung ist!“ Er erhält den Applaus der über 3 000 in der völlig überfüllten Kirche.

Zur gleichen Zeit demonstrieren in Plauen 20 000 Menschen für Reformen und demokratische Erneuerung. In Halle ziehen ebenfalls 20 000 Menschen durch die Straßen und verlangen einen radikalen Wandel. Viele haben aber auch die Hoffnung auf einen solchen Wandel verloren. Sie ziehen es vor, das Land zu verlassen. Allein in der Bonner Botschaft in Warschau halten sich in diesem

Moment 1 200 DDR-Bürger auf. Angesichts dieser Situation treffen die Regierungen der DDR und Polens eine „unbefristet gültige" Ausreiseregelung in Drittstaaten für DDR-Bürger.

Montag, 16. Oktober

Der Tag ist geprägt von den nun schon traditionellen Montagsdemonstrationen. In allen Gesprächen herrscht die Frage vor, wieviel es wohl an diesem Abend sein werden, ob die signalisierte Dialogbereitschaft der Führung ausreicht, um die Auseinandersetzungen von der Straße in die Säle zu verlagern, wie dies offiziellerseits immer wieder gefordert wird. Das ganze Land steht unter Spannung.

Auch FDGB-Chef Harry Tisch muß nach seinen Gesprächen mit der Gewerkschaftsbasis eingestehen: „Die Stimmung unter den Kollegen hat sich verändert." Aber anstatt auf sie einzugehen, warnt er in der Zeitung „Junge Welt" vor überstürztem Handeln, da sonst das Schiff stranden könne. Die DDR brauche seiner Meinung nach auch keine neuen Foren der Demokratie, da sie über alle notwendigen Strukturen verfüge. Auf die Frage des Chefredakteurs Hans-Dieter Schütt, ob westliche Spekulationen zutreffen, wonach sich im Politbüro Kämpfe und Spaltungstendenzen abspielen, antwortet Harry Tisch, der dem Gremium seit 1975 angehört: „Zahlreiche Westmedien haben sich darauf spezialisiert, im Kaffeesatz zu lesen. Da werden Lügen verbreitet, Informationen gefälscht, da wird mit Halbwahrheiten manipuliert. Man knetet die Fakten und Phantasien so lange, bis sie in das antikommunistische Konzept passen. Gegenwärtig mehr denn je." Mehr hat er zur aktuellen Situation nicht zu sagen.

Im gleichen Blatt wird das 86jährige ZK-Mitglied Bernhard Quandt gefragt, ob sich die SED jetzt nicht dem Volk stellen wolle, worauf er entschlossen antwortet: „Das braucht sie nicht. Sie ist im Volk verwurzelt."

Außerhalb des Landes sieht man die Verhältnisse nüchterner und damit auch realer. Wjatscheslaw Daschitschew, einer der außenpolitischen Berater Michail Gorbatschows, erklärt im Gespräch mit der „Frankfurter Rundschau": „Die Stimmung in der Bevölkerung der DDR spiegelt die Zustände im Staat wider. Wenn die Führung das nicht bemerkt, kann es zu sehr gefährlichen Diskrepanzen kommen zwischen den Denkweisen von Regierung und Bevölkerung... Das ganze wirtschaftliche und politische System der DDR basiert auf dem alten Ideengut Stalins von einem administrativen Sozialismus."

Am Abend dann gehen mehr Menschen auf die Straße als je zuvor. Allein in Leipzig sind es 120 000, jeweils 10 000 in Dresden und Magdeburg, 5 000 in Halle und 3 000 in Berlin. Die Forderungen gleichen sich: Zulassung des „Neuen Forums", freie Wahlen, Presse- und Meinungsfreiheit, Aufhebung des Visazwangs für die ĈSSR.

Wieso sich die Demonstrantenzahl in Leipzig gegenüber der Vorwoche fast verdoppelte, versucht Pfarrer Michael Turek zu erklären: „Da gehen Menschen auf die Straße, die seit Jahren einen hohen Handlungsbedarf haben, der entlädt sich jetzt. Auf Leipzig hat es sich konzentriert, durch die Regelmäßigkeit der Friedensgebete. Montag siebzehn Uhr ist die Stadt voll. Mit Appellen, Polizeieinsätzen und anderen Repressionen läßt sich nichts mehr aufhalten. Es ist vorbei, die Zeiger der Uhr stehen auf fünf nach zwölf. Weil die Demonstrationen durch niemand organisiert sind, kann man auch an niemand appellieren, einzugreifen und etwas zu verhindern. Es ist wahnsinnig schwer, die Emotionen, die sich in den Demonstrationen äußern, umzuleiten in Gespräche."

In Dresden fordern Tausende eine öffentliche Diskussion über demokratische Reformen vor dem Rathaus, in dem zu dieser Zeit Oberbürgermeister Wolfgang Berghofer mit Vertretern der Demonstranten, der „Gruppe der 20", konferiert. Berghofer spricht anschließend über Megaphon vom Balkon des Rathauses zu der Menge, die aus der Kreuzkirche gekommen ist und kündigt die Fortsetzung des „gewaltfreien Dialogs" an, der bisher noch zu keinem Ergebnis geführt habe. Er informiert über den von der Gruppe vorgelegten 10-Punkte-Katalog, in dem neben Presse-, Meinungs- und Reisefreiheit vor allem freie Wahlen gefordert werden.

Dienstag, 17. Oktober

Erstmals drucken alle zentralen Zeitungen eine kurze ADN-Meldung über die Leipziger Demonstration: „Nach Friedensgebeten in fünf Leipziger Kirchen trafen sich gestern Zehntausende Bürger der Messestadt sowie aus dem Bezirk Leipzig und aus angrenzenden Territorien zu einer Demonstration. Der Zurückhaltung der Sicherheitskräfte und der eingesetzten Ordnungskräfte sowie der Demonstranten ist es zu danken, daß es zu keinen Ausschreitungen kam." Eine Woche zuvor hießen die Demonstranten noch Randalierer, Störenfriede und Konterrevolutionäre. Der Wechsel einiger Worte ist aber noch nicht verbunden mit einem Wechsel der Grundhaltung gegenüber den Volkskräften. In einem Kommentar von „Neues Deutschland" heißt es trotzig: „Die Arbeiter-und-Bauern-Macht ist weder von außen noch von gewissen Kräften im Innern erpressbar. Die Werte und Ideale des Sozialismus lassen wir nicht antasten, die unbestreitbaren Erfolge und Errungenschaften, die wir unter Führung der Partei mit der Einheit von Wirtschafts- und Sozialpolitik und auf dem Felde des Kampfes für Frieden und Abrüstung erreicht haben, von niemandem herabsetzen." In einem Interview mit der „Aktuellen Kamera" erklärt Generalstaatsanwalt Wendland zum Verhalten der Sicherheitskräfte bei Demonstrationen in der zurückliegenden Zeit: „Um das auch deutlich zu sagen: Die Gewalt ging nicht von der Polizei aus, die Gewalt richtete sich gegen die Polizei! Wir haben immerhin 106 zum Teil erheblich verletzte Polizisten." Daß dies so nicht stimmt, stellt sich später heraus, als Journalisten versuchen, die Verletzten zu besuchen und zu befragen. Nicht einmal zehn Namen können da belegt werden.

Am Abend werden in Dresden die Ergebnisse der Gespräche der „Gruppe der 20" mit Oberbürgermeister Wolfgang Berghofer in fünf Kirchen der Stadt bekanntgegeben. Tausende Teilnehmer nehmen die Berichte mehrheitlich zustimmend zur Kenntnis, da vereinbart wurde, in mehreren neugeschaffenen Kommissionen unter Beteiligung der Basisgruppen alle anstehenden Fragen zu beraten und einvernehmliche Lösungen zu suchen.

In Berlin finden sich zur gleichen Zeit mehr als 4 000 Studenten in der Humboldt-Universität zu einer Diskussion über anstehende Reformen ein. In der Debatte kristallisieren sich die Forderungen nach unabhängigen Studentenvertretungen, einer unzensierten Studentenzeitung, sowie freiem Zugang zu Bibliotheken und Vervielfältigungstechnik als zentrale Punkte heraus. Es wird vereinbart, neue Vertretungskörperschaften neben der Freien Deutschen Jugend, der sogenannten Kampfreserve der Partei, aufzubauen.

Mitarbeiter des Teltower Geräte- und Reglerwerkes „Wilhelm Pieck" treten aus der Einheitsgewerkschaft FDGB aus, gründen die unabhängige Betriebsgruppe „Reform" und rufen zur Gründung unabhängiger Gewerkschaften auf.

Mittwoch, 18. Oktober

Am Morgen beklagt der bekannte Dresdner Wissenschaftler Manfred von Ardenne, er habe den Eindruck, „daß der Ernst der Situation bis zur Stunde in Berlin noch nicht erkannt ist. Es wurde nichts über die Einleitung wesentlicher Taten und Veränderungen mitgeteilt." Ähnlich äußern sich Komponisten und Musikwissenschaftler in der Zeitung „Der Morgen": „Sollten keine Signale der Hoffnung gesetzt werden, dann wird es bei den furchtbaren Massenabwanderungen bleiben mit katastrophalen Folgen für die Wirtschaft und vor allem für die Moral dieser Gesellschaft."

Am Nachmittag kommt dann die Sensationsmeldung des Tages: Erich Honecker ist zurückgetreten. Zum neuen Generalsekretär des SED-Zentralkomitees wurde auf seinen Vorschlag Egon Krenz gewählt. Wie es in der Mitteilung über die ZK-Tagung weiter heißt, wurden auch die Politbüromitglieder und ZK-Sekretäre Günter Mittag (Wirtschaft) und Joachim Herrmann (Agitation) aus ihren Funktionen abberufen.

Damit ist das eigentliche Machtzentrum um Erich Honecker zerschlagen, eine ganze Epoche in der Geschichte der DDR beendet. Diese drei Männer hatten sich im Laufe der Jahre eine Befehlsgewalt angeeignet, die an klassischen Absolutismus grenzte.

Erich Honecker, Jahrgang 1912, gelernter Dachdecker, hatte seine politische Karriere 1945 nach antifaschistischem Widerstandskampf und achtjähriger Zuchthaushaft als Gründer der

Freien Deutschen Jugend begonnen, der er von 1946 bis 1955 vorstand. Von Anfang an war er Mitglied des Parteivorstandes bzw. des Zentralkomitees der SED, in dessen internes Machtzentrum, das Politibüro, er 1958 aufstieg. Unter Walter Ulbricht war er zunächst für Sicherheitsfragen (1958-1963) und dann für die Parteikontrolle (1963-1971) zuständig, wobei er stets die Rolle des Kronprinzen ausfüllte. 1971, kurz vor dem VIII. Parteitag der SED, trat er aus dem Schatten Ulbrichts hervor und organisierte dessen Absetzung. Als neuer Erster Sekretär und späterer Generalsekretär sorgte er dafür, daß nach und nach seine Vertrauten aus der FDJ in einflußreiche Stellungen kamen. Widersprüche zu seinem Politikverständnis duldete er nicht, dies galt als schädliche Fraktionsmacherei und wurde entsprechend bekämpft.

Sein engster Vertrauter war Günter Mittag, der für die gesamte Planwirtschaft nahezu die alleinige Verantwortung trug. Er dirigierte und überwachte 22 Ministerien, 224 Kombinate und 3 526 Industriebetriebe. 1926 geboren, absolvierte er zunächst eine Lehre bei der Reichsbahn, nahm als Flakhelfer noch an den letzten beiden Kriegsjahren teil und wurde dann als Eisenbahngewerkschafter aktiv. 1946 trat er der SED bei, die ihn 1951 als hauptamtlichen Mitarbeiter ins Zentralkomitee berief. Über mehrere Zwischenstufen erreichte er 1962 als Leiter der Abteilung Wirtschaft den wichtigsten Schalthebel der Planwirtschaft. Seine Macht wuchs mit der Übernahme leitender Funktionen in der Volkskammer und im Staatsrat, was in der Berufung zum Stellvertretenden Staatsratsvorsitzenden im Juni 1984 gipfelte. Damit war er der unangefochtene Wirtschaftsstratege, der mit den Fachabteilungen des SED-Zentralkomitees das Land dirigierte, ohne auf Ministerien und andere Gremien Rücksicht zu nehmen.

Über ein ähnliches Imperium verfügte Joachim Herrmann. Ihm unterstanden nicht nur sämtliche SED-eigenen und -nahestehenden Medien, sondern über die Schaltstelle Presseamt beim Ministerrat auch die Nachrichtenagentur, Rundfunk, Fernsehen sowie alle übrigen Zeitungen und Zeitschriften. Per Telefon wies er allabendlich an, wie die Zeitungen des nächsten Tages auszusehen hätten, welche Größe das Honecker-Foto auf Seite eins haben sollte und wo eine unliebsame Meldung, die sich nicht verhindern ließ, im

Innenteil zu verstecken war. Begonnen hatte sein Weg 1945 mit einer Anstellung als Bote bei der „Berliner Zeitung". Der Siebzehnjährige zeigte sich anstellig, erhielt ein Volontariat und ging wenig später zu einer FDJ-Zeitschrift. 1953/54 absolvierte er die Komsomolhochschule in Moskau, was ihm die Voraussetzungen brachte, um anschließend Chefredakteur der „Jungen Welt" zu werden. Dem folgte die Leitung der „Berliner Zeitung" (1962-1965). Vorübergend verließ Herrmann dann den Medienbereich und leitete von 1965 bis 1971 das Staatssekretariat für gesamtdeutsche Fragen. Mit der Inthronisierung Honeckers und einer schärferen Abgrenzung zur Bundesrepublik wurde dieses Staatssekretariat aufgelöst und Herrmann kehrte als Chefredakteur des „Neuen Deutschland" in den Journalismus zurück. 1978 übernahm er die Funktion des verunglückten Werner Lamberz als Sekretär für Agitation und Propaganda im Zentralkomitee der SED. Zugleich leitete er die Blockparteien an, wozu auch seine Funktion im Präsidium des Nationalrates der Nationalen Front diente. Zu jeder Zeit sorgte er dafür, daß nur jene Fakten an die Öffentlichkeit gelangten, die der Honeckerschen Führungsriege genehm war. Das bedeutete unablässige Erfolgspropaganda und Tabuisierung aller Problemfelder.

Am Abend zeigt sich die „Aktuelle Kamera" bereits in neuer Aufmachung: Ein persönlich gehaltenes Interview mit dem neuen Ersten Mann dauert nicht länger als anderthalb Minuten. Auch der umständlich lange Titel vor dem Namen fällt weg. Erste Anzeichen für einen Wandel, der die Hauptnachrichten des DDR-Fernsehens schnell von dem bisherigen Langweiler zur meistgesehenen Sendung macht.

Danach in einer Sondersendung die erste öffentliche Erklärung von Egon Krenz in seiner neuen Funktion. Sie ist alles andere als von Charisma geprägt und läßt auch wenig Gespür für die Erwartungen der Zuschauer erkennen, enthält aber eine Reihe bemerkenswerter Sätze." Fest steht, wir haben in den vergangenen Monaten die gesellschaftliche Entwicklung in unserem Lande in ihrem Wesen nicht real genug eingeschätzt und nicht rechtzeitig die richtigen Schlußfolgerungen gezogen", gesteht er. Zur Ausreisewelle von über hunderttausend meist junger DDR-Bürgern heißt es: „Ihren Weggang empfinden wir als großen Aderlaß; jeder von uns kann die Tränen vieler Mütter und Väter nachempfinden... Diese Wunde wird noch lange schmerzen." (Noch am 1. Oktober hatte es in einem ADN-Kommentar zur Flüchtlingswelle zynisch geheißen: „Sie alle haben durch ihr Verhalten die moralischen Werte mit Füßen getreten und sich selbst aus unserer Gesellschaft ausgegrenzt. Man sollte ihnen deshalb keine Träne nachweinen." – Der letzte Satz war auf Weisung Erich Honeckers zustandegekommen.

Donnerstag, 19. Oktober

Die Ausreisewelle, die letztlich die Umbrüche in der Führung ausgelöst hat, bleibt eines der zentralen Themen in der öffentlichen Diskussion. Der Wirtschaftswissenschaftler Prof. Peter Thal macht in der Zeitung „Junge Welt" folgende Rechnung auf: Bei einem Nationaleinkommen von 268,4 Milliarden Mark und gegenwärtig 8,6 Millionen Berufstätigen der DDR gingen pro zehntausend Ausreisende jährlich 0,12 Prozent des Nationaleinkommens verloren. Das seien 330 Millionen Mark. Da es sich vornehmlich um junge Leute handele, verliere die DDR auf die noch vor ihnen liegenden Arbeitsjahre berechnet rund zehn Milliarden Mark pro zehntausend Ausreisende.

SED-Bezirkschef Hans Modrow meldet sich in Dresden zu Wort. Der Dialog müsse jetzt mit allen Kräften in der DDR geführt werden. Die politische Lage erfordere einen tiefen Wandel. „Bei dieser umfassenden Erneuerung sollten auch in der Sowjetunion gesammelte Erfahrungen genutzt werden." Der in Gang gekommene Dialog dürfe nicht beim Meinungsstreit stehenbleiben, fordert Modrow. Er müsse zur Entscheidungsfindung beitragen und Entscheidungen selbst bringen.

Am Abend diskutieren Politiker, Wissenschaftler und Journalisten im Fernsehen die entstandene Lage. Alle sprechen die Erwartung aus, daß eine vom Ministerrat in Aussicht gestellte Reiseregelung zu einem Paß für jeden Bürger und der uneingeschränkten Möglichkeit des Reisens führen werde. Chefkommentator Karl-Eduard v. Schnitzler meint, daß Hindernisse für die Reisefreiheit

Die „Wende“ des Egon Krenz

bisher ausschließlich Bonn errichtet habe. Er bleibt damit seiner einseitigen Sicht auf die DDR-Wirklichkeit treu, die er in seiner Sendung „Der schwarze Kanal" jahrelang praktiziert hatte, was ihm besonders viel Haß einbrachte.

Der Westberliner „Tagesspiegel" veröffentlicht ein Telefoninterview mit der Mitbegründerin des „Neuen Forums" Bärbel Bohley, in dem sie nach der Möglichkeit von Gesprächen am „Runden Tisch" befragt wird, wie sie in Polen zwischen Staatsmacht und Opposition praktiziert wurden. Sie antwortet: „So schnell geht das alles nicht, ich kann mir das erstmal nicht vorstellen.

Aber ich denke, daß die Demonstrationen demnächst auch sicher von mehr politischen Forderungen begleitet sein werden. Dann wird es darauf ankommen, ob die Regierung bereit ist, auf diese Forderungen einzugehen."

In der Stadt Zittau im Süden des Landes nehmen 10 000 Menschen an einer Veranstaltung des „Neuen Forums" teil. Der Rat der Stadt genehmigt kurzfristig die Lautsprecherübertragung aus der Johanniskirche, vor der sich Tausende versammelt haben. Ein Vorgang, der vor Tagen noch undenkbar gewesen wäre.

Freitag, 20. Oktober

Die DDR-Regierung bietet jedem Bürger, der das Land verlassen hat, die Rückkehr an. „Wir werden allen, die zurückkehren wollen, soweit nicht triftige Gründe entgegenstehen, im Rahmen des Möglichen dabei behilflich sein, in ihrer angestammten Heimat wieder Fuß zu fassen", teilt Außenministeriumssprecher Wolfgang Meyer mit. Zugleich ruft er jene Landsleute auf, die das Land noch verlassen wollen: Niemand sollte also Entschlüsse fassen und überstürzte Handlungen begehen, die er später möglicherweise bereut. Es ist erstmalig, daß die DDR-Führung jenen eine Rückkehr erlaubt, die dem Land den Rücken gekehrt haben.

Der Innenminister wird von der Regierung beauftragt, ein Reisegesetz auszuarbeiten. Der Justizminister soll schnellstmöglich einen Plan von Gesetzesänderungen für die kommenden Jahre vorlegen. Postminister Rudolf Schulze teilt mit, daß die sowjetische Monatszeitschrift „Sputnik" wieder verbreitet werden darf. Das ein

Jahr zuvor verhängte Verbot hatte Zehntausende zu öffentlichen Protesten veranlaßt. Der Schritt war am 25. November 1988 im „Neuen Deutschland" mit dem Hinweis begründet worden, die Zeitschrift leiste keinen Beitrag zur deutsch-sowjetischen Freundschaft. Sie bringe statt dessen „verzerrende Beiträge zur Geschichte". Damit war der Dissenz zwischen der DDR-Führung und der Politik Michail Gorbatschows endgültig sichtbar geworden. Die DDR-Medien hatten bereits zuvor von der Abteilung Agitation des ZK der SED ein striktes Verbot erhalten, die Begriffe „Glasnost" und „Perestroika" zu verwenden.

In Rostock wird bekannt, daß sich der Stadtrat bereiterklärt hat, über „Parteienpluralismus und Bürgermitbestimmung zu diskutieren". Angesichts der innenpolitischen Krise solle kein Problem ausgeklammert werden. Als erstes Angebot werden Themen wie Stadtentwicklung und Umweltschutz, Medien- und Informationspolitik, Warenangebot und Versorgung genannt.

Der Eisenacher Oberkirchenrat Martin Kirchner fordert ein neues Wahlgesetz und ein Parteiengesetz für die DDR. In einem Interview mit dem Westberliner Radiosender „100,6" sagt er: „Ich denke, die Debatte, die in den letzten Tagen geführt worden ist, die nächsten Wahlen auf der Grundlage des vorhandenen Wahlgesetzes wahrheitsgemäß durchzuführen, das heißt, die tatsächlichen Stimmergebnisse zu vermelden, wird nicht mehr reichen. Man muß sich überlegen, ob in der verbleibenden Zeit bis zu den nächsten Wahlen 1991 Grundlagen durch ein neues Wahlgesetz geschaffen werden können."

Am Abend ziehen 50 000 Menschen durch die Dresdner Innenstadt und fordern freie Wahlen.

Sonnabend, 21. Oktober

Mehrere zehntausend Menschen demonstrieren an diesem Wochenende in Berlin, Plauen, Dresden, Karl-Marx-Stadt und Potsdam für Reformen in der DDR. In Plauen erreicht der Demonstrationszug eine Stärke von 35 000 Teilnehmern; es ist damit der größte in der 80 000 Einwohner zählenden Industriestadt im Bezirk Karl-Marx-Stadt. Die Forderungen richten sich auf eine sofortige Demokratisierung der Gesellschaft, auf freie Wahlen und die Zulassung des „Neuen Forums“. Die erste Kundgebung in der Stadt am 7. Oktober, an der sich 10 000 Bürger beteiligt hatten, war von der Volkspolizei gewaltsam auseinandergetrieben worden.

In Berlin formiert sich eine Menschenkette, die über gut einen Kilometer vom Palast der Republik bis zum Polizeipräsidium in der Keibelstraße reicht. Die Teilnehmer fordern die republikweite Freilassung aller am 7. und 8. Oktober bei Protesten Inhaftierten und die Einstellung der Verfahren gegen gewaltlose Demonstranten.

SED-Politbüromitglied Günter Schabowski und Berlins Oberbürgermeister Erhard Krack stellen sich vor der Volkskammer der Diskussion mit den Demonstranten. Die Debatten drehen sich um Presse-, Rede- und Versammlungsfreiheit, Reisemöglichkeiten und Formen des Dialogs zwischen Bürgern und Staatsführung. Schabowski spricht sich bei dieser Gelegenheit dafür aus, „politische Konflikte nur mit politischen Mitteln“ zu lösen. Er sei gekommen, um zu reden und zu verhindern, daß es zu Auseinandersetzungen mit den Sicherheitskräften komme. Dies gelingt auch, doch die hier praktizierte Form des direkten Dialogs mit den Menschen auf der Straße kann die politischen Konflikte nicht mehr entschärfen. Zu lange schon hat sich der Druck angestaut, zuviel ist in den letzten beiden Wochen geschehen.

Auf einen Bericht des Zweiten Deutschen Fernsehens (ZDF) über Mißhandlungen von festgenommenen Frauen reagiert die „Aktuelle Kamera“ mit einem scharfen Kommentar. Es handele sich um eine „infame Behauptung“, die vom DDR-Innenministerium unter Protest zurückgewiesen worden sei. Der Korrespondent des ZDF habe „nicht den Schatten eines Beweises“ vorgelegt. „Wer so unter die Gürtellinie geht, kann nichts anderes im Sinn haben, als Menschen zu verhetzen, die einen sachlichen, konstruktiven Dialog erschweren oder gar unmöglich machen sollen“, heißt es dort. Doch die Wirklichkeit holt die Propaganda ein weiteres Mal ein. Der Bericht einer mißhandelten Frau, die aus Vorsichtsgründen ihr Gedächtnisprotokoll zunächst nicht namentlich gezeichnet hatte, wird nachrecherchiert und erweist sich als stichhaltig. Das Innenministerium zieht wenige Tage später seinen Protest zurück. Ein offizielles Dementi erfolgt allerdings nicht.

Am gleichen Wochenende verbreitet die LDPD eine Erklärung, in der sie die SED auffordert, nicht nur mit einzelnen Mitgliedern des „Neuen Forums" zu reden, sondern diese Demokratiebewegung auch offiziell anzuerkennen. Die Liberaldemokraten seien bereit, Mitglieder des „Neuen Forums" in die eigenen Reihen aufzunehmen und „auf eigenen Listen kandidieren zu lassen". Vom „Neuen Forum" wird für die öffentliche Unterstützung gedankt, aber der Wille zur Eigenständigkeit bekräftigt. Einzelne Mitglieder sprechen sogar von unangemessenen Vereinnahmungsversuchen, mit denen sich einzelne Blockparteien jetzt zu profilieren suchten.

Sonntag, 22. Oktober

Als Auftakt für eine breite öffentliche Aussprache treffen sich am Morgen 500 Leipziger im Gewandhaus. Einlader sind jene sechs Persönlichkeiten der Stadt, die mit ihrem Aufruf am 9. Oktober den entscheidenden Durchbruch zur Gewaltlosigkeit erreicht hatten. Gewandhauskapellmeister Kurt Masur leitet mit den Worten ein: „Was wir hier lösen können, kann für die ganze Republik richtungweisend sein." Es seien Gedanken einzubringen, wie der „Modellfall Leipzig" als beispielhafte Verhaltensweise wirksam werden könne. In der mehrstündigen Debatte werden zunächst Themenschwerpunkte umrissen – Umgestaltung der politischen Verhältnisse, Reform des Bildungswesens, Ökologie, Stadtentwicklung – die künftig in Kommissionen unter Beteiligung aller Interessierter beraten werden sollen, um konkrete Beschlußempfehlungen zu geben. Man verabredet, sich jetzt jeden Sonntag zum „Dialog am Karl-Marx-Platz" zu treffen.

Die „Vereinigte Linke" kündigt für Ende November eine zweitägige Beratung in Berlin an, auf der sie ihr Konzept erstmals der Öffentlichkeit vorstellen will. In einem Positionspapier macht sie deutlich, daß sie sich als Opposition zum Obrigkeitsstaat, nicht aber als Opposition zur Idee des Sozialismus verstehe. Sie erklärt sich ausdrücklich für die Beibehaltung des gesellschaftlichen Eigentums an Produktionsmitteln, nur müßte das über Arbeiterräte in direktes Eigentum der Werktätigen umgewandelt werden. Es gelte eine Alternative zum parteienzentrierten Parlamentarismus zu schaffen. Damit wird eine deutliche Abgrenzung zur unlängst gegründeten Sozialdemokratische Partei in der DDR (SDP) und zur Bewegung „Demokratischer Aufbruch“ vollzogen, die Varianten einer kontrollierten Marktwirtschaft und Formen der parlamentarischen Demokratie anstreben. Zu den Initiatoren der „Vereinigten Linken“ gehören in Berlin Mitarbeiter der „Umweltbibliothek“, der „Kirche von unten“, des Friedrichsfelder Friedenskreises und viele Studenten.

Montag, 23. Oktober

An der Leipziger Demonstration beteiligen sich über 300 000 Menschen. Es ist die größte Protestkundgebung in der Geschichte der DDR. Am Vorabend der Tagung des Parlaments (Volkskammer) wird dabei Unmut laut über die geplante Wahl von SED-Generalsekretär Egon Krenz zum Staatsratsvorsitzenden. („Zuviel Macht in einer Hand ist nicht gut für unser Land“) Erstmals berichtet auch das DDR-Fernsehen über die Massendemonstration mit aktuellen Filmberichten. „Die ganze Stadt ist voller Menschen“, schildert der Reporter. „Der sechsspurige Ring um die Altstadt kann die Menge nicht mehr fassen. Der Verkehr ist völlig zum Erliegen gekommen.“ Diesmal sind auch deutlich mehr Transparante zu sehen als sonst. Da ist zu lesen: „Visafrei bis Hawai“, „Sinnvoller Zivildienst“, „Freie Wahlen“ und „Die führende Rolle dem Volk“. Sprechchöre fordern ein Ende der SED-Herrschaft, eine Dezentralisierung der Macht.

Während die Demonstration noch andauert, spricht sich SED-ZK-Sekretär Kurt Hager in der abendlichen Nachrichtensendung der „Aktuellen Kamera“ für die Wahl von Egon Krenz auch in die Ämter des Staatsratsvorsitzenden und des Vorsitzenden des Nationalen Verteidigungsrates aus, „um die Wende zu sichern“. Erstmals distanziert er sich auch vom früheren Parteichef Erich Honecker, bei dem trotz aller Verdienste wohl auch Elemente von Personenkult vorhanden gewesen seien.

In der evangelischen Kirchgemeinde am Berliner Fennpfuhl übergeben Vertreter mehrerer Bürgerinitiativen und Gruppen, darunter des „Neuen Forums“, eine hundertseitige Dokumentation

Kundgebung auf dem Dresdner Theaterplatz.

Hans Modrow stellt sich den Demonstranten

mit Erlebnis- und Tatsachenberichten zu den Polizeieinsätzen am 7. und 8. Oktober. Der 1. Vize-Generalstaatsanwalt von Berlin, Klaus Voß, verspricht, daß „alle diesbezüglichen Anzeigen, Sachverhalte und Eingaben unvoreingenommen und umfassend geprüft“ werden. Konsistorialpräsident Manfred Stolpe fordert „Mut zur Wahrheit, auch wenn sie schmerzt“. In den folgenden Wochen werden diese Gedächtnisprotokolle, die das Stadtjugendpfarramt zusammengestellt hat, zu einem zentralen Punkt der innenpolitischen Auseinandersetzungen.

Zur gleichen Zeit verlangt in Dresden der evangelische Bischof, Johannes Hempel, daß sich die Regierung öffentlich für die Brutalität der Sicherheitskräfte entschuldigen solle. Am Abend kommt es vor der Semperoper erneut zu Protestaktionen. Zu den mehreren Zehntausenden sprechen SED-Bezirkschef Modrow und Oberbürgermeister Berghofer. Modrow teilt bei dieser Gelegenheit mit, daß nach den außerordentlichen Tagungen der Stadtverordnetenversammlung und des Bezirkstages von Dresden nun auch in den anderen Städten des Bezirks 500 bis 600 Ausschüsse geschaffen würden, um den Dialog zwischen den Bürgern, Vertretern des Staates, Parteien und Kirchen fortzusetzen.

In Schwerin kommt es zu der eigenwilligsten Demonstration dieser Tage. Die SED-Bezirksleitung versucht einen Aufruf des „Neuen Forums“ zu Protestkundgebungen gegen die geplante Mehrfachwahl von Egon Krenz zu unterlaufen, mobilisiert die eigene Basis für eine Kundgebung zugunsten der „Wende“ und ergreift Besitz von den Mikrofonen bei der öffentlichen Debatte. Die anwesenden 40 000 Menschen erleben so ein Wechselbad mit völlig konträren Standpunkten. Die Menge ist gespalten, Klatschen und Pfiffe wechseln ständig.

In Berlin ziehen 2000 Demonstranten vor das Gebäude des Staatsrates, wo eine Petition verlesen wird, in der Initiativgruppen die Aufstellung von mehreren Kandidaten für das Amt des Staatsoberhauptes fordern. Das Schreiben wird anschließend einem Abgeordneten der Volkskammer übergeben. Vor dem Parlamentsgebäude brennen die ganze Nacht über Kerzen.

Dienstag, 24. Oktober

Ungeachtet vieler Proteste läßt sich SED-Chef Egon Krenz am Morgen von der Volkskammer zum Staatsratsvorsitzenden und auch zum Vorsitzenden des Nationalen Verteidigungsrates wählen. Zuvor war der bisherige Amtsinhaber Erich Honecker abgelöst worden, der jedoch selbst aus gesundheitlichen Gründen nicht an der Tagung teilnimmt. Erstmals in der vierzigjährigen Geschichte des Parlaments ist das Votum für einen Staatschef nicht einstimmig: 26 Abgeordnete votieren gegen den Vorschlag, 26 enthalten sich der Stimme. Volkskammerpräsident Horst Sindermann hat sichtliche Mühe, mit dieser neuartigen Praxis zurechtzukommen. Er verzählt sich, wendet sich an seinen Nachbarn mit den Worten „Zähl mal mit hier!“ und verspricht: „Ich werde das Ergebnis nicht verfälschen!“ Nach mehreren Anläufen sind glücklich alle Gegenstimmen erfaßt. Die neue Parlamentspraxis macht ein verändertes Herangehen an die Auszählung notwendig.

Mit dieser Wahl ist eine Chance zum Ausstieg aus dem überholten Modell der Alleinherrschaft erst einmal verspielt. Wenige Stunden später demonstrieren 12 000 in Berlin gegen die Wahl von Krenz. Die Menge ruft vor dem Gebäude der Volkskammer: „Wir sind keine Fans von Egon Krenz“, „Egon – deine Wahl nicht zählt, dich hat nicht das Volk gewählt“ und „Egon Krenz – keine Lizenz“. Vor dem Staatsratsgebäude, das von einer Kette uniformierter Angehöriger des Ministeriums für Staatssicherheit abgesperrt ist, stellen die Demonstranten Kerzen ab. Auch in Dresden versammeln sich Hunderte vor der Kreuzkirche zu einer schweigenden Protestkundgebung.

Den 1937 in Kolberg geborenen Krenz verbindet vieles mit dem früheren Generalseketär Erich Honecker. Auch sein politischer Werdegang weist Ähnlichkeiten auf: Er übernahm 1971 die Leitung der Pionierorganisation, drei Jahre später die Funktion des 1. Sekretärs des Zentralrats des Jugendverbandes FDJ, die er dann neun Jahre – wie Honecker – innehat. 1983 wird er Mitglied des SED-Politbüros, ein Jahr später einer der Stellvertreter Honeckers im Amt des Staatsratsvorsitzenden. Seit dieser Zeit gilt Krenz als „Kronprinz“. Als Sekretär des ZK verantwortet er seit 1983 die

Bereiche Sicherheit und Kaderfragen, außerdem auch Jugend und Sport. Seine Verantwortung als Leiter der Wahlkommission bei den Kommunalwahlen im Mai 1989, bei denen die Ergebnisse offensichtlich manipuliert wurden sowie seine positive Stellungnahme zum Massaker in China fügen seinem öffentlichen Ansehen schweren Schaden zu. Das enge Verhältnis zu seinem politischen Ziehvater, der immer eigensinniger regiert, kühlt sich wegen taktischer Unstimmigkeiten im Sommer 1989 derart ab, daß ihn Honecker auf dem Höhepunkt der innenpolitischen Krise im August zwangsweise in den Urlaub schickt und stattdessen Günter Mittag mit der Führung der Partei in seiner Abwesenheit betraut.

Die Schriftstellerin Christa Wolf meldet sich mit einer Stellungnahme in der in Millionenauflage erscheinenden Zeitschrift „Wochenpost" zu Wort: „Für mich war es eine Befreiung, als, zuerst wohl in Leipzig, den Sprechchören „Wir wollen raus" der immer noch anwachsende Chor: „Wir bleiben hier" entgegenscholl. In jenen Tagen sagte jemand zu mir: Wir müssen die DDR retten... Dabei wird eine Menge nur noch von wenigen geglaubter Dogmen fallen, unter anderem das Dogma von den Siegern der Geschichte. Diese Losung... hat dazu beigetragen, das Verstehen zwischen den Generationen in unserem Land zu erschweren. Eine kleine Gruppe von Antifaschisten, die das Land regierte, hat ihr Siegesbewußtsein zu irgendeinem Zeitpunkt aus pragmatischen Gründen auf die ganze Bevölkerung übertragen. Die Sieger der Geschichte hörten auf, sich mit ihrer wirklichen Vergangenheit, der der Mitläufer, der Verführten, der Gläubigen in der Zeit des Nationalsozialismus auseinanderzusetzen. Ihren Kindern erzählten sie meistens wenig oder nichts von ihrer eigenen Kindheit und Jugend. Ihr untergründig schlechtes Gewissen machte sie ungeeignet, sich den stalinistischen Strukturen und Denkweisen zu widersetzen, die lange als Prüfstein für Parteilichkeit und Linientreue galten und bis heute nicht radikal und öffentlich aufgegeben wurden. Die Kinder dieser Eltern, nun ganz und gar Kinder der DDR, selbstunsicher, entmündigt, häufig in ihrer Würde verletzt, wenig geübt, sich in Konflikten zu behaupten, gegen unerträgliche Zumutungen Widerstand zu leisten, konnten wiederum ihren Kindern nicht genug Rückhalt geben, ihnen nicht das Kreuz stärken, ihnen, außer dem Drang nach guten Zensuren, keine Werte vermitteln, an denen sie sich hätten orientieren können." – Christa Wolf versucht bereits in diesen Tagen, als die meisten noch damit beschäftigt sind, die Vielfalt der sich überschlagenden Ereignisse überhaupt zu erfassen, tiefer zu loten und die Ursachen der eruptiven Veränderungen herauszuarbeiten.

Gleich ihr tun es viele Schriftsteller und Künstler, die unzweifelhaft zu den geistigen Wegbereitern des Aufbruchs zählen. Im Berliner „Haus der jungen Talente" sind es an diesem Abend Christoph Hein und der lange Zeit verfemte Stefan Heym, die gemeinsam mit Wissenschaftlern, Kulturpolitikern und erstmals auch Vertretern von Bürgerbewegungen über das Thema diskutieren: „Die DDR – wie ich sie mir träume": Sein Traum, so Christoph Hein, sei, daß die DDR ein sozialistisches Land werde. „Von den Tagen des Hochgefühls bleibt wenig übrig, wenn man nur moralische Forderungen stellte. Noch ist nichts entschieden, kein Schritt zur Überwindung der stalinistischen Strukturen ist getan." Glaubwürdigkeit als Kriterium der Politik reiche ihm nicht. Die Institutionen müßten dringend verändert werden. Markus Wolf, ehemaliger Generaloberst der Staatssicherheit, der drei Jahre zuvor wegen politischer Kontroversen aus dem Ministerium ausgeschieden war und sich der Geschichte seines Bruder Konrad Wolf angenommen hatte, die in dem Erfolgsbuch „Die Troika" ihren Niederschlag fand, wünscht sich Politiker, die ihr Gesicht nicht dann erst dem Volke zuwenden, wenn sie mit dem Rücken an der Wand stehen. Bärbel Bohley vom „Neuen Forum" bekennt, daß sich ein Teil ihres Traums erfüllt habe, als Hunderttausende in Leipzig auf die Straße gingen und riefen „Wir sind das Volk!" Auch nach dem Wechsel bleibe das Wort des Tages – Glaubwürdigkeit, so Stefan Heym. Man erwerbe sie „durch Taten und nicht durch Worte, seien sie noch so rührend". Ihn erinnere das Verhalten vieler DDR-Bürger jetzt an die Situation von 1945: Keiner will es gewesen sein. Überlegungen aus ihrem „Sozialismusprojekt" an der Humboldt-Universität bringen die jungen Philosophen Michael Brie und Dieter Segert in die Diskussion ein. Darin schlagen die beiden SED-Mitglieder gründliche Veränderungen der politischen Strukturen vor. „In einem modernen Sozialismus läßt sich die Führungsrolle einer

Partei nicht mehr aufrechterhalten." Erstmalig geht solch ein Satz über die Kanäle der DDR-Medien. Das Jugendfernsehen „Elf99" ist live dabei. Die ARD übernimmt die Sendung wegen ihres sensationellen Charakters in das Abendprogramm des folgenden Tages.

Mittwoch, 25. Oktober

Während die Medien in der DDR relativ offen über aktuelle Vorgänge berichten, aber in ihren Wertungen immer noch recht zurückhaltend sind, geht man im Ausland mit den Herrschenden in Berlin härter ins Gericht. In der Westberliner „ tageszeitung" schreibt Matthias Geis: „Die SED lernt zu langsam. Für eine Partei, die qua Einsicht in die Gesetzmäßigkeit der Geschichte das Erkenntnismonopol über die gesellschaftliche Entwicklung beansprucht, liefert sie in den letzten Wochen eine blamable Vorstellung. Von Antizipation keine Rede. Dabei ist der Gang der Ereignisse lehrbuchhaft strukturiert: Den Knüppeln folgte der Massenprotest; die moderaten Reformangebote wurden von der im Aufbruch befindlichen Gesellschaft – allerdings ohne die parteierwünschte Befriedung – akzeptiert; die Ablösung Honeckers schrieb die bislang in Unmündigkeit gehaltene Bevölkerung ihrem Engagement zu; auf den erneuten Mobilisierungsschub reagierte die Partei mit Intensivierung der jüngsten Dialogoffensive. Doch auch die scheint die Dynamik der Emanzipation nicht zu brechen. Eher wird der naiv-dreiste Versuch der Partei, sich jetzt als der eigentliche Erfinder des öffentlichen Reformdiskurses zu präsentieren, die Forderung nach Verhandlungen statt Bekundungen nur weiter beflügeln. Zu offenkundig ist die Strategie der SED, die gesellschaftliche Diskussion von der Straße in die Säle und von den Sälen in die vorhandenen Gremien und Institutionen zu kanalisieren. Die SED ist – trotz der Lernangebote der letzten Wochen – weiterhin dabei, Dynamik und Richtung der jüngsten Entwicklung zu verkennen, eine Fehlleistung, die einzig mit dem Erkenntnisinteresse, die führende Rolle am Ende doch zu behaupten, erklärlich ist."

In DDR-Zeitungen kommen solche Ansichten an diesem Tag indirekt auch zur Sprache, allerdings über den Umweg von Leserbriefen. Da schreibt der Abgeordnete Bernhard Knupp in der

„Leipziger Volkszeitung" an seinen Oberbürgermeister Dr. Bernd Seidel: „Mit Zorn und Verbitterung stelle ich... fest, daß die Leitung unserer Stadt auf die Probleme der Menschen – die sich zumindest seit dem 7. Oktober 1989 massenhaft, unmißverständlich und für alle unüberhörbar äußern – keine Antwort hat."

Das verlorengegangene Vertrauen wiederzuerringen sieht auch der Leipziger Gewandhauskapellmeister Kurt Masur als vordringliche Aufgabe an. „Staatsführung, SED-Führung haben bewiesen, daß sie über Wochen, über Monate nicht bemerkt haben, daß im Volk etwas nicht in Ordnung ist. Sonst hätte die Bereitschaft, mit unseren Menschen zu sprechen, viel früher entstehen müssen", erklärt er in einem Interview mit der Zeitung „Der Morgen".

Inzwischen verschafft sich das Volk im ganzen Land auf seine Weise Gehör. Kein Tag ohne Demonstration. In Neubrandenburg, im Nordosten der DDR, versammeln sich rund 20 000 Menschen zu einem „Marsch der Hoffnung", der sich nach einem Friedensgebet in der Johanniskirche formiert. Auf der anschließenden Kundgebung erklärt Oberbürgermeister Heinz Hahn, ein von allen Seiten ernst gemeinter Dialog werde nicht in Gang kommen, wenn er mit einem Mißtrauensvotum, welcher Seite auch immer, beginne; wenn er Schuldzuweisungen an den Anfang stelle und wenn er die Akzeptanz und Kompetenz des Partners in Frage stelle. Der SED-Bezirkschef von Neubrandenburg Johannes Chemnitzer bezeichnete es als Gebot der Stunde, sich zu verständigen und produktiv zu handeln. Die Lösungen sollten jedoch nicht länger in Demonstrationen gesucht werden. Man schenkt ihm wenig Gehör.

Auch in Halberstadt demonstrieren an diesem Tag 10 000 Menschen, und in Jena, wo wieder laut der Ruf erschallt: „Demokratie – jetzt oder nie!" Eine Großkundgebung gibt es in Greifswald.

Unterdessen behauptet SED-Politbüromitglied Günter Schabowski in einem Live-Interview mit den „Tagesthemen", die DDR brauche sich in ihrer Entwicklung nicht zu einem sozialistischen Rechtsstaat hinzuwenden, da sie bereits alle entscheidenden Elemente in dieser Hinsicht aufweise. Dies sei natürlich keine abgeschlossene Entwicklung, aber im Prozeß der Wende werde dies jetzt „vervollkommnet". Dazu gehöre auch, daß jeder Bürger in Zukunft einen Paß erhalten werde.

Erstes offizielles Gespräch zwischen dem „Neuen Forum" (links: Jens Reich) und einem Vertreter des SED-Politbüros (rechts: Günter Schabowski)

Donnerstag, 26. Oktober

Der Berliner SED-Chef Schabowski empfängt am Morgen die Initiatoren des „Neuen Forums" Bärbel Bohley und Prof. Jens Reich. Dies ist die erste offizielle Begegnung eines Funktionärs der obersten Führungsebene mit Vertretern der Reformgruppen. Anschließend meldet ADN: Das Gespräch fand „in einer konkreten und entspannten Atmosphäre" statt. „Neues Deutschland" kommentiert: „Wir brauchen den Dialog, nicht Unruhe und Gebrüll." Damit sind offenbar die anhaltenden Demonstrationen gemeint, die noch immer nicht als selbverständliche Form der Willensäußerung akzeptiert werden, sondern für die SED-Führung Störgrößen und Gefahrenherde darstellen. Weiter heißt es in dem ND-Kommentar: „Ist es nicht so, daß Demonstrationen, so friedlich sie von vielen, vielleicht von der Mehrheit der Teilnehmer, gedacht werden, immer die Gefahr in sich bergen, anders zu enden, als sie begonnen haben?"

Hunderttausende sehen darin offenbar kein Problem. Sie versammeln sich am Abend in Dresden, Rostock, Erfurt, Gera und Frankfurt/Oder zu erneuten Kundgebungen und bekräftigen ihre Forderungen nach Abschaffung des Führungsanspruches der SED, freien Wahlen und uneingeschränkten demokratischen Rechten. In der südlichen Bezirkshauptstadt Gera führt Oberbürgermeister Horst Jäger im Anschluß an die Demonstration einen Dialog mit Bürgern der Stadt. Dabei geht es um die überfällige Sanierung der Altstadtgebiete, unzureichende Dienstleistungen, die herabwürdigende Behandlung der Bürger durch Verwaltungsorgane, die Offenlegung der Umweltdaten sowie grundlegende Fragen einer Wirtschaftsreform.

In Dresden kommen Hunderttausend zum Gespräch mit Oberbürgermeister Berghofer und Bezirksparteichef Modrow, der erklärt: „Das jetzt Begonnene wird in der DDR einen revolutionären Wandel auslösen!" Berghofer informiert über die Ergebnisse einer außerordentlichen Stadtratssitzung, die im Laufe des Tages stattgefunden hat. Dort sind Arbeitsgruppen gebildet worden, in denen interessierte Bürger für eine befristete Zeit politisch mitgestaltend wirken können, darunter auch Vertreter der „Gruppe der 20". Dr.

Frank Tellkamp vom „Neuen Forum“ konstatiert in seinem Diskussionsbeitrag, daß in den letzten 40 Jahren 3,5 Millionen Menschen die DDR verlassen haben. Heute sei es an der Zeit, tiefgreifende Reformen in der Wirtschaft mit Orientierung auf Markt und Konkurrenz einzuleiten, Reformen im Gesellschaftssystem mit Aufgabe des Machtmonopols der SED, freie Wahlen und freie Reisemöglichkeiten durchzusetzen.

In Berlin meint SED-Bezirkschef Schabowski auf einer Diskussionsveranstaltung in der Humboldt-Universität: „Die eingeleiteten Veränderungen in der DDR sind sehr spät gekommen, aber nicht zu spät.“ Im Verlauf der Versammlung wird eine Resolution eingebracht, in der Veränderungen in den Strukturen des politischen Systems der DDR, die Institutionalisierung des gesellschaftlichen Dialogs und eine Reorganisation des Verhältnisses der Parteien zueinander gefordert werden. Zur Stimmung unter den Studenten wird berichtet, daß dort gegenwärtig zwei Tendenzen die Auseinandersetzungen beherrschten: eine von der Jugendorganisation „Freie Deutsche Jugend“ (FDJ) getragene Initiative zur Gründung eines „sozialistischen Studentenbundes in einer erneuerten FDJ“ und die Bemühungen zur Schaffung eines „unabhängigen Studentenrates“, der der FDJ die Studentenvertretung streitig machen solle. Noch habe keine der beiden Gruppierungen ein deutliches Übergewicht.

Die FDJ-Zeitung „Junge Welt“ polemisiert an diesem Tag mit dem 1976 aus der DDR ausgebürgerten Liedermacher Wolf Biermann, der sich in der ihm eigenen drastischen Weise zur neuen SED-Führung geäußert hatte. In ihr sah er vor allem „alte Dreckschweine, lächelnde Idioten und Verbrecher“. Das Blatt meint dazu: „Bitter und beschämend, wenn eine Zunge derart scharf wird, daß sie vor allem Wahrheit und Würde schwer verletzt.“ Die Chance einer baldigen Wiedereinreise von Biermann scheint damit außer Sicht.

Das Kollegium der Rechtsanwälte veröffentlicht ein unter Federführung von Dr. Gregor Gysi erarbeitetes Positionspapier zur Erhöhung der Rechtssicherheit im Lande, das als sensationell empfunden wird, da es über alle anderen Äußerungen im offiziösen Bereich deutlich hinausgeht. Angesichts der ernsten Lage sei es

Öffentlicher Dialog der 100000 in Dresden

unabdingbar, grundlegende Reformen einzuleiten, heißt es dort. Ungenügend formulierte Bürgerrechte, mangelnde Unabhängigkeit der Richter und ein nicht der Zeit entsprechendes Strafrecht müßten verändert werden. Dringend sei die Erarbeitung neuer Gesetze zum Wahl- und Versammlungsrecht sowie ein neues Reisegesetz.

Der Ministerrat versucht unterdessen, mit Trostpflastern die Situation zu beruhigen. Sein Vorsitzender Willi Stoph kündigt am Abend Sofortmaßnahmen zur besseren Versorgung der Bevölkerung an, darunter auch den zusätzlichen Import von Konsumgütern und Lebensmitteln. Nicht bekanntgegeben wird allerdings die reale wirtschaftliche Situation und die Höhe der bereits vorhandenen Auslandsschulden. Statt dessen ist die beschwörende Formel zu hören: „Wir tun, was wir können."

Mit Wirtschaftsfragen beschäftigt sich unter anderem auch das erste Telefonat zwischen Egon Krenz und Helmut Kohl, das als politisches Hauptereignis des Tages gilt. In dem rund zwanzigminütigen Gespräch unterstreicht Krenz seine Auffassung, daß die DDR auch nach der „Wende" ein sozialistisches Land bleibe und bittet Kohl um die Respektierung der DDR-Staatsbürgerschaft. Eine Annäherung der Standpunkte wird nicht erreicht.

Freitag, 27. Oktober

Der Staatsrat beschließt eine Amnestie für alle illegal ausgereisten DDR-Bürger. Danach sollen binnen drei Tagen auch die inhaftierten „Republikflüchtlinge" freigelassen werden. Sämtliche Strafverfahren wegen dieses Delikts werden eingestellt. Die Amnestie gilt auch für Personen, die bei nicht genehmigten Demonstrationen festgenommen worden sind. Damit kommt das oberste Staatsorgan der DDR den massiven Forderungen der Demonstranten nach.

Der Ministerrat gibt auch nach. Er hebt die am 12. Oktober verfügten Reisebeschränkungen in die Tschechoslowakei auf. Somit können alle DDR-Bürger wieder visafrei und ohne Paß in das südliche Nachbarland reisen. Das heißt, daß auch der Ausreisestrom von täglich über tausend Personen via ČSSR und Österreich in die Bundesrepublik wieder anschwellen kann. Die Nachrichtenagentur ADN hebt daher auch in einem Kommentar hervor: „Es wird davon ausgegangen, daß Bürger der DDR, die sich möglicherweise weiterhin mit dem Gedanken tragen, ihr Land zu verlassen, obwohl jeder hier gebraucht wird, in der DDR einen Antrag auf ständige Ausreise bei den Abteilungen Innere Angelegenheiten stellen können. Diese Anträge werden kurzfristig entschieden." Eine Öffnung der Grenzen und freie Reisemöglichkeiten für alle werden aber nach wie vor ausgeschlossen. Generalstaatsanwalt Horst Wendland lehnt in einem Interview des Fernsehens ausdrücklich die Abschaffung des Straftatbestandes „ungesetzlicher Grenzübertritt" ab. Die Grenze zwischen der DDR und der BRD trenne nun einmal „zwei Systeme, die miteinander nicht vereinbar" seien. Sie müsse daher zuverlässig geschützt werden.

Inzwischen nimmt der öffentliche Druck auf die Medien zu. Es wird in Briefen, Resolutionen und Protesterklärungen gefordert, daß auch andere politische Kräfte gleichberechtigt zu Wort kommen und es keine Vorherrschaft der SED mehr geben dürfe. Auch in den Redaktionsstuben spitzen sich die Auseinandersetzungen zu. Die Journalisten der Nachrichtenagentur ADN wenden sich in eigener Sache an die Öffentlichkeit. Künftig dürfe es nicht mehr sein, daß das Volk in seinen Medien nicht, schlecht oder gar falsch informiert werde und die „Selbstherrlichkeit einzelner an die Stelle kollektiver Weisheit" trete, heißt es in der Erklärung der Betriebsgruppe des Journalistenverbandes.

Gegenüber „Neues Deutschland" kritisiert der prominente SED-Vertreter Markus Wolf die Medien. „Ganz besonders in diesem Jahr ist so viel Vertrauen bei den Menschen verlorengegangen, daß unsere weitere Entwicklung die Wiedergewinnung des Vertrauens zur Voraussetzung hat." Auch die Behandlung der Massenausreise von Mitbürgern in den Medien habe ihn betroffen gemacht. „Ich habe mich in meinem Leben noch nie so geschämt wie an dem Tag, an dem in den Medien zu lesen war: Wir sollten den Menschen, die uns verlassen haben, keine Träne nachweinen", meinte Wolf.

In einem Kommentar der „Berliner Zeitung" liest man: „Auch in den vergangenen Tagen sind uns wieder Tausende abhanden gekommen, sind über Ungarn ausgerissen. Allenthalben erfährt man im Gespräch Skepsis, Mißtrauen: Meint die SED, was sie jetzt sagt, ist die begonnene Wende etwas Dauerhaftes oder eine Kampagne, Krisenmanagement? Wir müssen das ernsthaft zur Kenntnis nehmen."

Am Abend demonstrieren wieder Zehntausende auf den Straßen für spürbare Veränderungen im politischen, wirtschaftlichen und kulturellen Leben des Landes. In Dresden fordern die Demonstranten mehr Rechtssicherheit und die schonungslose Aufklärung von Übergriffen der Polizei. In Karl-Marx-Stadt dominieren Transparente mit der Aufschrift: „Wir wollen endlich Taten sehen". Zuvor hatte der Oberbürgermeister Vertreter der Bürgerinitiativen, darunter auch des „Neuen Forums", zu Konsultationsgesprächen empfangen. Konkrete Entscheidungen fallen noch nicht. Bis auf wenige Ausnahmen, wie in Dresden und Leipzig, warten die meisten Behörden auf zentrale Entscheidungen aus Berlin, so wie sie es seit Jahrzehnten gewöhnt sind. Doch da herrscht weitgehend Ratlosigkeit und Unentschlossenheit. Derweil nimmt der Druck der Straße beständig zu. Protestkundgebungen finden nunmehr auch in mittleren und kleineren Städten statt. An diesem Abend unter anderem in Güstrow, Lauchhammer, Saalfeld und Großräschen.

Sonnabend, 28. Oktober

Der Mitbegründer des „Neuen Forums" Rolf Henrich versucht eine nähere Standortbestimmung der vor sechs Wochen ins Leben gerufenen Bewegung, die von dem Tempo der Entwicklung offensichtlich selbst überrascht ist. In einem Interview mit der liberaldemokratischen Zeitung „Der Morgen" bezeichnet er das „Neue Forum" als eine Plattform unterhalb der Parteien, die Bürgern die Möglichkeit schaffen soll, sich politisch zu artikulieren. Vorläufig wolle man ohne ein umfassendes Programm auskommen. „Wir müssen auch die ganze Kläglichkeit eines Anfangs ertragen lernen." Henrich befürwortet den Beginn eines themenorientierten Dialogs, der nicht mehr auf der Straße stattfinden könne. Dafür müßten sehr schnell Zeichen gesetzt werden, „damit der neuen Führung Vertrauen entgegenwächst". Henrich, der wegen der Veröffentlichung seines Buchs „Der vormundschaftliche Staat" in der Bundesrepublik aus der Anwaltskammer des Bezirkes Frankfurt/Oder ausgeschlossen wurde, erklärt,er wünsche sich eine sozialistische DDR, die „aus Reformen und nicht als Ellbogengesellschaft hervorgeht“.

Die Suche nach einer Neubestimmung des politischen Platzes in der sich stürmisch verändernden Gesellschaft erfaßt auch die traditionellen „Blockparteien“. Die Christlich-Demokratische Union (CDU) der DDR veröffentlicht in ihrem Zentralorgan „Neue Zeit“ an diesem Tag ein Grundsatzdokument , in der sie sich als unabhängige und eigenständige Partei definiert. In acht Punkten wird unter anderem ein grundlegend verändertes öffentliches Leben gefordert, in dem ethische Werte obenan stünden. Es müsse sich durch lebendige Demokratie, strikte Rechtsstaatlichkeit und realistische Medien auszeichnen. Ferner seien die unbedingte Gleichberechtigung aller Bürger sowie ein neues konstruktives Verhältnis zwischen Staat und Kirche notwendig. Die CDU setzt sich ferner für eine Volkswirtschaft ein, die Ökonomie und Ökologie als Einheit verstehe und ehrliche Arbeit leistungsgerecht bewerte. Weitere Punkte sind ein vorbildliches Gesundheitswesen und eine hohe soziale Sicherheit für alle Bürger.

Laut sind die Forderungen auf der Straße, wo sich wieder Zehntausende zu Protestaktionen treffen. In Leipzig, Erfurt und Jena finden kontroverse Diskussionen mit lokalen SED-Vertretern statt. 30 000 Menschen versammeln sich vor dem Rathaus in Plauen und verlangen die Zulassung des „Neuen Forums“. In Greiz nehmen 6 000 Menschen an einer erstmals genehmigten Kundgebung teil. Auf Transparenten ist wieder zu lesen: „Keine Reden mehr – wir wollen Taten sehen“. Umweltschutz und Kommunalprobleme stehen im Mittelpunkt der Diskussionen in Jena. In Erfurt gesteht SED-Politbürokandidat Gerhard Müller ein, offenbar habe seine Partei zu lange gezögert, stelle sich aber jetzt den neuen Aufgaben und werde nicht zulassen, daß auf halbem Wege stehengeblieben werde. Er findet wenig Gehör. Noch einige Tage zuvor war er mit scharfmacherischen Parolen aufgetreten. Über die politische Verantwortung für Fehlentscheidungen und Schönfärberei geht es in Neubrandenburg. Dabei werden in einer hitzigen Debatte auch Privilegien von Funktionären und persönliche Konsequenzen dar-

Solidaritätsaktion für die Opfer des staatlichen Macht-mißbrauchs in der Berliner Erlöserkirche

aus erörtert. Auch in der Innenstadt von Rostock demonstrieren mehrere tausend Einwohner für Demokratie und Pressefreiheit.

In einem Interview mit der „Berliner Zeitung“ äußert sich Dresdens Oberbürgermeister Berghofer (SED) zu den Vorgängen: Auf die Frage, ob die Demonstrationen weitergehen werden, meint er: „Sicher, das ist morgen nicht zu Ende. Da können wir zehnmal sagen, das uns das nicht gefällt. Die Menschen, die kein Gehör gefunden haben, sind auf die Straße gegangen, um sich zu artikulieren. Und das machen wir nicht von heute auf morgen rückgängig. Das passiert erst dann, wenn gravierende Änderungen im Leben der Menschen spürbar werden. Wir brauchen Demokratie wie die Luft zum Atmen, daran führt kein Weg vorbei.“ Und in anderem Zusammenhang: „Wir haben keine Angst, wir stellen uns den Fragen, auch wenn wir nicht alle beantworten können. Dialog, das heißt zuhören, das heißt In-sich-Gehen, über sich nachdenken, auch innerlich die Wende vollziehen, die notwendig ist. Sonst machen wir nur mit neuem Etikett das Alte weiter. Wenn wir sagen, wir haben nicht das Monopol auf Wahrheit, dann müssen wir auch danach handeln.“

Ansätze dazu sind am Abend in der Berliner Erlöserkirche zu spüren, wo sich unter dem Motto „Gegen den Schlaf der Vernunft“ 70 prominente Schriftsteller, Künstler und Wissenschaftler, unter ihnen Christa Wolf, Christoph Hein, Stefan Heym, Heiner Müller, Stefan Hermlin, Günther de Bruyn und Helga Königsdorf, zusammengefunden haben. Das öffentliche „Nachdenken über die schmerzliche Entwürdigung“ der Verhafteten des 7. und 8. Oktober ist der eigentliche Anlaß des Abends. Augenzeugen kommen zu Wort, die eine andere Wahrheit als die offizielle anbieten. Eine junge Frau, die für das Kleben von Handzetteln, auf denen zum gesellschaftlichen Neuanfang aufgerufen wurde, mehrere Tage in Untersuchungshaft gehalten wurde, berichtet von unglaublichen Gewaltaktionen und von den subtilen Mechanismen der Einschüchterung. Neben Fotos und Fingerabdrücken nahmen die Sicherheitskräfte auch eine „Geruchskonserve“ von ihr und ihrer zwölfjährigen Schwester. Für später, als Suchhilfe für die Spürhunde, wie es hieß. Christa Wolf fordert eine unabhängige Untersuchungskommission zur Aufklärung der Übergriffe und zugleich als

Schule der Demokratie. Günter de Bruyn setzt sich für eine tatsächliche Gewaltenteilung und eine öffentliche Kontrolle der Macht ein, wobei den Medien eine besondere Aufgabe zukomme. Stefan Heym macht klar, daß Glaubwürdigkeit nur durch Taten, nicht durch Versprechungen zu erreichen sei. Die Mauer solle nur noch Zollgrenze, nicht mehr aber Reisehindernis sein. Christoph Hein dankt besonders der Kirche, die sich in den jüngsten Ereignissen als handlungsfähiger und verantwortungsvoller Partner erwiesen habe, auch an diesem Abend.

Zur gleichen Zeit findet im Deutschen Theater eine Aufsehen erregende Premiere statt. Der Schauspieler Ulrich Mühe liest in der Reihe „Texte zur Lage" aus Walter Jankas Erinnerungen „Schwierigkeiten mit der Wahrheit", die bis dahin nur im Rowohlt-Verlag erschienen sind. Walter Janka, ehemaliger Leiter des Aufbau-Verlages, war 1956 unter falschen Anschuldigungen (versuchter Sturz der Regierung Ulbricht) verhaftet und später zu fünf Jahren Kerker verurteilt worden. Mit dem ersten großen öffentlichen Auftritt von Walter Janka, der sich für diese moralische Rehabilitierung bedankt, wird der Abend zugleich zu einer politischen Manifestation für die Rehabilitierung aller Opfer des Stalinismus.

Sonntag, 29. Oktober

Die Jugendorganisation FDJ kündigt eine radikale Wende in ihren Reihen an. Der Vorsitzende der FDJ-Fraktion im Parlament, Hans-Joachim Willerding, richtet im Fernsehen heftige Attacken gegen die Regierung und stellt ihre Legitimität in Frage.

„Offene Türen – offene Worte" heißt das Motto der ersten Großveranstaltung in Berlin, auf der sich Spitzenpolitiker der Diskussion mit der Bevölkerung stellen. Der vorgesehene Magistratssaal im Roten Rathaus erweist sich als viel zu klein. 20 000 sind gekommen. Die Debatte wird ins Freie verlegt, entwickelt sich zu einer Kundgebung. Sie beginnt mit einer Schweigeminute: „Man muß an diejenigen denken, die eine individuelle Lösung ihres Problems mit dem Leben bezahlen mußten, in Minenfeldern oder durch Selbstschußanlagen oder die im Wasser der Spree für ihr Begehren, sich einmal die Welt anzuschauen, zu Tode gekommen

Walter Jankas moralische Rehabilitierung im Deutschen Theater

sind", erklärt ein Redner. All dieser Opfer einer vergangenen, ungenügend an den Realitäten orientierten Politik gelte es zu gedenken. In der folgenden Debatte ergreifen der Berliner SED-Chef Günter Schabowski, Polizeipräsident Friedhelm Rausch, Oberbürgermeister Erhard Krack sowie zahlreiche andere Vertreter von Parteien und Organisationen das Wort, um die auf sie herniederprasselnden Fragen zu antworten. Bereits zu Beginn der Aussprache haben sich hinter den Mikrophonen auf dem Rathausvorplatz Dutzende Bürger aufgereiht, um von der Führung Rechenschaft zu fordern und ihre Meinung öffentlich kundzutun. Schabowski erhält Beifall für die Zusage, daß Demonstrationen künftig zur politischen Kultur Berlins gehören werden, womit einer Hauptforderung der letzten Wochen, das demokratische Grundrecht der Versammlungsfreiheit zu garantieren, nunmehr nachgegeben wird. Er räumt dies aber nur für Berlin ein und macht darauf aufmerksam, daß es in der Führung weiter Streit über den künftigen Weg gebe. Hart kritisiert werden dann im Verlauf der insgesamt sechsstündigen Aussprache die „Schutz- und Sicherheitsorgane", namentlich das Ministerium für Staatssicherheit, deren Auflösung hier erstmals öffentlich gefordert wird. Der Präsident des Schriftstellerverbandes Hermann Kant erklärt zu den Schlagstockeinsätzen um den 40. Jahrestag: „Meine Polizei soll nicht mein Volk schlagen", schließlich heiße sie „Volks-Polizei". Als sich nach mehrmaliger Aufforderung Polizeipräsident Rausch endlich für die Übergriffe entschuldigt, gellen Pfiffe über den Platz. Stürmischer Beifall hingegen für den Vorschlag, die Politbürosiedlung in Wandlitz bei Berlin in ein Heim für geschädigte Kinder umzuwandeln und die Privilegien für Führungsfunktionäre in Staat und Partei vollständig abzuschaffen. Gegen Ende noch einmal scharfe Angriffe auf das SED-Politbüro. Viele bezweifeln, ob nur zwei, drei Leute an der tiefen gesellschaftlichen Krise schuld seien. Auch die anderen müßten zurücktreten.

Ähnliche Forderungen stellt man auch bei Diskussionsveranstaltungen in Karl-Marx-Stadt und Leipzig. „Der Patient Leipzig ist krank, Rezepte nutzen nichts mehr, wir brauchen radikale chirurgische Korrekturen", heißt es dort in der siebeneinhalbstündigen Diskussion im Gewandhaus. Dem größten industriellen Ballungszentrum der DDR müsse mehr Aufmerksamkeit zukommen. Alle nach Berlin zwangsdelegierten Bauarbeiter sollten sofort zurückkommen, um den weiteren Verfall der Innenstadt aufzuhalten und überfällige Arbeiten an der Infrastruktur vorzunehmen. Honeckers Politik des schnellen, repräsentationsorientierten Aufbaus der Hauptstadt habe dem ganzen Land schweren Schaden zugefügt.

Im Anschluß an die sonntäglichen Gottesdienste kommt es auch in vielen anderen Städten zu Demonstrationen, so in Ueckermünde am Oderhaff, in Rostock und im thüringischen Bad Salzungen. Unter der Losung „Wir sind das Volk" richten sich die Forderungen unter anderem auf die Zulassung des „Neuen Forums", die Schaffung eines zivilen Wehrersatzdienstes und die Durchsetzung von Pressefreiheit.

Am Abend kündigt der Chefredakteur der „Aktuellen Kamera", Klaus Schickhelm, an, künftig „schnelle und wahrheitsgetreue Informationen" in dieser Hauptnachrichtensendung des DDR-Fernsehens zu vermitteln, was mit Berichten von den zahlreichen Kundgebungen dann auch tatsächlich geschieht. Die Fernsehjournalisten wollten ihren Zuschauern künftig offen in die Augen sehen können, meint der Chefredakteur im Namen aller Mitarbeiter.

Montag, 30. Oktober

Auf Drängen der Gewerkschaftsbasis tritt nach mehrmaliger Verzögerung der FDGB-Bundesvorstand zusammen, um dem Vorsitzenden Harry Tisch, zugleich Mitglied des SED-Politbüros, die Vertrauensfrage zu stellen. Doch entgegen der Forderung vieler Betriebsgruppen spricht ihm der Vorstand nicht das Mißtrauen aus. Die Entscheidung wird auf den 17. November verschoben. Auch im Umgang mit der Öffentlichkeit verharrt die Gewerkschaftsführung in alten Schemen. Erst nach mehrmaligem Drängen und lauten Protesten werden die Medien zur direkten Berichterstattung zugelassen.

Zielstrebiger und medienorientierter zeigt sich der „Demokratische Aufbruch", der auf einer Delegiertenversammlung in Berlin beschließt, die Bewegung bis spätestens 1. Mai 1990 in eine Partei zu verwandeln. Die 200 Abgesandten wählen den Rostocker Anwalt

Wolfgang Schnur zum Vorsitzenden. Pressesprecher wird Pfarrer Rainer Eppelmann. Dritter prominenter Vertreter ist Pfarrer Friedrich Schorlemmer aus Wittenberg, der den „Demokratischen Aufbruch" im Bezirk Halle vertritt. In einer vorläufigen Grundsatzerklärung, die zahlreich verbreitet wird, spricht sich die entstehende Partei für eine gesellschaftliche Kontrolle des Staates, für die Förderung privater Klein- und Mittelbetriebe, für die Anwendung marktwirtschaftlicher Prinzipien, für den ökologischen Umbau der Industriegesellschaft, für den Schutz sozial Schwacher und für ein „aktives Aufeinanderzugehen der beiden deutschen Staaten" aus.

Zu Wort meldet sich an diesem Tag auch das Gründungsmitglied der Sozialdemokratischen Partei in der DDR (SDP), Steffen Reiche. Gegenüber dem Nachrichtenmagazin „Der Spiegel" erklärt er: „Wenn wir aus der tiefen Krise der DDR herausfinden wollen, müssen alle Gruppen nicht nur den Gesprächs-, sondern auch den Entscheidungsprozeß beeinflussen können. Und wer Opposition ist, kann doch erst nach demokratischen Wahlen festgestellt werden. Ich bin sicher, daß nicht wir, sondern daß die SED sich in Opposition zum Mehrheitswillen des Volkes befindet." Reiche spricht sich für marktwirtschaftliche Regelmechanismen aus. Sie sollten überall dort zum Zuge kommen, wo ihre Überlegenheit weltweit anerkannt sei. Um die soziale und ökologische Verträglichkeit der Wirtschaft zu sichern, empfiehlt er einen gesetzlichen Rahmen für das Privatkapital und den Verbleib von Teilen der Volkswirtschaft in öffentlicher Verantwortung.

Um ökologische Probleme geht es inzwischen auf fast jeder öffentlichen Veranstaltung. Die extreme Umweltbelastung und die Verschleierung der entsprechenden Daten löst gerade in den industriellen Ballungsgebieten starke Proteste aus. In Karl-Marx-Stadt wird auf Drängen der Bevölkerung zugesichert, daß alle Umweltdaten freigegeben werden. Außerdem wird eine Smogverordnung für alle Großstädte in Aussicht gestellt. Der Regionalsender Magdeburg beginnt bereits mit der Veröffentlichung erster Daten. Die Zeitung „Der Morgen" berichtet, daß 1987 im gesamten Land Emissionen von fast fünf Millionen Tonnen Schwefeldioxyd und fast einer Million Tonnen Stickoxiden gemessen worden seien. Diese Daten durften aber nicht veröffentlicht werden.

Der Vorsitzende des Journalistenverbandes der DDR (VDJ), Eberhard Heinrich, wendet sich in einem Beitrag für „Neues Deutschland“ dagegen, daß die verfehlte Medienpolitik allein den Journalisten angelastet werde. „Viele Institutionen und Einrichtungen, deren Mitarbeiter heute im Dialog den Medien mangelnde Offenheit oder Schönfärberei vorwerfen, haben uns gestern mit geschönten Informationen beliefert oder uns Auskünfte verweigert.“

In Dresden kommt es zu einer weiteren Begegnung zwischen Oberbürgermeister Berghofer und Bürgerabordnungen, wobei Berghofer die „Gruppe der 20“ als Interessenvertretung der Einwohner offiziell anerkennt. Damit setzt er ein weiteres Mal beispielgebend Zeichen für andere Staatsvertreter. Während der Begegnung spricht er sich für eine grundlegende Erneuerung der Gesellschaft ohne Wenn und Aber aus. Zusätzlich zu den bereits vereinbarten 14 Arbeitsgruppen mit Beteiligung der Bürger werden zwei weitere gebildet, die sich mit zivilem Wehrersatzdienst und der Einreise und Wiedereingliederung ehemaliger DDR-Bürger befassen sollen.

Am Abend dieses Montags wird in allen Teilen des Landes wieder demonstriert. Leipzig erlebt mit über 200 000 Teilnehmern die größte Demonstration der Nachkriegszeit. Im Mittelpunkt steht die Forderung nach Aufgabe des Machtmonopols der regierenden SED. Sprechchöre fordern „Reformer an die Macht“. Oberbürgermeister Dr. Bernd Seidel stellt sich auf dem Karl-Marx-Platz der Diskussion und verlangt von der Zentrale in Berlin unverzüglich notwendige Entscheidungen zur Umgestaltung. Die „Aktuelle Kamera“ berichtet erstmals mit einer Live-Schaltung direkt vom Ort des Geschehens.

50 000 Hallenser demonstrieren unter der zentralen Forderung nach konsequentem Umweltschutz im höchstbelasteten Industriebezirk der DDR. „Laßt Taten folgen, wir sind dabei“, heißt es auf Transparenten. 40 000 Bürger von Schwerin fordern die Abschaffung von Privilegien und die Gleichberechtigung aller Parteien. In Karl-Marx-Stadt demonstrieren 20 000 für „Demokratie – jetzt!“ und die Einführung eines zivilen Wehrersatzdienstes. Im thüringischen Pößneck ziehen 5 000 Menschen in einem Schweigemarsch

durch den Ort. 20 000 demonstrieren auch in Cottbus. Wieder spielen Privilegien eine Rolle. Am Ende des Abends erklärt sich der dortige SED-Bezirkschef Werner Walde zum Dialog mit den Bürgern bereit.

Um unverhältnismäßige Vergünstigungen einiger Führungskader, über die Tag für Tag immer mehr durchsickert, geht es auch in der Jugendsendung „AHA“ des DDR-Fernsehens. Staatssekretär Alexander Schalck-Golodkowski, zugleich Mitglied des ZK der SED, versucht stammelnd eine Rechtfertigung dafür zu finden. „Ich möchte doch mit allem Verantwortungsbewußtsein sagen, daß die Privilegien, die wir hier zuordnen – ob das nun Fahrzeuge des Typs Volvo oder Einrichtungen sind, in denen Repräsentanten wohnen – dazu möchte ich feststellen, daß jeder Repräsentant in diesem Staat, ich rede jetzt bewußt von den Repräsentanten, seine Miete bezahlt und seine Verpflichtungen gegenüber dem Staat erfüllt, wie jeder Bürger. Daß er Bedingungen hat, die zusammenhängen auch mit dem Standort, wo er wohnt, daß dort eine Kaufhalle ist, halte ich für normal.“

Am Abend sendet das DDR-Fernsehen die 1519. und letzte Sendung des „Schwarzen Kanals“ von und mit Karl Eduard von Schnitzler. Seit 30 Jahren kommentiert er darin allwöchentlich Beiträge des Westfernsehens auf hämisch-abfällige Weise. Dies führte dazu, daß sich die Empörung weiter Teile der Bevölkerung gegen die gesamte Medienpolitik auf seine Person konzentrierte.

Dienstag, 31. Oktober

Das Ministerium für Volksbildung teilt mit, daß vier Schüler der Berliner Carl-von Ossietzky-Schule ihre Ausbildung fortsetzen dürfen. Sie waren im Okt. 1988 relegiert worden, weil sie an einer Schulwandzeitung gefragt hatten, ob die Militärparade zum Republikgeburtstag angesichts der allgemeinen Abrüstungsbemühungen noch zeitgemäß sei. Der Hinauswurf war auf zentrale Weisung erfolgt und galt fortan als Symbol für die doktrinäre Bildungspolitik von Ministerin Margot Honecker. Er warf zugleich Fragen zur Rolle von Egon Krenz auf, da sein Sohn Karsten in eben diese Schule ging und er an den Entscheidungen vermutlich beteiligt war.

Auch das Innenministerium steckt zurück. Es gibt bekannt, daß die Zulassung der Bürgerinitiative „Neues Forum" nunmehr ernstlich geprüft werde. Am 22. September hatte es zunächst geheißen, die Zulassung werde abgelehnt, da es sich um eine „staatsfeindliche Plattform" handele, die die Bürger über ihre wahren Absichten täuschen wolle. Später hieß es, für die Bewegung bestünde keine gesellschaftliche Notwendigkeit. Die Unterschriften von mehr als 100 000 Befürwortern dieser Initiative, die Forderungen nach Zulassung bei fast allen Demonstrationen und die konsequenten rechtlichen Schritte, die Rechtsanwalt Gregor Gysi für das „Neue Forum" eingeleitet hatte, bewirkten schließlich das Nachgeben der Staatsmacht.

Und noch ein Zugeständnis erfolgt. Auf dem Wege zur immer wieder geforderten Pressefreiheit sollen die Arbeiten an einem Mediengesetz aufgenommen werden. Die Vertreter von Journalisten-, Film- und Fernsehverband bilden eine entsprechende Arbeitsgruppe. Künftig sollen Garantien für ungehinderte Berichterstattung und freien Zugang zu allen Informationen gegeben werden.

Postminister Rudolph Schulze kündigt im DDR-Jugendfernsehen an, daß die im November 1988 auf persönliche Initiative von Erich Honecker verbotene sowjetische Zeitschrift „Sputnik" vom 1. Dezember an wieder an den Kiosken verkauft wird.

Der FDGB-Vorsitzende Harry Tisch erklärt sich nun doch zum Rücktritt bereit. Er war in den vergangenen Tagen unter heftige Kritik von Seiten einzelner Bezirksvorstände und auch von Einzelgewerkschaften geraten. Besonders der Dresdner FDGB-Vorstand hatte sich stark gemacht, da wachsende Austritte die Existenz der gesamten Organisation gefährdeten.

Nach der allwöchentlichen Politbürositzung, an der auch Harry Tisch teilnimmt, reist Egon Krenz zu seinem ersten Auslandsbesuch nach Moskau. Vor seiner Begegnung mit Michail Gorbatschow erklärt er in einem Interview für das sowjetische Fernsehen, die sozialistische Gesellschaft in der DDR könne sich nur entwikkeln, „wenn die Partei an der Spitze steht". Erneuerung in seinem Land bedeute vor allem, daß die Partei ihre Verantwortung in allen Bereichen wahrnimmt. In der DDR existiere bereits Pluralismus,

„sozialistischer Pluralismus", der aber weiter ausgestaltet werden müsse.

Das wird von vielen ganz anders gesehen, auch von Genossen innerhalb der SED. So beklagt der bekannte Dramatiker Volker Braun in einem Interview mit der Zeitschrift „Wochenpost", daß „die Partei ihren Vorzug, ein selbstloses Organ zu sein, verlernt hat und ein Machtorgan geworden ist. Sie hat aber nicht zu regieren; die Macht gehört den gewählten Volksvertretungen, den Räten. Die Umklammerung des Staatsapparates demoralisiert ihn, höhlt ihn aus, hindert ihn am Handeln. Statt festzulegen, zuzudecken und abzusichern, sollte die Partei b e w e g e n. Das kann sie aber nur als Autorität, die sie gewinnt als Instanz, in der alle gleich sind, die die Erfahrungen aller Bereiche vereinigt in der radikalen Analyse, ungehemmt von Ressortdenken und Angst um den Posten. Das setzt voraus, daß sie in sich selbst Demokratie verwirklicht und die Gesellschaft entläßt in die Freiheit geschichtlicher Arbeit. Das ist der Knoten, den es zu entwirren gilt, die entscheidende Erneuerung der Struktur, die kopernikanische oder sagen wir: Gorbatschowsche Wende."

Am Abend findet eine Großdemonstration in Wittenberg statt, bei der die gebündelten Demokratieforderungen in Form von sieben Thesen an die Rathaustür geheftet werden.

Mittwoch, 1. November

Einer der bekanntesten Wirtschaftsmanager der DDR, der Generaldirektor des Werkzeugmaschinenkombinats „7. Oktober", Heinz Warzecha, beklagt in einem Interview mit der „Berliner Zeitung" das bisherige Zustandekommen von weitreichenden Beschlüssen für die Wirtschaft des Landes ohne Konsultation mit den tatsächlich Verantwortlichen. Er kritisiert in diesem Zusammenhang die Fortsetzung derartiger Praktiken auch nach der „Wende" durch Egon Krenz. „Hunderte von Millionen Valutamark hätten nach meiner Meinung viel, viel wirkungsvoller eingesetzt werden können. Das betrifft auch die vor wenigen Tagen beschlossenen Importe technischer Konsumgüter und Lebensmittel. Ich frage mich, ob die dafür zuständigen Generaldirektoren überhaupt gefragt worden sind."

Auf die Kontinuität nach der „Wende" geht Egon Krenz auch in seinen Äußerungen vor der internationalen Presse zum Abschluß der Gespräche in Moskau ein. Seine enge Verbindung zu Erich Honecker sei nichts Kritikwürdiges. Es gebe Zeiten, wo man gemeinsam, und solche, wo man allein gehen müsse. Unter Erich Honecker sei viel Gutes und Bleibendes entwickelt worden, so daß er sich nicht dafür schämen müsse. Auf die Grenze zur BRD angesprochen, meint Krenz, die Gründe für die Errichtung der Mauer bestünden weiter. Zur Lage in der DDR erklärt er, die Demonstrationen dienten dazu, das Leben in der DDR schöner zu machen.

In Berlin spricht unterdessen der Staatssekretär für Kultur Dietmar Keller davon, daß die SED eine schwere Schuld vor dem Volk abarbeiten müsse. Die Umgestaltung habe gerade erst begonnen, wichtige strukturelle Veränderungen stünden noch aus.

Auf der Eröffnungsveranstaltung des Philosophiekongresses sind ebenfalls selbstkritische Töne zu hören. Cheftheoretiker Prof. Dr. Erich Hahn, Vorsitzender des wissenschaftlichen Rates für Marxistisch-leninistische Philosophie, bekennt, die Philosophie bisher dazu benutzt zu haben, „Politik zu realisieren, durchzusetzen, weltanschaulich zu begründen, ja zu rechtfertigen". Die Gesellschaftswissenschaften haben daher kaum geistigen Vorlauf schaffen können. Wie sich im Verlauf des Kongresses dann herausstellt, gab es aber auch Ausnahmen, so die Projektgruppe junger Wissenschaftler an der Berliner Humboldt-Universität, die gegen viele Widerstände ein eigenes Konzept zur Überwindung des administrativ-zentralistischen Sozialismus erarbeitet hat. Prof. Dieter Segert stellt die Grundthesen vor, die einen radikalen Bruch mit den bisherigen Strukturen zum Ziel haben. Es geht um die Herausbildung pluralistischer Verhältnisse zur Freisetzung individueller Kreativität. Das Land könne nicht mehr von einer Zentrale aus geführt werden. Es müßten sich unterschiedliche Eigentumsformen und vielfältige Interessengruppen herausbilden können, die auf dem Boden realer Demokratie Entfaltungsmöglichkeiten haben.

Am Abend machen Zehntausende von den bereits erkämpften Rechten Gebrauch: Massendemonstrationen gibt es in Neubrandenburg, Frankfurt (Oder), Freital und Ilmenau. Gefordert werden spürbare Veränderungen, ein deutliches Abrücken von der Vergangenheit.

Donnerstag, 2. November

Das ist der Tag der Rücktritte.

FDGB-Vorsitzender Harry Tisch vollzieht, was die Gewerkschaftsbasis seit längerem fordert und er selbst schon angkündigt hatte. Nachfolgerin wird die 55jährige Annelis Kimmel. Sie hat einen Kariereweg hinter sich, wie er für viele Funktionäre typisch ist. Erlernung eines Berufs bzw. Studium einer Fachrichtung, in der man nie richtig arbeitet. In diesem Fall Maschinenbau. Gleich nach Abschluß der Ausbildung Übernahme einer Parteifunktion, dann später Delegierung zur Parteihochschule, wo der Grad des Diplom-Gesellschaftswissenschaftlers erlangt wird. Ab 1979 ist Annelis Kimmel Vorsitzende des Berliner Bezirksvorstandes des FDGB, Mitglied des FDGB-Präsidiums und der Bezirksleitung der SED in Berlin. 1981 erfolgt die Wahl in die Volkskammer, aber nicht als Abgeordnete der SED, sondern als Angehörige der FDGB-Fraktion.

Auch der dienstälteste SED-Bezirkssekretär, Hans Albrecht in Suhl, tritt zurück, nachdem Korruptionsvorwürfe immer lauter wurden.

Ihm gleich tut es Amtskollege Herbert Ziegenhahn in Gera. Konsequenzen aus früheren Verstrickungen ziehen zwei Spitzenpolitiker der Blockparteien: Die Vorsitzenden der National-Demokratischen Partei (NDPD), Heinrich Homann, und der Christlich-Demokratischen Union (CDU), Gerald Götting, nehmen ihren Abschied. Gefordert werden auch der Rücktritt der Regierung Stoph und des Volkskammerpräsidiums. Dafür machen sich besonders die Liberal-Demokraten stark, die ihren Vorsitzenden Manfred Gerlach zum Parlamentspräsidenten vorschlagen.

Die Regierung behandelt auf ihrer wöchentlichen Sitzung die „kritische Lage im Lande", kündigt ein Reise- und Mediengesetz an und teilt mit, daß Bildungsminsiterin Margot Honecker bereits am 20. Oktober ihren Rücktritt eingereicht hat.

Generalleutnant Willy Nyffenegger, Polizeichef des Bezirks Dresden, erklärt gegenüber der „Sächsischen Zeitung", daß die Volkspolizei aus den gewaltsamen Zusammenstößen der Vergangenheit gelernt habe und sich künftig für politische Lösungen, für einen fruchtbaren Dialog einsetze. Sie werde daher Kundgebungen und öffentliche Aussprachen auf dem Theaterplatz durch Bereitstellung von Tontechnik unterstützen. Die Polizei sei reifer aus den vergangenen Wochen hervorgegangen.

Veränderungen im Sicherheitsapparat fordert Ex-Spionagechef Markus Wolf, der sich für eine öffentliche Kontrolle der entsprechenden Behörden durch gewählte Volksvertreter ausspricht.

Dialogorientiert präsentieren sich die Vertreter der Reformgruppen. Ludwig Mehlhorn von der Bewegung „Demokratie jetzt" erklärt in einem Interview mit der Westberliner „Tageszeitung": „Ich kann mir den Reformprozeß in der DDR schwer vorstellen in der Konfrontation mit der SED." Und auf die Frage nach dem Führungsanspruch der Partei: „Eine Demokratie kann auf Dauer nicht leben, wenn irgendeine Partei das Machtmonopol besitzt und dies auch noch in der Verfassung festgeschrieben ist. Der Führungsanspruch verschwindet nicht durch Deklaration. Es wird eines längeren, evolutionären Prozesses bedürfen, in dem wir uns alle verändern – auch die Partei. In diesem Prozeß müßte der SED die Chance gegeben werden, sich innerparteilich hin zu mehr Demokratie zu wandeln. Da bin ich gar nicht so pessimistisch, daß das nicht geschehen wird."

In der gleichen Ausgabe nimmt auch der Vorsitzende der Sozialdemokratischen Partei in der DDR (SDP), Ibrahim Böhme, Stellung. Zum Verhältnis zur SED sagt er: „Wir müssen aber erkennen, daß wir an den über zwei Millionen Parteimitgliedern – allerdings werden es demnächst wesentlich weniger sein – nicht vorbeikommen, und daß in der mittleren Ebene die meisten sachkompetenten Leute zu finden sind, die zum überwiegenden Teil der SED angehören. (...) Ich glaube, daß wir uns die Option mit einer Reform-SED schon auch deshalb offenhalten müssen, weil keine oppositionelle Gruppe und auch alle Gruppen zusammen nicht über eine abge-

Generaloberst a. D. Markus Wolf

schlossene, den Perspektiven dieses Landes entsprechende Programmatik verfügt. Da stehen wir noch ganz am Anfang." Seiner sozialdemokratischen Partei gibt er gute Chancen, da sie über attraktive programmatische Grundsätze verfüge: Sozialstaatlichkeit in Verbindung mit sozialer Marktwirtschaft, Rechtsstaatlichkeit, Verantwortung für die ökologischen Prozesse, konsequente Friedenspolitik und nicht zuletzt so etwas wie politische Pragmatik.

Pragmatik deutet sich auch in der Wirtschaftspolitik der Regierung an. In Berlin kommt es zu Gesprächen mit EG-Kommissar Martin Bangemann, bei denen die Bereitschaft der DDR zum Abschluß eines Handelsabkommens mit der EG signalisiert wird. Vor der Presse erklärt Bangemann, es habe Übereinstimmung geherrscht, daß man schnell von den klassischen Handelsbeziehungen auf staatlicher Ebene zu direkter Zusammenarbeit zwischen den Betrieben und der Gründung gemeinsamer Unternehmen kommen müsse.

Am Abend gibt es wieder Demonstrationen im ganzen Land. In Erfurt gehen 30 000 Menschen für radikale Reformen auf die Straße, 15 000 in Guben, jeweils 10 000 sind es in Gera und Halle.

Freitag, 3. November

Nach harscher Kritik tritt Leipzigs Oberbürgermeister Dr. Bernd Seidel zurück. Er hatte sich lange Zeit einem ernsthaften Dialog mit den Bürgern verweigert.

Auch der Vorsitzende der Gewerkschaft Kunst, Herbert Bischoff, stellt sein Amt zur Verfügung, nachdem ihm die Basis „Verletzung innergewerkschaftlicher Demokratie" und die „Mißachtung gewerkschaftlicher Interessenvertretung" vorgeworfen hatte. Vor ihm war bereits der Vortsitzende der IG Metall, Gerhard Nennstiehl, zurückgetreten. Er steht ihm Verdacht, aus unlauteren Quellen ein luxuriöses Eigenheim gebaut zu haben.

Die Tageszeitungen enthalten noch mehr Überraschungen. Das „Neue Deutschland" entschuldigt sich bei den Lesern für einen Bericht vom 21. September 1989, in dem ein Koch der Schlafwagengesellschaft MITROPA angegeben hatte, er sei in Budapest mit einer Menthol-Zigarette betäubt und über Österreich in die BRD verschleppt worden. Damit sollte offensichtlich der Eindruck erweckt werden, DDR-Bürger würden nicht aus Enttäuschung und Verärgerung das Land verlassen, sondern von Schlepperbanden regelrecht entführt werden. Recherchen hatten inzwischen aber ergeben, daß die dargestellte Geschichte so niemals stattgefunden hatte.

Einige Ärgernisse, die jahrelang tabuisiert waren, kommen zur Sprache. Postminister Rudolph Schulze gesteht ein, daß es noch Jahre dauern wird, die rund eine Million laufenden Anträge auf den Anschluß eines Telefons realisieren zu können. Jährlich erhalte er 100 000 Eingaben zu diesem Thema. Er veranschlagt die Investitionen zur Erfüllung der Telefongesuche auf rund neun Milliarden Mark.

Die Zeitungen in Dresden veröffentlichen an diesem Tag erstmals die Umweltdaten für die Region. Aber nicht nur damit geht der Bezirk voran. Das Sekretariat der SED-Bezirksleitung unter Leitung von Hans Modrow legt ein Positionspapier vor, das deutliche Reformansätze erkennen läßt. Unter der Überschrift „Was wir wollen und wofür wir uns mit unserer ganzen Kraft einsetzen" heißt es: „Die Werte des Sozialismus wie Sicherheit und Geborgenheit auch für Kinder und Alte, Kranke und Schwache sind und bleiben uns teuer, aber wir lassen sie nicht länger ausnutzen durch Leistungsunwillige und nicht länger beeinträchtigen durch Schlamperei. Weder von Sondervorrechten noch von Privilegien, sondern nur von der eigenen Leistung darf abhängen, was sich der einzelne leisten kann. Wir fordern in diesem Zusammenhang einen anderen Umgang mit dem Geld. Es steht für unsere Arbeit und muß Wert haben, wenn wir etwas kaufen. (...) Wir wollen einen Sozialismus neuer Qualität. Wir wollen ihn nicht nur aufbauen, sondern über ihn selbst entscheiden. Dieser Sozialismus muß sich am sicheren Frieden, an den Bedürfnissen der Menschen, an tiefer Menschlichkeit, wahrer sozialistischer Demokratie und dem Erhalt der Umwelt orientieren. Es hat sich viel angehäuft, was unser Leben belastet und grundlegend verändert werden muß. Dazu braucht unser Land eine neue Führung, die die tiefgreifende Erneuerung des Sozialismus will und auch zielstrebig leiten kann." Moderat, aber für Eingeweihte unmißverständlich, wird hier gegen den Kurs von Egon Krenz Position bezogen. Alle zentralen Medien übergehen das Dresdner Papier geflissentlich.

Der Philosophiekongreß endet nach dreitägiger Aussprache, ohne substantielle Ergebnisse erbracht zu haben. Es sei der letzte im alten Stil gewesen, beteuert Prof. Dr. Manfred Buhr von der Akademie der Wissenschaften. Die jungen Teilnehmer sind unzufrieden mit dem Verlauf und berufen für Anfang Dezember einen alternativen Kongreß ein. Soziologen geben auf dem Kongreß Ergebnisse von aktuellen Befragungen in einem Kombinat bekannt, die bislang nicht veröffentlicht werden durften. Es ging darum, ob sich die Arbeiter an den Entscheidungsprozessen im Lande beteiligt fühlen, gegliedert nach den gesellschaftlichen Bereichen. Während sich auf der Ebene der direkten Arbeitskollektive 38,8 % der Befragten kaum vertreten fühlten, waren es auf Betriebsebene 82, im Territorium 84,5 und in der Gesellschaft sahen sich 90,1 % kaum beteiligt.

Am Abend wendet sich Staats- und Parteichef Egon Krenz überraschend mit einer von Fernsehen und Rundfunk übertragenen Erklärung an alle Bürger. Es sind nur noch wenige Stunden bis zur Großdemonstration in Berlin, die seit Wochen von Theaterleuten und Künstlern vorbereitet wird und erstmals auch offiziell genehmigt wurde. Es werden Hunderttausende erwartet und der Druck auf die Führung nimmt spürbar zu. Um den Protesten die Spitze zu nehmen, kündigt Krenz weitreichende Reformen und den Rücktritt führender Politiker an. In Aussicht gestellt werden die Abdankung der SED-Politbüromitglieder Herrmann Axen (ZK-Sekretär für Außenpolitik), Kurt Hager (ZK-Sekretär für Ideologie), Erich Mielke (Minister für Staatssicherheit), Erich Mückenberger (Chef der Parteikontrollkommission) und Alfred Neumann (Vizepremier). Das von Krenz angekündigte Programm umfaßt die Einrichtung eines Verfassungsgerichtshofs, die Reformierung des politischen Systems, Verwaltungsreformen, die Einführung eines zivilen Wehrersatzdienstes, zeitliche Begrenzung bei Wahlfunktionen, eine tiefgreifende Wirtschaftsreform, Demokratisierung der Kaderpolitik und umfangreiche Änderungen in der Bildungspolitik. „Wir nehmen die Unzufriedenheit der Bürger sehr ernst", heißt es. „Manche Ungeduld ist gegenwärtig im Spiel. Das ist verständlich und kann sogar der Sache dienlich sein. Aber es birgt auch Gefahren. In wenigen Wochen oder gar in ein paar Tagen können nicht Entwicklungen korrigiert werden, die sich über Jahre zu einem Knäuel ernsthafter Widersprüche und Krisenerscheinungen angehäuft haben. Unüberlegtes, überhastetes Vorgehen würde letztlich mehr Schaden als Nutzen bringen."

Sonnabend, 4. November

Schon seit dem frühen Morgen ist die gesamte Berliner Innenstadt mit Demonstranten gefüllt. Der Verkehr ruht vollständig. Schauspieler mit grün-gelben Schärpen und der Aufschrift „Keine Gewalt" wirken als Ordner und werden von allen wohlwollend akzeptiert. Mit der Volkspolizei wurde eine Sicherheitspartnerschaft verabredet. Uniformierte sind fast nirgends zu sehen, nicht einmal vor der Volkskammer und dem Staatsratsgebäude, wo fünf Stunden lang Hunderttausende vorbeiziehen, um Presse-und Versammlungsfreiheit zu fordern, radikale Reformen einzuklagen. Offizielle Schätzungen sprechen später von mehr als einer halben Million Menschen, der größten Demonstration in der Geschichte der DDR. Anfänglich ist alles sehr still, beinahe vorsichtig. Das Gerücht von eingeschleusten Provokateuren geht um, die den Vorwand für das gewaltsame Auflösen schaffen sollen. Doch mit der Zeit wird die Atmosphäre lockerer, tauchen immer originellere Transparente auf, werden die Rufe bissiger, die Gesänge lauter. Im DDR-Fernsehen, das ohne vorherige Ankündigung die Demonstration live überträgt, konstatiert der Kommentator: „Das Volk hat seine Sprachlosigkeit überwunden". Auf Transparenten, Spruchbändern und Plakaten steht erstmalig, was das Volk wirklich will und nicht, was die SED-Führung wie früher als Losungen beschlossen hat:

Freiheit, Gleichheit, Ehrlichkeit
Glasnost und nicht Süßmost
Skepsis bleibt die erste Bürgerpflicht
Eine Lüge tötet hundert Wahrheiten
Privilegien für alle
Dem Land ein neues Antlitz ohne Kalk aus Wandlitz

Die größte Demonstration in der Geschichte der DDR:
Berlin, 4. 11. 1989

Rechtssicherheit ist die beste Staatssicherheit
Volksauge sei wachsam
Stasi an die Stanze
Macht die Volkskammer zum Krenz-Kontrollpunkt
Krenz zu Tisch
Öko-Daten ohne Filter
Gebt Ausländerhaß keine Chance
Für harte Arbeit hartes Geld
Kein Artenschutz für Wendehälse
SED allein – das darf nicht sein
Pässe für alle – der SED den Laufpaß
Rücktritt ist Fortschritt
Sägt die Bonzen ab – nicht die Bäume
Wir wollen endlich Taten sehen,
sonst sagen wir Auf Wiedersehen
Mein Vorschlag für den 1. Mai:
Die Führung zieht am Volk vorbei
Es lebe die Oktoberrevolution 1989
Wir sind das Volk

Zum Abschluß der Demonstration findet auf dem Alexanderplatz eine Kundgebung statt, zu deren Eröffnung der Schauspieler Ulrich Mühe ausspricht, was alle fühlen: „Es war einfach wunderbar". Noch nie hatte Berlin soviel gemeinschaftliche Entschlossenheit, spontanen Einfallsreichtum und bei aller Radikalität auch Besonnenheit erlebt. Genau von dieser Atmosphäre sind dann auch die Reden geprägt, bei denen offizielle SED-Vertreter Pfiffe ernten, Reformkräfte aller Gruppierungen viel Beifall finden und die Schriftsteller mit prägnanten Zustandsbeschreibungen sich ins Gedächtnis der Teilnehmer prägen.

Stefan Heym meint: „Es ist, als habe einer die Fenster aufgestoßen nach all den Jahren der Stagnation – der geistigen, der wirtschaftlichen, der politischen, nach all den Jahren der Dumpfheit und des Miefs, des Phrasengewäschs und bürokratischer Willkür."

Christa Wolf verweist darauf, daß die revolutionäre Bewegung auch die Sprache befreit habe. „Was bisher so schwer auszusprechen war, geht uns auf einmal frei von den Lippen. Wir staunen, was wir offenbar schon lange gedacht haben und was wir uns jetzt

Bärbel Bohley und Christa Wolf

Stefan Heym

laut zurufen: ‚Demokratie – jetzt oder nie!‘, und wir meinen Volksherrschaft“. Zugleich macht sie auf neue offizielle Begriffe aufmerksam, die schon wieder an der Wirklichkeit vorbeigehen. „Mit dem Wort ‚Wende‘ habe ich meine Schwierigkeiten. Ich sehe da ein Segelboot. Der Kapitän ruft: ‚Klar zur Wende!‘, weil der Wind sich gedreht hat oder ihm ins Gesicht bläst. Und die Mannschaft duckt sich, wenn der Segelbaum über das Boot fegt. Aber stimmt dieses Bild noch? Stimmt es noch in dieser täglich vorwärtstreibenden Lage. Ich würde von revolutionärer Erneuerung sprechen. Revolutionen gehen von unten aus.“

Die Schauspielerin Steffie Spira zitiert aus dem Gedicht „Lob der Dialektik“ von Bert Brecht: „So wie es ist, bleibt es nicht… Wer seine Lage erkannt hat, wie soll der aufzuhalten sein?… und aus Niemals wird: Heute noch!“

Christoph Hein warnt jedoch davor, die Euphorie dieser Tage mit den noch zu leistenden Veränderungen zu verwechseln. „Die Begeisterung und die Demonstrationen sind hilfreich und erforderlich, aber sie ersetzen nicht die Arbeit. Lassen wir uns nicht von der eigenen Begeisterung täuschen! Wir haben es noch nicht geschafft: die Kuh ist noch nicht vom Eis (…) Schaffen wir eine demokratische Gesellschaft, auf einer gesetzlichen Grundlage, die einklagbar ist! Einen Sozialismus, der dieses Wort nicht zur Karikatur macht. Eine Gesellschaft, die dem Menschen angemessen ist und ihn nicht der Struktur unterordnet.“

Nicht dabei ist Wolf Biermann, der 1976 ausgebürgerte Liedermacher. Obwohl von den Organisatoren zur Demonstration eingeladen, verweigern ihm die Grenzorgane am Bahnhof Friedrichstraße die Einreise.

Auch wenn die schwierigste Phase der Umgestaltung noch bevorsteht, sind sich an diesem Tag doch alle darin einig: In den letzten vier Wochen hat sich in der DDR mehr verändert, als in vier Jahrzehnten zuvor. Der 4. November ist ein Markstein. Von nun an geht es nicht mehr zurück.

Am gleichen Tag versammeln sich in Magdeburg 40 000 Bürger auf dem Domplatz, um Politiker und Staatsfunktionäre zur gesellschaftlichen Erneuerung zu befragen. Mehrere tausend Demonstranten ziehen durch das Zentrum von Arnstadt und fordern die

Zulassung des „Neuen Forums“. In Suhl protestieren 20 000 Bürger gegen die Errichtung einer neuen Mülldeponie. In Lauscha verlangen 3 500 Menschen die Einsetzung einer Untersuchungskommission, die die Gründe für den Niedergang der Glaskunst aufdecken soll. Auch in Potsdam, Rostock, Plauen, Schwerin, Arnstadt, Altenburg und Dresden demonstrieren Zehntausende für Pressefreiheit, den Rücktritt der Regierung und freie Wahlen.

Die CDU-Fraktion fordert eine sofortige Tagung der Volkskammer. Angesichts der massiven Unmutsäußerungen in der Bevölkerung über das veröffentlichte Wahlergebnis vom 7. Mai 1989 gelte es, ein neues Wahlgesetz auszuarbeiten und erforderlicherweise vorgezogene Wahlen zu den örtlichen Vertretungen und Kreisen durchzuführen. Bei den Wahlen im Mai 1989 wurden offiziell 98,85 Ja-Stimmen gezählt. Oppositionelle Gruppen stellten jedoch vielerorts wesentlich mehr Nein-Stimmen fest. Die Wahlfälschungen waren ein auslösendes Moment für die Massenproteste und die Ausreisewelle.

Am Abend erklärt Vize-Innenminister Dieter Winderlich in der „Aktuellen Kamera“, daß Anträge auf ständige Ausreise nunmehr unbürokratisch und schnell entschieden werden. Bürger, die ausreisen wollten, sollten dies bei ihren zuständigen Polizei-Stellen beantragen und nicht den Weg über die CSSR nehmen. Seit den frühen Morgenstunden ist die Grenze zwischen der CSSR und der BRD für ausreisewillige DDR-Bürger offen. Damit soll eine erneute Besetzung der Bonner Botschaft in Prag vermieden werden. Für die Ausreise genügt der Personalausweis, während bisher besondere Visa oder eine Entlassung aus der Staatsbürgerschaft notwendig waren. Mit dem Verfahren wird das „ungarische Modell“ übernommen: Schon am 11. September hatte die Budapester Regierung die Grenze für DDR-Bewohner aufgemacht. Wie die österreichischen Behörden mitteilten, sind inzwischen mehr als 50 000 DDR-Bürger auf diesem Weg in die BRD ausgereist.

Sonntag, 5.November

Die SED-Bezirksleitung Leipzig wählt Roland Wötzel zum neuen 1. Sekretär, nach dem zuvor der bisherige Amtsinhaber Horst

Schumann aus Gesundheitsgründen zurückgetreten war. Wötzel gehört zu den Initiatoren des Dialogs mit Demonstranten in der Stadt am 9. Oktober. Zuvor hatte es schon einen Wechsel an der Spitze der SED-Führung im Bezirk Schwerin gegeben.

In Halle tagt der Zentralvorstand der Gesellschaft für Denkmalpflege im Kulturbund der DDR, um dringende Maßnahmen zur Rettung der verfallsbedrohten historischen Stadtkerne zu beraten. Es müßten harte Sanktionen gegen ungerechtfertigte Abrisse verhängt werden. Durch die Orientierung der letzten Jahre auf den industriellen Wohnungsbau mit vorgefertigten Betonplatten seien landschaftlich unangepaßte Schlafsilos an den Stadträndern entstanden, während die architektonisch wertvollen Citybereiche verfallen. Dagegen richte sich zunehmender Bürgerprotest, auf den jetzt mit praktischen Vorschlägen reagiert werden müsse.

Am Abend konstituiert sich in der Berliner Bekenntniskirche die Initiativgruppe zur Gründung einer grünen Partei. In den nächsten Wochen sollen an der Basis die erforderlichen Dokumente diskutiert werden, so daß noch vor Jahresende der entscheidende Schritt zur Partei vollzogen werden kann. In einer Erklärung wird festgestellt: „Für eine Erneuerung unserer Gesellschaft hat die Umgestaltung unserer zerstörten Umwelt entscheidende Bedeutung. Aber nicht nur unsere Umwelt ist bereits verseucht, sondern in noch viel größerem Maße unser Bewußtsein, nämlich durch die Utopie, daß ständig wachsender Wohlstand – und als seine Bedingung – permanentes wirtschaftliches Wachstum zum Ziel gesellschaftlicher Entwicklung gemacht werden. Diese Art von Utopie suggeriert uns, der Mensch könne sich willkürlich im Lebenssystem Erde bewegen." Dagegen gelte es anzugehen und konkrete Alternativen aufzuzeigen.

Montag, 6. November

In den Medien wird der Entwurf für ein neues Reisegesetz veröffentlicht. Er stößt einhellig auf Ablehnung. Die vorgesehenen langen Bearbeitungszeiten und das stets aufs neue zu beantragende Ausreisevisum verärgern die Leute. Auch die Formulierung „Die Genehmigung einer Privatreise begründet keinen Anspruch auf den Erwerb von Reisezahlungsmitteln" löst Protest aus. Es wird eine unkomplizierte, real handhabbare Lösung gefordert.

In Dresden wird die Entscheidung des Ministerrates bekanntgegeben, das geplante Reinstsiliziumwerk in Dresden-Gittersee nun doch nicht zu bauen. Wegen der befürchteten Negativ-Folgen für die Umwelt hatten Bürgerinitiativen das Projekt seit Monaten bekämpft.

Am Abend erlebt die Stadt ihre bis dahin größte Demonstration. An der Spitze des Zugs von mehreren Hunderttausenden marschieren SED-Bezirkschef Hans Modrow und Oberbürgermeister Wolfgang Berghofer.

Auch in Halle demonstrieren 60 000 Menschen. Vor der SED-Bezirksleitung fordern sie den Rücktritt von Bezirkschef Hans-Joachim Böhme, der auch dem Politbüro angehört. In Karl-Marx-Stadt stellt sich Oberbürgermeister Eberhard Langner zum dritten Mal in einer Woche den Einwohnern und erklärt unter dem Beifall der 50 000, daß er, ohne Weisungen „von oben" abzuwarten, Vertreter des „Neuen Forums" in die kommunalpolitischen Aufgaben einbezogen habe. Auch der SED-Bezirkschef, Politbüromitglied Siegfried Lorenz, ergreift das Wort und bekennt: „Der Aufbruch in der DDR ist den Kundgebungen zu danken. Ich stehe zu einer radikalen Erneuerung des Sozialismus, in dem wahre Demokratie gebraucht wird wie die Luft zum Atmen."

Bei der traditionellen Montagsdemonstration in Leipzig ist die Stimmung aggressiver als bisher. Die „Internationale" wird nicht mehr gesungen, der amtierende Bürgermeister kommt kaum, der neue 1. SED-Bezirkschef überhaupt nicht mehr zu Wort. „Zu spät, zu spät", skandieren Hunderttausende. Transparente fordern „SED muß weg" und „SED – das tut weh". Der Entwurf des Reisegesetzes und die Unfähigkeit der Führung, spürbare Veränderungen durchzusetzen, haben offenbar die Situation verschärft. „Wir brauchen keine Gesetze – die Mauer muß weg!" ruft die Menge und ein Redner ("Ich heiße Olaf Reiche und wohne Grimmaische Straße 19") sagt bitter: „Jetzt sollen wir reisen dürfen, mit dem Bettelsack auf dem Rücken." Er schließt unter dem riesigen Beifall mit der unmißverständlichen Forderung: „Das Reisegesetz muß weg!" Am späten Abend meldet ADN, daß in der Zeit vom Sonnabend früh bis Montagmittag insgesamt 23 200 DDR-Bürger über die offenen Grenzen der CSSR in die Bundesrepublik ausgereist sind.

Dienstag, 7. November

„Wir sind das Volk!" – klingt es immer wieder bei Demonstrationen, und es klingt wie: ‚Ihr nicht!'", stellt die „Junge Welt" in einem Kommentar zu den jüngsten Demonstrationen fest. „Ihr da oben, die ihr auf den Frust von vielen mit Arroganz reagiert habt, auf noch mehr Frust mit noch mehr Arroganz. Wir haben die Wende eingeleitet, nicht ihr. Und das stimmt. Eine revolutionäre Situation besteht dann, wenn die da oben nicht mehr können und die da unten nicht mehr wollen."

Auf die gleichen Probleme geht der in Westberlin lebende DDR-Oppositionelle Wolfgang Templin ein. Gegenüber der „tageszeitung" sagt er: „Wer in Zukunft ein möglicher Partner eines echten Dialogs von seiten der Partei werden will, der muß sich die Brücken selbst bauen. Doch wir können dazu beitragen. Aber wer sich so in die ideologische und politische Festung eingemauert und zugerammelt hat, muß sehen, jetzt selbst einen Weg da rauszufinden. Denn die Feindbilder, die von dort aus gegenüber der Opposition entwickelt wurden, leben fort. Sie haben uns zwar nicht dauernd ins Gefängnis gesteckt, uns aber als politische Gegner definiert, die in diesem Land keine Existenzberechtigung haben. Sie müssen begreifen, daß man Sozialismus mit gegensätzlichen Standpunkten und Meinungen errichten muß, doch das geht diesen Leuten noch nicht in den Kopf."

Was bleibt, ist der Rücktritt. An diesem Tag ist es ein entscheidender. Er betrifft die gesamte Regierung. Sie wendet sich in einem letzten Appell an die Bevölkerung, „in dieser ernsten Situation alle Kraft dafür einzusetzen, daß alle für das Volk, die Gesellschaft und die Wirtschaft lebensnotwendigen Funktionen aufrecht erhalten werden". Bis zur Formierung eines neuen Kabinetts bleiben die Minister kommissarisch im Amt. Ihre letzte Entscheidung: Der Wehrkundeunterricht in den Schulen wird abgeschafft.

Der Rechtsausschuß der Volkskammer fordert die unverzügliche Einberufung der Volkskammer zur Beratung über die Lage im

Land. Er mißbilligt das Verhalten des Präsidiums, das ungeachtet des Willens von mehr als dem dafür notwendigen Drittel der Abgeordneten die Sitzung verschleppt. Der vorgelegte Reisegesetzentwurf wird abgelehnt.

Das „Neue Forum“ fordert einen Reisepaß für jeden Bürger, generelles Ausreisevisum nach allen Staaten der Welt, das alle zwei bis drei Jahre erneuert wird. Weiterhin sprechen sie sich gegen eine Befristung der Reisedauer und willkürlich auslegbare Einschränkungen aus. Das Ausreisevisum sollte dazu berechtigen, jeden Tag die Grenze zu überschreiten, kurzfristig zu Ausstellungen, Veranstaltungen, Feiern und Besuchen fahren zu können – bislang eine utopische Vorstellung.

Für die Einberufung eines Sonderparteitages der SED noch in diesem Jahr rufen Mitarbeiter der Akademie für Staats- und Rechtswissenschaften auf. Ein entsprechender Beschluß soll auf der am gleichen Tag beginnenden 10. ZK-Tagung gefaßt werden. In einem offenen Brief fordern sie das Zentralkomitee auf, zu prüfen, welche Politiker „ihre politische Verantwortung nicht wahrgenommen, ihre Macht und ihren Einfluß mißbraucht und sich dadurch diskreditiert haben“. Jedes Politbüromitglied müsse persönlich Rechenschaft ablegen über seine Mitverantwortung. Die SED bleibe im Dialog unglaubwürdig, „wenn auf der obersten Führungsebene der Partei weiter Genossen agieren, die sich eindeutig opportunistisch verhalten haben und verhalten“.

Auch in den anderen, bisher mit der SED verbündeten Parteien, brechen die Widersprüche auf. Die National-Demokratische Partei wählt nach zum Teil kontroverser Debatte Günter Hartmann zum neuen Vorsitzenden. Die Liberaldemokraten (LDPD), die selbst den Umbruch mit befördert haben und daher ohne Führungswechsel auskommen, fordern einen Kassensturz in der Volkswirtschaft und vom künftigen Kabinett eine grundlegende Wirtschaftsreform.

Am Nachmittag tagt erstmals die zeitweilige Untersuchungskommission der Berliner Stadtverordnetenversammlung zur Aufklärung der Übergriffe am 7. und 8. Oktober durch die „Schutz- und Sicherheitsorgane“. Es kommt zu einer mehrstündigen Debatte über Verfahrensfragen, insbesondere über den Antrag von Marianne Birthler, Beauftragte der Kirchenleitung der Evangelischen Landeskirche Berlin-Brandenburg, die Kommission mit einem zweiten, einem unabhängigen Untersuchungsausschuß zusammenzuschließen, der sich in der Vorwoche konstituiert hatte. Ihm gehören Ärzte, Psychologen, Schriftsteller, Juristen, Kirchenvertreter und Mitglieder verschiedener Basisgruppen an. Die Entscheidung wird zunächst vertagt. Einigen kann man sich auf die Schaffung eines Kontaktbüros im Roten Rathaus, wo betroffene Bürger Anzeige erstatten können.

Mittwoch, 8. November

Am Vormittag beginnt das angekündigte ZK-Plenum der SED, von dem weitreichende Kaderveränderungen erwartet werden. Die offen zu Tage getretenen Widersprüche zwischen Parteiführung und Basis sind inzwischen auch Thema der Presse, während bisher an der Einheit dieses zentralen Machtfaktors im Lande nicht gezweifelt werden durfte. Die „Berliner Zeitung" kritisiert die bisherigen Fehlentscheidungen und fordert: „Es darf nicht mehr von einem einzigen Zentrum aus darüber entschieden werden, worin die Interessen des Volkes und sein Glück bestehen,sondern die Ermittlung der Bedürfnisse und Interessen müssen von unten nach oben demokratisch erfolgen." Das „Neue Forum" und andere gesellschaftliche Bewegungen seien notwendige Formen der Ermittlung der ganzen Interessenvielfalt, der politischen Willensbildung. Letztlich werde auch das politische System der DDR daran gemessen, wie effektiv es gesellschaftliche Konflikte erkennen und lösen könne und in der Lage sei, einen Konsens herzustellen.

Das Innenministerium bestätigt die Anmeldung des „Neuen Forums" und korrigiert damit seine frühere Einschätzung, daß für diese Vereinigung keine gesellschaftliche Notwendigkeit bestehe.

Die IG Bau-Holz, eine der 16 Einzelgewerkschaften des FDGB, fordert Neuwahlen im kommenden Jahr und ein neues Wahlgesetz. Nach Ansicht von LDPD-Chef Gerlach sollte über ein neues Wahlgesetz per Volksentscheid abgestimmt werden. Sein Stellvertreter Hans-Dieter Raspe spricht sich im Parteiorgan „Der Morgen" für eine Streichung des in der Verfassung verankerten Führungsanspruchs der SED aus.

Dann verbreitet der Rundfunk die Meldung, daß das Politbüro – erstmals in seiner Geschichte – geschlossen zurückgetreten ist. Egon Krenz wird einstimmig zum Generalsekretär wiedergewählt. In seiner anschließenden Rede versucht er, mit der Vergangenheit abzurechnen. Erstmals kritisiert er auch seinen politischen Ziehvater Erich Honecker: „Versuche einzelner Mitglieder und Kandidaten des Politbüros, Alternativvorstellungen im Bereich der Ökonomie, in der Medienpolitik, in der Jugendpolitik, zu internationalen Aufgaben und zu anderen Fragen zur Diskussion zu stellen, fanden keine Mehrheit, ja mehr noch, wurden verdächtigt, die Gesamtpolitik in Frage zu stellen." Und an anderer Stelle: „Es gab Anzeichen politischer Arroganz. Entscheidungen, die kollektive, besonnene Beratung erfodert hätten, entstanden aus spontaner, oftmals aus persönlicher Verärgerung. Der Blick für das Leben war verlorengegangen." Die Initiative zur Ablösung von Erich Honecker sei von ihm auf der vorangegangenen ZK-Tagung ausgegangen, berichtet Krenz. „Der ehemalige Generalsekretär zog aus dieser Debatte aber keine Schlußfolgerungen. Daraufhin wurde auf einer anschließenden Beratung des Sekretariats des ZK mit den 1. Sekretären der Bezirksleitungen am 12. Oktober die Vertrauensfrage aufgeworfen. Am 17. Oktober faßte das Politbüro auf Vorschlag des Genossen Willi Stoph nach einer erneuten scharfen Auseinandersetzung den Beschluß, Genossen Erich Honecker von der Funktion des Generalsekretärs zu entbinden sowie die Genossen Joachim Herrmann und Günter Mittag abzuberufen."

Am Nachmittag versammeln sich in Berlin 50 000 Mitglieder der Parteibasis und rechnen in teilweise scharfen Worten mit der alten Führung ab. Immer deutlicher artikuliert sich Unmut über die Nachtrabpolitik und der Wille zur vollständigen Erneuerung durch einen Sonderparteitag. Einer der Redner ist der Feuerwehrmann Klaus Kühna: „Seit 19 Jahren bin ich Mitglied dieser Partei, habe auch die mir unverständlichsten Entscheidungen mitgetragen. Ertragen habe ich auch das Gefühl der Ohnmacht: Kritik und Fragen waren nicht der Reaktion wert – oder Disziplinierung war die Reaktion. Ich sage Euch ehrlich: Ich stehe mit Schmerzen im

Herzen vor dem Scherbenhaufen meiner Parteiarbeit. Vor allem deshalb, weil sich meine Partei einfach nicht zum Vorwärtsgang entschließen will.“ Der Lehrer Georg Nitsche ergänzt: „Die Erneuerung unserer Landes ist nicht möglich, ohne die Erneuerung der Partei, ohne unsere Erneuerung.Und das muß schnell, sehr schnell geschehen, damit wir nicht länger hinterherlaufen. Dazu muß jedes Mitglied unserer Partei öffentlich zu der Frage Stellung nehmen, was er gegen die Deformation in unserer Partei unternommen hat. Und keiner soll sagen, er habe auf Anweisung gehandelt. Von Befehlsnotstand darf kein Deutscher nach dem Jahr 1945 mehr reden.“ Und Marina Leischner sagt: „Es geht in diesen Tagen nicht um mehr und besseren Sozialismus. Es geht in diesen Tagen darum, ihn vor dieser Welt zu legitimieren, ihm überhaupt eine Überlebenschance, eine Daseinsberechtigung zu geben.“ Einer der Redner bestätigt, daß Staats- und Parteichef Erich Honecker am 9. Oktober bereits den Befehl erteilt hatte, die Massendemonstration in Leipzig mit allen Mitteln zu unterbinden. An diesem Tag „stand die DDR vor dem Bürgerkrieg“.

ZK-Sekretär Günter Schabowski informiert später die Presse darüber, daß – wie angekündigt – die Politbüromitglieder Axen, Hager, Krolikowski, Mielke, Mückenberger, Neumann, Stoph, Sindermann und Tisch ausgeschieden sind. Drei Kandidaten seien bei der anschließenden Wahl durchgefallen. Hans Modrow sei im Politbüro und Kandidat für das Amt des Ministerpräsidenten. Schabowskis Resumee vom bisherigen Verlauf: „Wir sind erst am Anfang des Prozesses der Erneuerung.“

Am Abend verliest die Schriftstellerin Christa Wolf im Namen zahlreicher Künstler und Vertreter oppositioneller Gruppen im DDR-Fernsehen einen dramatischen Aufruf an alle Ausreisewilligen, ihre Entscheidung zu überdenken und im Lande zu bleiben: „Was können wir Ihnen versprechen? Kein leichtes, aber ein nützliches Leben. Keinen schnellen Wohlstand, aber Mitwirkung an großen Veränderungen. Wir wollen einstehen für Demokratisierung, freie Wahlen, Rechtssicherheit und Freizügigkeit. Unübersehbar ist: Jahrzehntealte Verkrustungen sind in Wochen aufgebrochen worden. Wir stehen erst am Anfang des grundlegenden Wandels in unserem Land. Helfen Sie uns, eine wahrhaft demokratische

Gesellschaft zu gestalten, die die Vision eines demokratischen Sozialismus bewahrt. Kein Traum, wenn Sie mit uns verhindern, daß er wieder im Keim erstickt wird. Wir brauchen Sie. Fassen Sie zu sich und zu uns, die wir hierbleiben wollen, Vertrauen."

Die Ausreisewelle hat inzwischen erhebliche Lücken in der Wirtschaft gerissen, die jetzt durch Soldaten sowie Mitarbeiter des Sicherheitsapparats gestopft werden sollen. Die Armee stellt 600 Fahrer für die Versorgung ab, gelernte Lokomotivführer, Fahrdienstleiter und Rangierer werden aus dem Wehrdienst zu zivilen Aufgaben im Verkehrswesen abbeordert. Auch das Ministerium für Staatssicherheit gibt bekannt, daß es 385 Mitarbeiter in die Wirtschaft abgegeben hat.

Für ein Abebben der Ausreisewelle fehlen aber noch immer verbindliche Zusagen über freie Reisemöglichkeiten. Selbst die Angebote im Touristikprogramm, seit eh und jeh einseitig und unzureichend, sollen sich noch verschlechtern. Das staatliche Reisebüro teilt mit, daß die Entwicklung im Auslandstourismus stagniere. Den rund 17 Millionen DDR-Bürgern könnten jährlich nur 1,1 Millionen Reisen angeboten werden und das bei immer schlechteren Bedingungen, wie Generaldirektor Horst Dannat mitteilt. Die Partner in der UdSSR, Bulgarien, Ungarn, Rumänien und der ĈSSR – wohin nahezu der gesamte Auslandstourismus geht – diktierten stets steigende Preise.

Am Abend wieder Demonstrationen im ganzen Land. In Neubrandenburg sind am Abend 25 000 versammelt, in der Textilarbeiterstadt Limbach-Oberfrohna im Bezirk Karl-Marx-Stadt über 15 000 und in Frankfurt/Oder 2 500.

Donnerstag, 9. November

Bärbel Bohley vom „Neuen Forum" wird nunmehr auch von den DDR-Medien entdeckt und gibt ihre ersten Interviews, so auch für die Zeitung der LDPD, „Der Morgen".

Frage: Kann man schon von einem Abbau der Berührungsängste sprechen?

Bohley: Die haben sich noch nicht wesentlich abgebaut. Das ist ein Prozeß, der stattfindet, gegenwärtig ist es ein erzwungener.

Hunderttausende mußten erst auf die Straße gehen, um die Regierung herauszufordern, den Dialog aufzunehmen. Der ist nicht durch Einsicht zustande gekommen, sondern durch den Druck des Volkes.

Frage: Viele haben unser Land verlassen und tun es immer noch. Sie sind hiergeblieben...

Bohley: Bei mir ist da eine Portion Trotz dabei. Eigentlich gehört das Land uns und nicht denen, die es regieren. Ich habe nie einsehen können, weshalb ich gehen soll. Vielleicht müßten erst einmal andere gehen? Man kann ein Land nicht aufgeben, nur weil einem die Regierung nicht gefällt. Mir ist die Heimat hier sehr wichtig. Leute, die diese Schnitte mit sich machen, erkennen im Grunde genommen oft nicht, was das für Schnitte sind. Denn die wenigsten sind zu Vagabunden geboren.

Frage: Wie gefährlich war im Nachhinein betrachtet öffentliches Andersdenken?

Bohley: Es gab in diesem Land nichts Gefährlicheres als anders zu denken. Und das war schon vor mir so. Leute wurden dafür bestraft, weil sie selbständig dachten. Seit vierzig Jahren vertrieb man damit Menschen. Das hat mit Arroganz der Macht zu tun, denn es wurde nicht nur das Ziel, sondern auch der Weg bestimmt. Wer den Weg, selbst wenn er zum gleichen Ziel führen sollte, anders gedacht hatte, wurde schon kriminalisiert.

Das SED-Zentralkomitee setzt unterdessen seine Plenartagung fort. Doch schon nach einem Tag zeigt sich die Fragwürdigkeit der Auswahl der neuen Führungskader: 24 Stunden nach ihrer Wiederwahl ins Politbüro setzt die Bezirksbasis die 1. Sekretäre Hans-Joachim Böhme in Halle, Werner Walde in Cottbus und Johannes Chemnitzer in Neubrandenburg ab. Auch die langjährige Frauenbeauftragte des SED-Politbüros Inge Lange tritt von ihrem Posten zurück. Ratlosigkeit macht sich breit.

Am Abend informiert Politbüromitglied Günter Schabowski wieder die internationale Presse über die Ergebnisse des ZK-Plenums. Er teilt mit, daß für Mitte Dezember eine Parteikonferenz einberufen worden sei. Auf die Frage, warum man sich für keinen Sonderparteitag entschieden habe, bei dem doch die gesamte Führung hätte erneuert werden können, meint er, dies hätte laut Statut zwei Monate Vorbereitungszeit gekostet, was für die gegenwärtige Situation zu viel wäre. Kurz vor Ende der Pressekonferenz, exakt um 19.07 Uhr, teilt Schabowski scheinbar unbeabsichtigt mit, daß die DDR die Grenzen geöffnet habe. Wilde Aufregung herrscht augenblicklich im Saal des Internationalen Pressezentrums: „Heißt das, jeder DDR-Bürger kann jetzt frei in den Westen fahren?", stößt ein Reporter verwundert nach. Schabowski tut, als ob jeder der Anwesenden Bescheid wissen müßte und zitiert nun einen Text: „Privatreisen nach dem Ausland können ohne Vorliegen von Voraussetzungen (Reiseanlässe und Verwandtschaftsverhältnisse) beantragt werden." Ab morgen früh 8 Uhr könne sich jeder sein Visum bei den zuständigen Behörden abholen.

Wenige Stunden später spielen sich vor den Berliner Grenzübergängen tumultartige Szenen ab. Tausende stehen davor, um bei der Öffnung die ersten zu sein. Der normale Grenzverkehr kommt fast zum Erliegen. Keiner weiß genau, ob es sich um ein Gerücht, einen Versprecher oder tatsächlich um eine gültige Entscheidung handelt. Auch die Grenzsoldaten sind überrascht und nicht aussagefähig. Um Mitternacht entschließen sich einzelne Grenzkommandanten, die Tore einfach zu öffnen.

Freitag, 10. November

Dicke Schlangen stauen sich vor den Grenzübergängen in die Bundesrepublik. In Berlin haben noch in der Nacht Zehntausende einen Ausflug zur anderen Seite probiert, hinter jene Mauer, die seit 28 Jahren die Stadt teilt. Die Grenzsoldaten sind kulant, stellen angesichts des enormen Ansturms und der unklaren Regelungen einfach jede Kontrolle ein. DDR-Bürger können völlig ungehindert hinüber und wieder zurück. Auf der anderen Seite warten jubelnde Westberliner. Keiner kann es so recht glauben, alles scheint unwirklich. Sektkorken knallen, es wird gesungen und getanzt, der Ku'-Damm ist voller „Trabis" und „Wartburgs". Einen besonderen Anziehungspunkt bildet die drei Meter dicke Mauer vor dem Brandenburger Tor. Gerade hier werde sie als besondere Provokation empfunden, meint die Westberliner „tageszeitung". Und weiter heißt es: „Sie steht da, als hätte sie an diesem Abend keine

Grenzübergangsstelle Berlin-Bornholmer Straße

Nachrichten gehört. Als wüßte sie noch gar nicht, wie sinnlos sie geworden ist. Vor dem Brandenburger Tor ist sie so breit wie die Betten, aus denen die Berliner soeben gestiegen sind, um in dieser Nacht dabeizusein. Die Nacht, auf die wir 28 Jahre gewartet haben (Momper). Die Fernsehteams haben die Mauer taghell ausgeleuchtet, ein Wasserwerfer spritzt noch schüchtern von Ost nach West, mehrere hundert, vielleicht sogar tausend umlagern die historische Stätte. Strahlende Gesichter, Siegesgeheul, Kinder unterm Weihnachtsbaum. Irgendwann ist der Erste raufgeklettert, magisch angezogen von dem symbolträchtigsten und meistgehaßten Bauwerk dieser Stadt. Dann werden Hände gereicht, „Leitern" gebaut, wird gezurrt und geschoben. Die Berliner stürmen die Mauer. Kaum einer kommt oben an, ohne zu jauchzen und die Arme hochzureißen. „Die Mauer muß weg! Die Mauer muß weg!" heißt die Parole des Abends. Nur: Der Chor ist schon von der Realität überholt. Das Gebrüll der Leute erscheint fast wie ein nachträglicher Vollzug, wie die hundertstimmige Bestätigung dessen, was viele noch immer nicht fassen können. Die Mauer IST weg."

An diesem Freitag wird in manchen Berliner Betrieben nur mit halber Kraft gearbeitet. Ganze Kollektive fahren nach dem Mittagessen einfach geschlossen rüber. Der Druck ist zu groß, als daß jemand ernstlich dagegen vorgehen wollte.

Unterdessen geht der politische Alltag weiter. Der Hauptvorstand der CDU wählt den Rechtsanwalt Lothar de Maizière zum neuen Vorsitzenden. Der 49jährige ist als Anwalt von Wehrdienstverweigerern und als Vizepräses der Evangelischen Kirche hervorgetreten. Er stellt in seiner Person die Verbindung zwischen Christlich-Demokratischer Union und Kirche wieder her, die lange Zeit durchaus getrübt war. Zunächst war Lothar de Maizière lange Jahre als Musiker tätig, ehe eine Nervenerkrankung des Armes die weitere Berufsausübung beendet. De Maizière studierte dann Jura, übernahm die Kanzlei des Vaters und wurde 1987 stellvertretender Vorsitzender des Berliner Kollegiums der Rechtsanwälte, dem damals Gregor Gysi vorstand. Ein Onkel von ihm war Generalinspekteur der Bundeswehr, ein anderer Verwandter ist Pressesprecher des Westberliner CDU-Vorsitzenden Eberhard Diepgen.

Die katholischen Bischöfe der DDR rufen alle Christen auf, sich am gesellschaftlichen Prozeß der Veränderungen zu beteiligen. „Unbeschadet des Rechts auf Freizügigkeit bitten wir dennoch jeden einzelnen zu prüfen, welche Pflicht er gegenüber dem Nächsten durch die entstandene Lage hat. Wer sich mit der Absicht trägt, das Land zu verlassen, möge sich vor Gott und seinem Gewissen prüfen, ob sein Schritt gerechtfertigt ist. Und wer dieses Land verlassen hat, soll sich ernstlich fragen, ob er nicht zurückkehren will angesichts sich verändernder politischer Verhältnisse und ob er nicht seinen Beitrag zu der notwendigen Veränderung leisten will."

Das Verteidigungsministerium teilt mit, daß es auf Grund der angespannten Arbeitskräftesituation infolge der anhaltenden Ausreisewelle im nächsten Jahr auf die Einberufung von Reservisten verzichten wird.

Die gerade erst gewählte FDGB-Chefin Annelis Kimmel gibt bekannt, daß der Bundesvorstand der Gewerkschaften am 29. November geschlossen zuücktreten wird, um einen neuen Anfang zu ermöglichen.

Verleger Roland Links informiert die Öffentlichkeit, daß im Kiepenheuer-Verlag Leipzig das Buch „Der vormundschaftliche Staat" von Rolf Henrich, Mitbegründer des „Neuen Forums", erscheinen wird. Im vergangenen Frühjahr war das Buch in der Bundesrepublik erschienen und hatte zum Ausschluß Henrichs aus der SED und aus der Anwaltschaft geführt.

Generalstaatsanwalt Günter Wendland schlägt der Volkskammer die Einsetzung eines zeitweiligen parlamentarischen Ausschusses zur Untersuchung von Korruption und Amtsmißbrauch vor. „Die Generalstaatsanwaltschaft erhält in wachsendem Maße Eingaben, mit denen Bürger und Kollektive gegen Funktionäre aller Ebenen schwerwiegende Vorwürfe des Funktionsmißbrauchs und der Korruption erheben. Es werden namentlich genannten Personen neben Privilegien persönliche Bereicherung, ungerechtfertigte Vorteilsgewährung oder Vergeudung von Volksvermögen angelastet."

An der Berliner Humboldt-Universität endet die Auszählung der Urabstimmung zur Schaffung eines unabhängigen Studentenrates mit einer klaren Niederlage der FDJ, der „Kampfreserve der Par-

the West!

tei". Tags darauf konstituiert sich ein unabhängiger Studentenrat, für den sich 85 Prozent der Befragten aussprachen.

Nach dreitägiger Beratung geht die 10. Tagung des SED-Zentralkomitees zu Ende. Im Kommuniqué wird mitgeteilt, daß die ehemaligen ZK-Sekretäre Günter Mittag (Wirtschaft) und Joachim Herrmann (Medien) aus dem ZK ausgeschlossen wurden. Die Parteikontrollkommission sei angewiesen worden, die Fehlleistungen Mittags eingehender zu untersuchen.

Der Wiedersehenstaumel in Westberlin findet mit einer Kundgebung vor dem Rathaus Schöneberg einen ersten Höhepunkt. Doch die anwesenden 20 000 Menschen aus West und Ost reagieren überraschend ablehnend auf alle Wiedervereinigungssprüche. Bundeskanzler Helmut Kohl (CDU) wird es später bereuen, seinen Staatsbesuch in Polen extra für dieses Ereignis unterbrochen zu haben: Während Bürgermeister Walter Momper (SPD) von den Berlinern Ovationen erhält, wird Kohl während seiner gesamten Rede ausgebuht und ausgepfiffen. Momper salzt die Wunde, indem er sich für den so geschmähten Bundeskanzler einsetzt, was diesem ausgesprochen unangenehm ist. Das peinliche Ende ist das gemeinsame Absingen des Deutschlandliedes, falsch intoniert von den Herren auf dem Podium und begleitet von den Pfiffen und dem Gejohle der Zuhörer.

Sonnabend, 11. November

Seit Donnerstag wurden an den Grenzübergängen und bei den Dienststellen der Volkspolizei mehr als 4 Millionen Visa ausgestellt. „Radio DDR" meldet die zweihundertprozentige Auslastung der Züge nach Helmstedt und der Verkehrsfunk in Westberlin konstatiert resignierend: „Stehender Fußgängerverkehr auf dem Tauentzien". Niemand zählt mehr die Einreisenden in die Zweimillionenstadt, es können 500 000, es können aber auch eine Million sein. In der Innenstadt ist der Autoverkehr zusammengebrochen, ebenso mehrere U-Bahnlinien. Überall Menschenschlangen, die vor den Sparkassen auf ihr Begrüßungsgeld von 100 DM warten.

Der Rechtsanwalt Gregor Gysi mahnt in der „Berliner Zeitung"

Massenandrang vor Öffnung der Übergangsstelle am Potsdamer Platz in Berlin

an, daß die provisorischen Reiseregelungen schnell in rechtsverbindliche Gesetze umgewandelt werden. Die gegenwärtige Zwischenregelung sei problematisch: „Wenn Ausnahmeregelungen im positiven Sinne für die Bürger angeordnet werden können, dann sind auch Ausnahmeentscheidungen ohne Rechtsgrundlage zum Nachteil der Bürger theoretisch denkbar."

Das „Neue Forum" warnt vor den Konsequenzen der Reisefreiheit: „Bürgerinnen und Bürger der DDR! Eure spontanen furchtlosen Willensbekundungen im ganzen Land haben eine friedliche Revolution in Gang gesetzt, haben das Politbüro gestürzt und die Mauer durchbrochen. Laßt Euch nicht von der Forderung nach einem politischen Neuaufbau der Gesellschaft ablenken! (...) Wir werden für längere Zeit arm bleiben, aber wir wollen keine Gesellschaft haben, in der Schieber und Ellenbogentypen den Rahm abschöpfen. Ihr seid die Helden einer politischen Revolution, laßt Euch jetzt nicht ruhigstellen durch Reisen und schuldenerhöhende Konsumspritzen."

Es wird offiziell mitgeteilt, daß der 1. Kreissekretär der SED in Perleberg (Bezirk Schwerin) „infolge großen seelischen Drucks durch die gegenwärtigen politischen Ereignisse am 7. November freiwillig aus dem Leben" geschieden ist. Dies ist der dritte Selbstmord eines SED-Kreissekretärs innerhalb von zwei Wochen.

Sonntag, 12. November

Am Morgen wird auf dem Potsdamer Platz ein neuer Grenzübergang eröffnet. Es ist der fünfte seit Freitag früh. Baupioniere haben in den Nachtstunden mehrere Betonplatten aus der Mauer herausgenommen, den Boden planiert und die Straße zum Platz, der einst das Verkehrsherz von Berlin war, wiederhergestellt. Die Bürgermeister Erhard Krack (Ost) und Walter Momper (West) weihen den Übergang ein. Die Polizeidienststellen beider Stadthälften sind seit Jahrzehnten erstmals wieder über eine Sonderleitung direkt miteinander verbunden.

Während Berlin vom Taumel erfaßt ist, das erste große gemeinsame Familienwochenende begangen wird und in der Westberliner Deutschlandhalle ein elfstündiges Rockkonzert mit namhaften

Gruppen aus Ost und West über die Bühne geht, stellen sich in Leipzig und Dresden ganz andere Probleme. Mit dem Aufruf „Bewahren wir Dresden!", wenden sich Prominente an die Einwohner der Stadt. Darin heißt es: „Mit Sorge und Hoffnung, mit Unruhe und Ermutigung nehmen wir teil am öffentlichen Nachdenken, warum es dahin gekommen ist, warum weiterhin Mitbürgerinnen und Mitbürger von uns gehen. Jeder, der uns den Rücken kehrt, hinterläßt schmerzhafte Lücken. Es wird immer schwerer, sie zu schließen. Die normalen Lebensprozesse in der Stadt geraten zunehmend in Gefahr. Damit sinken auch die realen Möglichkeiten, unser Dresden zum Besseren umzugestalten."

Bezirksgerichtsdirektor Stranovsky teilt mit, daß sich im Bezirk Dresden kein Teilnehmer an Demonstrationen der letzten Wochen mehr in Haft befindet. Zu spät sei erkannt worden, daß das Leben bestehende Gesetze längst in Frage gestellt habe, meinte er.

Dieser Auffassung ist auch die Dresdner Gruppe des „Neuen Forums", die ankündigt, sich als politisch unabhängige Vereinigung nach ihrer Zulassung mit eigenen Kandidaten zur Wahl stellen zu wollen. Dies teilt Pfarrer Hanno Schmidt in der „Sächsischen Zeitung" mit, in der er auch über eine Begegnung mit dem designierten Ministerpräsidenten Hans Modrow berichtet: „Wir sprachen von einem Haus, das jetzt lichterloh brennt. Da kommt es erst einmal darauf an, zu löschen und auf dem Fundament, dem sozialistischen, aufzubauen. Natürlich muß man auch nach den Brandstiftern suchen. Bauen wir doch aus dem Schwarz und Grau des verbrannten ein neues, farbenfrohes Haus, in dem es sich für alle gut lebt und sagen unsren Kindern dann, seht, das ist Sozialismus."

50 000 Dresdner verabschieden an diesem Tag ihren langjährigen Parteichef Hans Modrow, der zum Regieren nach Berlin geht. Ihn begleitet der Ruf: „Reformen ja, Chaos nein – Hans, wir werden mit dir sein!" Zugleich wird wieder die Forderung der Parteibasis nach einem SED-Sonderparteitag laut. Auch in Leipzig fordern Tausende Mitglieder die Einberufung eines Sonderparteitages. Auf Spruchbändern ist zu lesen: „Haltung statt Spaltung!" und „Ich will noch Genosse bleiben, darum die Schuldigen vertreiben".

Bereits am Vortag war die Frage Parteikonferenz (es wäre die 4. in der SED-Geschichte) oder Sonderparteitag (ohne Beispiel) auf einer

Kundgebung in Berlin kontrovers diskutiert worden. Es geht dabei vor allem um die Frage, ob nur Teile der Führung (Parteikonferenz) oder die gesamte Führung (Sonderparteitag) neu gewählt werden sollen. Am Abend gibt dann Egon Krenz bekannt, daß das Politbüro getagt hat und der Umwandelung der Parteikonferenz in einen Sonderparteitag zustimmt. Zuvor sind in den Bezirken Erfurt, Karl-Marx-Stadt, Halle, Magdeburg und Rostock neue 1. Sekretäre der Bezirksleitungen gewählt worden.

Neben der immer noch dominanten SED formieren sich weitere neue Organisationen. An diesem Wochenende entsteht die „Christlich-Demokratische Jugend“ (CDJ), die sich der CDU nahe fühlt. Sie versteht sich als eine „antifaschistische, auf den Frieden, die Schaffung von Gerechtigkeit und die Bewahrung der Schöpfung sowie auf das solidarische Handeln mit der Zwei-Drittel-Welt orientierte Bewegung“.

Montag, 13. November

In einer spannenden Wahl, erstmals auch mit Stichwahl, entscheiden die Volkskammerabgeordneten über den neuen Parlamentspräsidenten. Die Nachfolge von Horst Sindermann (SED), der am Morgen zurückgetreten war, übernimmt der Vorsitzende der Demokratischen Bauernpartei (DBD) Günther Maleuda, der knapp vor dem LDPD-Vorsitzenden Manfred Gerlach die Stimmenmehrheit gewinnt. Mit dem 58jährigen Günter Maleuda übernimmt ein kaum bekannter Politiker dieses wichtige Amt. Der Landwirt aus Altbeelitz, zugleich Doktor der Agrarwissenschaften, steht der Demokratischen Bauernpartei erst seit März 1987 vor. Abgeordneter ist er seit 1981.

In der sich anschließenden Aussprache übernimmt die scheidende Regierung unter Premier Willi Stoph die Verantwortung für die Krise im Land. Die von ihm geführte Regierung sei ihrer Verantwortung nicht voll nachgekommen. Stoph beklagt Eingriffe der SED auf die Arbeit der Regierung, was letztlich zur Einschränkung der Autorität des Ministerrates geführt habe. Mit dem Rücktritt solle der Weg für eine Erneuerung des Sozialismus freigemacht werden.

Künstleraktion: Neue Tapeten für die Volkskammer

Der Abgeordnete Michael Koplanski von der Bauernpartei bezeichnet es als unverantwortlich, daß „es den Fraktionen der Volkskammer über Wochen verwehrt wurde“, über die Entwicklung im Lande mitzuentscheiden. Er verlangt die schonungslose Offenlegung der wirtschaftlichen Bilanz einschließlich der Finanzen und Devisen. Hans-Dieter Raspe von den Liberaldemokraten spricht sich für eine neue Wirtschaftspolitik bis hin zur Gründung von Aktiengesellschaften und mehr Eigenständigkeit der Betriebe aus. Mit Erregung konstatieren zahlreiche Abgeordnete, daß sie über Jahre hinweg belogen wurden und ihnen wichtige Informationen zur wirtschaftlichen Lage des Landes vorsätzlich verwehrt wurden. Erschreckt nehmen sie die Mitteilung des scheidenden Finanzministers zur Kenntnis, daß die Inlandsverschuldung 130 Milliarden Mark beträgt. Die Auslandsverschuldung erfahren sie auch an diesem Tag nicht, sie unterliegt, wie Planungschef Schürer bestätigt, nach wie vor der Geheimhaltung.

Dr. Hans Modrow wird bei nur einer Gegenstimme mit der Bildung der neuen Regierung beauftragt. Der Dresdner SED-Parteichef galt bereits seit längerem im In- und Ausland als „Hoffnungsträger“. Der 1928 in Ueckermünde geborene Arbeitersohn war von 1953 bis 1961 Berliner FDJ-Sekretär und amtierte die nächsten sieben Jahre als SED-Kreissekretär in Berlin-Köpenick. 1967 wurde er ZK-Mitglied und später Sekretär für Agitation und Propaganda bei der SED-Bezirksleitung Berlin. 1973 ging er als 1. Bezirkssekretär nach Dresden. Hier stockte seine Karriere und es entstand der Eindruck, daß man den reformfreudigen, aufgeschlossen, selbstbewußt Auftretenden, dem jeder Sinn für äußerliche Machtattribute abgeht, bewußt vom Zentrum der Macht in Berlin fernhielt. Noch im Frühjahr 1989 wurde er von ZK-Sekretär Günter Mittag wegen „schlechter Parteiarbeit“ öffentlich gerüffelt.

Einen besonders schweren Stand hat in der Befragung der ehemalige Minister für Staatssicherheit, Erich Mielke. Er nimmt mit sichtbarer Verwunderung die zahlreichen Unmutsäußerungen auf seine verharmlosende Darstellung der Staatssicherheit zur Kenntnis und ruft verzweifelt aus: „Aber ich liebe euch doch alle!“

Generalleutnant Wolfgang Schwanitz, einer der Stellvertreter Mielkes, übt in der „National-Zeitung“, dem Organ der NDPD, erste vorsichtige Selbstkritik an der bisherigen Arbeit des Ministeriums für Staatssicherheit (MfS). Gleichzeitig verspricht er, daß man künftig nicht länger gegen „Andersdenkende“ aktiv würde.

Befragungen des Instituts für Soziologie und Sozialpolitik der Akademie der Wissenschaften ergeben, daß 93 von hundert DDR-Bürgern für ein verändertes Wahlsystem eintreten. 87 Prozent ziehen es vor, in ihrer Heimat zu bleiben. 55 Prozent davon, weil sie den Aufbau eines demokratischen Sozialismus für möglich halten.

„Ich glaube, daß die Mehrheit unserer Anhänger gegen eine kapitalistische Gesellschaft ist. Sie hätten lieber einen Wiederaufbau, eine Reform des Sozialismus, so daß er für die Mehrheit der Bevölkerung akzeptabel wird“, erklärt auch einer der Wortführer des „Neuen Forums“, Prof. Jens Reich, in einem BBC-Interview. Eine Vereinigung der beiden deutschen Staaten käme für ihn vorerst nicht in Frage.

So wie in Leipzig demonstrieren an diesem Montagabend auch in Dresden, Karl-Marx-Stadt, Cottbus, Magdeburg, Neubrandenburg und Schwerin Hunderttausende für freie Wahlen und dauerhaft verbriefte Reisefreiheit. Durch die Messestadt tragen vier junge Leute einen Sarg mit der Aufschrift „Machtanspruch der SED“. Auf Transparenten ist zu lesen: „Nur SED – Nee!“ und „Die Mauer hat ein Loch, aber weg muß sie doch!“

Im Vorfeld der Demonstration hatten sich Leipziger Vertreter mehrerer oppositioneller Gruppen, darunter „Demokratischer Aufbruch“, „Neues Forum“, „Demokratie jetzt“, SDP und ökologische Basisgruppen, über eine „Koalition der Vernunft“ verständigt. In einem gemeinsam verfaßten Aufruf erklären sie: „Wandel in unserer Gesellschaft heißt für uns, alle Möglichkeiten zu schaffen, um politische Verantwortung übernehmen zu können. Das heißt für uns Änderung der Verfassung: sofortige Zulassung aller basisdemokratischen Gruppen und der SDP! Beteiligung an der Ausarbeitung des Wahlgesetzes und auf dessen Basis freie Wahlen! Artikulationsmöglichkeiten für uns in den Medien, um unsere politikfähigen Vertreter bekanntzumachen! Wahlen dann, wenn die Gruppen Gelegenheit hatten, sich zu profilieren! Volksentscheid über Neuwahlen! Dafür gehen wir Montag für Montag auf die Straße! Heute, morgen und in Zukunft – absolute Gewaltfreiheit ist unsere Pflicht! Stimmen Sie uns zu! Achten Sie auf jeden neben sich und verhindern Sie Gewalt in Wort und Tat! Schmährufe sind nicht unser politischer Umgangston!"

Ungeachtet dessen ist der Ton auf der Demonstration noch schärfer geworden. Auch neue Töne sind zu hören: „Deutschland einig Vaterland" ist in schwarz-rot-goldner Schrift auf ein weißes Transparent gemalt und es dauert auch nicht lange, bis ein Sprechchor daraus wird. Doch nur wenige fallen ein, noch gibt es überwiegend Pfiffe.

Buh-Rufe bei allem, was mit Berlin zu tun hat. Der Neid auf die Hauptstädter, die nach Ansicht vieler schon faktisch in einer wiedervereinten Stadt leben, wächst spürbar an. An einem Baum klebt ein handgeschriebener Zettel, der es auf den Punkt bringt: „Die Berliner haben's gut – die haben erreicht, was sie wollten. Aber unser Leipzig ist immer noch kaputt!"

Die Regierung gibt bekannt, daß die neue Reisefreiheit langfristig bestehen bleiben wird. Niemand denke daran, sie zurückzunehmen. Das SED-Zentralorgan „Neues Deutschland" versichert: „Die Regelung wird zu den Grundlagen des neuen Reisegesetzes gehören." Zur Bekräftigung informiert das Verteidigungsministerium, daß mit sofortiger Wirkung alle Sperrzonen entlang der Berliner Mauer und der gesamten Grenze zur Bundesrepublik aufgehoben sind.

Dienstag, 14. November

„So müßte es bleiben, unkomplizierte Besuche im anderen Deutschland mit einem Reisedokument, das jeder besitzt, ohne Wartezeit und ohne große Formalitäten für Visa", meint die „Neue Zeit", das Zentralorgan der CDU. Doch „in dem Jubel um die neugewonnenen Freiheiten dürften keineswegs die wirtschaftlichen Probleme außer acht gelassen werden." Mit den gefüllten Regalen im Westen hätte sich auch das eigene wirtschaftliche Unvermögen gezeigt. „Das Währungsgefüge wird in Bewegung geraten. Der Schwarzmarktkurs zeigt uns dann die Effizienz der Ökonomie des Landes."

Nach Aussagen des Staatssekretärs im Aussenhandelsministerium Christian Meyer erwägt die DDR einen Beitritt zur Europäischen Gemeinschaft. „Wir schließen den Gedanken langfristig nicht aus, sagt er dem Pariser Wirtschaftsblatt „La Tribune de l'Expansion". Vorher gelte es aber, andere Formen der Kooperation zu finden.

Vor einem Ausverkauf der DDR warnt der bundesdeutsche IG-Metall-Chef Franz Steinkühler. Er sehe diese Gefahr gleich auf zweifache Weise. Zum einen könnten die DDR „alles, was nicht niet- und nagelfest ist", im Westen verkaufen, um zu Devisen zu kommen, noch schlimmer sei jedoch, wenn sich Verleihfirmen darauf spezialisierten, DDR-Arbeitskräfte an bundesdeutsche Firmen zu vermitteln.

Was das Tempo der politischen Annäherung beider deutscher Staaten betrifft, empfiehlt das Stockholmer Institut für Friedensforschung SIPRI Realismus statt Spekulationen. Es rechne in „absehbarer Zeit" weder mit einem entmilitarisierten Deutschland noch mit einer Auflösung der Blöcke als Folge des Wandels in der DDR.

Die jüngsten Veränderungen in der DDR bezeichnet Dresdens Oberbürgermeister Wolfgang Berghofer gegenüber der Wochenzeitung „Sonntag" als eine einmalige historische Chance für die Demokratie, für die Demokratie in Europa überhaupt. „Ja, es ist für mich eine revolutionäre Volksbewegung, denn sie verändert Qualitäten. Das hat es doch auch noch nicht gegeben, daß sich Politiker auf die Bühne stellen und mit Hunderttausenden reden und nicht Reden halten. Das spricht doch dafür, daß eine ungeheure politische Kultur vorhanden ist."

Für grundsätzlich erneuerungsfähig betrachtet Pfarrer Friedrich Schorlemmer vom „Demokratischen Aufbruch" die SED. Sie zeige derzeit ein intellektuelles Potential, daß man nur staunen könne, erklärt er in einem Interview mit der „tageszeitung". Ob sie aber nach 40 Jahren noch das Vertrauen der Bevölkerung erhält, sei fraglich. Zuviel wäre geschehen, was gerade dieser Tage deutlich werde.

In der „Neuen Berliner Illustrierten" liest man unter der Überschrift „Wandlitzer Perspektiven": „Unbeirrt – das Wort benutzte er gern, es ist aber jetzt weniger in Mode – ging uns manch führender Repräsentant voran. Besser gesagt: fuhr voran. In einer schweren schwarzen Limousine bei grüner Welle auf den Straßen des Fortschritts. Und sah nicht mehr nach links und rechts und konnte natürlich nicht bemerken, wie ihm das Volk abhanden kam."

Einer, der auf diese Zustände schon frühzeitig aufmerksam machte und dafür zu acht Jahren Gefängnis verurteilt worden war, ist Rudolf Bahro. Er kündigt an diesem Tag seine Rückkehr in die DDR an. Der 1977 aus der SED ausgeschlossene Kritiker des „real existierenden Sozialismus", den er in seinem Buch „Die Alternative" als „System der organisierten Verantwortungslosigkeit" charakterisiert hatte, war 1979 aus dem Gefängnis direkt in die BRD übergesiedelt.

Die bisher als Pflichtfach gelehrte marxistisch-leninistische Theorie soll an den Universitäten künftig nicht länger ein Instrument der herrschenden Partei sein, sondern zur Grundlage einer breiten Gesellschaftsdiskussion werden. Dies fordern 46 Hochschulen und Universitäten in einem offenen Brief an die Regierung.

Mittwoch, 15. November

Aus Kommentaren in den Zeitungen der Blockparteien spricht Verbitterung über den Ablauf der jüngsten Volkskammertagung. „Bankrotterklärung, so hat es jeder empfunden, der im Plenarsaal der Volkskammer oder am Bildschirm den parlamentarischen Abschied der Regierung Stoph erlebte. Dieser Ministerrat hat seinen Verfassungsauftrag nicht nur nicht erfüllt, sondern sträflichst verletzt. Er hinterließ politische Unordnung, wirtschaftliche Zerrüttung und einen großen Berg weiterer gravierender Probleme", bemerkt die „National-Zeitung". Nach der gescheiterten Wahl des LDPD-Vorsitzenden zum Parlamentspräsidenten liest man im „Morgen": „Die Abstimmungsmaschine Volkskammer hat zum letzten Mal funktioniert, haben doch die in ihren Leitungen nach wie vor von der SED kontrollierten gesellschaftlichen Organisationen die Wahl entschieden. Die gegenwärtig in allen Institutionen, Betrieben, Parteiapparaten und gesellschaftlichen Organisationen versuchte Demokratisierung scheitert erbärmlich am praktischen Fortwirken all der Strukturen, die geschaffen wurden, um Demokratie zu verhindern, um angemaßte Macht zu sichern. Diese Strukturen müssen zerschlagen werden." Die „Neue Zeit", Organ der CDU, stellt fest: „Mit Betroffenheit und Bestürzung, aber auch mit Empörung" hätten Berliner Abgeordnete auf den Verlauf der jüngsten Volkskammertagung reagiert. „Nur Parteien mit ihren Programmen und Personen sind legitimiert, nach wirklichen Wahlen in den Parlamenten aller Ebenen zu arbeiten."

Der Sprecher des „Neuen Forums" Magdeburg erklärt gegenüber der „tageszeitung", man fordere jetzt ein Wahlgesetz, das vorher mit dem Volk diskutiert werde. Weiter führt Hans-Jochen Tschiche aus: „Als zweiter Schritt wären Kommunalwahlen im Sommer oder Herbst nächsten Jahres notwendig und erst 1991 Volkskammerwahlen. Dem muß die Offenlegung des wirtschaftlichen und gesellschaftlichen Zustands vorausgehen... Für uns ist klar: Jetzt ist zunächst die Zeit der Bürgerkomitees. Ich bin mir sicher, die Blockparteien werden auf einen frühen Wahltermin drängen. Gegen deren Durchmarsch spricht andererseits ihr Mangel an Kadern. Ihnen fehlt auch die versammelte Fachkompetenz, die sitzen im Augenblick noch bei der SED. Wenn die sagt, mit uns nicht, dann haben die bürgerlichen Parteien nur wenige Chancen. Ihnen geht es ähnlich wie uns, sie haben zu wenig Leute, die Verantwortung übernehmen können.

Vor dem Untersuchungsausschuß über die Hintergründe der staatlichen Übergriffe bei Demonstrationen am 7. und 8. Oktober berichtet die Schriftstellerin Christa Wolf, die damalige Führung um Honecker habe die Proteste um den 40. Jahrestag der DDR als eine Konterrevolution mißdeutet, die „mit allen Mitteln" niederzuschlagen gewesen wäre.

Diese Fehleinschätzung ist das Ergebnis eines vom Volk isolierten Lebens, das vorrangig in der von der Außenwelt abgeschirmten Waldsiedlung in Wandlitz, nördlich von Berlin, und in ausgedehnten privaten Jagdrevieren stattfand, die an diesem Tag auf Beschluß des Landwirtschaftsministeriums aufgelöst werden. Die Weltfremdheit und Selbstherrlichkeit der ehemaligen Führung wird noch durch eine andere Tatsache offenkundig. „Neues Deutschland" berichtet, daß Erich Honecker persönlich den weiteren Vertrieb der sowjetischen Monatszeitschrift „Sputnik" verboten habe, da ihm mehrere Artikel in der Oktoberausgabe des Vorjahres mißfallen hätten. Die Interessen der Abonnenten und Leser standen nicht zur Diskussion. Selbst der Postminister, von dessen Pressestelle die Meldung angeblich ausgegangen sei, soll davon erst aus der Zeitung erfahren haben.

Zum zweitenmal deckt die DDR-Presse eine Bauaffäre auf. Danach hat das ehemalige Politbüromitglied Krolikowski seinem Sohn ein komfortables Heim mit Sauna und Kamin mit Regierungsmitteln errichten lassen. Parallel dazu ist aus der „Berliner Zeitung" erstmalig zu erfahren, daß die DDR im Ausland mit 20 Milliarden Dollar verschuldet ist. Diese Angaben sind bislang noch unter Verschluß, sollen aber künftig veröffentlicht werden.

Nach Angaben von Siegfried Wittenbeck, Staatssekretär im Justizministerium, soll die Justiz von Staat und Partei künftig unabhängig gemacht werden. Zugleich kündigt er die Rehabilitierung von zu unrecht Verurteilten an. Es seien ferner ein neues Gerichtsverfassungesetz und ein Richtergesetz vorgesehen. Damit solle die Unabhängigkeit der Richter gestärkt werden. In der Vergangenheit hätten Partei- und Staatsorgane wiederholt versucht, in schwebende Verfahren einzugreifen. Mit solchen Praktiken müsse rigoros Schluß gemacht werden.

Auf die enorme Verschmutzung der Umwelt macht eine Studie des Umweltrates der Akademie der Wissenschaften aufmerksam. Dadurch würden jährlich Kosten in Höhe von 28 bis 30 Milliarden Mark verursacht.

Frauenforscherinnen fordern in einem offenen Brief an das SED-Zentralkomitee eine Frauenquote für die führenden Positionen in der DDR. In Staat, Politik, Wirtschaft und Wissenschaft sollten künftig gleiche Anteile von Frauen und Männern durchgesetzt werden.

Donnerstag, 16. November

Einen Tag vor der angekündigten Vorstellung der neuen Regierung unter Premier Hans Modrow macht die Liberal-Demokratische

Partei noch einmal Druck. Sie will am Freitag auf der Tagung der Volkskammer den Paragraphen 1 der Verfassung streichen lassen und damit „die Beseitigung des festgeschriebenen Führungsanspruchs einer Klasse oder Partei im Staat" beantragen, wie es in der Zeitung „Der Morgen" heißt. In der gleichen Ausgabe findet sich ein Positionspapier der Partei, in dem die LDPD deutliche Töne anschlägt: „Die Bürger haben kein Vertrauen mehr in die politische Führung. ‚Das Volk sind wir' – mit diesem Sturmruf wendet sich die Bevölkerung unseres Landes gegen unerträgliche Machtarroganz und politische Ignoranz. Das Volk beginnt, seine Souveränität zu verwirklichen. Die Angehörigen aller Klassen und Schichten befinden sich im Aufbruch. Das hat es so in der deutschen Geschichte noch nicht gegeben."

Der Aufbruch beginnt zum Umbruch zu werden. In allen Bereichen der Gesellschaft kommen deutliche Veränderungen in Gang.

In den Bezirksleitungen der SED werden weitere Ablösungen in den jeweiligen Sekretariaten vorgenommen, so in Neubrandenburg und Leipzig. Nunmehr sind alle früheren 1. Bezirkssekretäre abgelöst, zumeist auf Druck der Parteibasis. Die Volkskammerfraktion der SED zieht daraus ihre Konsequenzen und beschließt die Mandatsniederlegung der früheren Spitzenpolitiker aus dem Politbüro sowie aus dem Kreis der zurückgetretenen 1. Bezirkssekretäre.

Die Veränderungen machen auch vor der Chefredaktion des „Zentralorgans des ZK der SED", dem „Neuen Deutschland" nicht halt. Auf Seite eins informiert das Blatt „In eigner Sache" über die Ablösung der alten Chefredaktion. Andere Zeitungen beginnen an diesem Tag mit der Veröffentlichung der bundesdeutschen Fernsehprogramme. Noch vor wenigen Wochen wurden Personen, die diese Programme aus westlichen Zeitungen kopierten und in ihrem Betrieb verteilten, bestraft.

Die CDU-Fraktion im Parlament wechselt ihren Vorsitzenden aus. Bei dieser Gelegenheit wird bekannt, daß auch der langjährige ehemalige Parteivorsitzende Gerald Götting sein Abgeordnetenmandat niederlegt. Gegen ihn werden Vorwürfe wegen irregulärer Finanzaktionen laut.

Selbst die offizielle Frauenorganisation DFD, die bisher kaum in Erscheinung getreten ist und über so gut wie keinen Einfluß verfügt, wird vom Strudel erfasst: Die langjährige Vorsitzende Ilse Thiele muß zurücktreten.

Die politische Landschaft der DDR wird um weitere zwei Organisationen reicher: In der Presse werden die Gründung eines Liberalen Jugendverbandes mit dem Namen „Linksliberale Alternative – LILA – die demokratische Jugend“ und der nunmehr fertiggestellte Gründungsaufruf für eine Grüne Partei veröffentlicht. LILA bekennt sich zu einer Jugendpolitik „von unten“, zum Antifaschismus, freier Entfaltung der Persönlichkeit, „geistiger Abrüstung und einer waffenfreien Welt ohne Angst“. Zu den Zielen der neuen Grünen Partei heißt es, sie befürworte einen „konsequenten ökologischen Umbau“ der DDR und eine „radikale Absage an umweltzerstörerisches, rohstoffvergeudendes Wachstum“. Gewarnt wird in dem Gründungsaufruf, daß im Rahmen der gegenwärtigen Reformbewegung „unter dem Druck unvernünftigen kurzsichtigen materiellen Nachholbedarfs eine Gesellschaft der Ellbogenfreiheit, der Verschwendung und Wegwerfmentalität“ entstehen könnte.

Die Akademie der Wissenschaften gibt bekannt, daß ihre früheren Mitglieder Ernst Bloch und Robert Havemann rehabilitiert und in ihre alten Rechte wiedereingesetzt werden. Der Kommunist Robert Havemann (1910-1982) war 1943 vom Volksgerichtshof zum Tode verurteilt, 1945 aber von der Sowjetarmee befreit worden. Als Chemiker erhielt er 1947 einen Lehrstuhl an der Berliner Humboldt-Universität. Er war Abgeordneter der SED in der Volkskammer, wurde jedoch wegen seinen antistalinistischen Philosophie-Vorlesungen (“Dialektik ohne Dogma“) 1964 aus der SED ausgeschlossen und von der Universität verwiesen. Zwei Jahre später verlor er auch seine Mitgliedschaft in der Akademie der Wissenschaften. 1977 wurde er vorübergehend verhaftet und erhielt anschließend Aufenthaltsbeschränkungen und Kontaktverbot. 1979 erfolgte eine zusätzliche Verschärfung seines Hausarrestes. Man verurteilte ihn wegen angeblicher Verstöße gegen das Zoll- und Devisenrecht zu einer Geldstrafe. Er starb nach schwerer Krankheit 72jährig in Grünheide bei Berlin.

Der Philosoph Ernst Bloch (1885-1977) hatte nach seiner Emigration einen Lehrstuhl in Leipzig erhalten, wo sich Anfang der fünfziger Jahre ein Zentrum der theoretischen Diskussion entwickelte. Die Akademie der Wissenschaften berief ihn zum Vorsitzenden ihrer Sektion Philosophie. Die von ihm organisierte Konferenz mit dem Titel „Das Problem der Freiheit im Lichte des wissenschaftlichen Sozialismus" sowie weitere Reden im Herbst 1956 wurden zum Anlaß genommen, ihn als revisionistisch zu attakieren und ihm alle weiteren öffentlichen Auftritte zu verbieten. 1957 verlor er seinen Lehrstuhl. Nach 1961 übersiedelte er in die BRD.

Der Historiker Ernst Engelberg von der Akademie der Wissenschaften, der mit seiner Bismarck-Biografie einem breiten Leserkreis in Ost und West bekannt wurde, gedenkt in einem Artikel für die „Berliner Zeitung" der Millionenopfer der Kollektivierung und der Schauprozesse des sowjetischen Diktators Josef Stalin. Im Vorspann merkt er an, daß dies ein Vortrag sei, den er bereits im April auf einer internationalen Tagung gehalten habe, der bislang aber nicht veröffentlicht werden durfte. „Lehrsätze mußten herhalten, den Machtmißbrauch zu rechtfertigen", schreibt Engelberg. „Was man als ‚demokratischen Zentralismus' ausgab, bekam in Wirtschaft, Gesellschaft und Staat mehr und mehr Züge der bürokratischen Bevormundung und des Zwanges."

Der anhaltende Reisestrom in die BRD führt zu einem rapiden Verfall des illegalen Umtauschkurses in den Westberliner Wechselstuben. An einzelnen Tagen sackt er auf ein Verhältnis von 1:20, was in der DDR zu Spekulationen über eine mögliche Währungsreform führt. Dem tritt der Präsident der Staatsbank offiziell entgegen und versichert, daß die Spareinlagen der Bevölkerung gesichert bleiben und der Staat auch künftig die Sicherheit der Bevölkerungsguthaben gewährleiste.

Mit der Zunahme der deutsch-deutschen Kontakte ergeben sich auch gravierende neue Probleme. Es ist inzwischen schier hoffnungslos, mit der anderen Seite telefonieren zu wollen. Wie Post-Hauptdirektor Willi Gülzow informiert, sind die Leitungen nach Westberlin und in die Bundesrepublik total überlastet. Der Bedarf sei in den letzten Tagen um ein Mehrfaches angestiegen. Jetzt räche sich, daß dieser Bereich über Jahrzehnte vernachlässigt worden sei.

Freitag, 17. November

Es ist der Tag der Regierungsneubildung. Sie wird mit viel Spannung erwartet, steht doch die Frage, ob vom alten Herrschaftsstil abgegangen und mit einer neuen Politik begonnen wird, soweit dies vor Neuwahlen überhaupt möglich ist. Überall laufen die Rundfunkgeräte, als der neue Premier am Vormittag seine Regierungserklärung abgibt. „Wir brauchen von denjenigen, die sich dazu bereit finden, einen Vertrauensvorschuß, und ich weiß, daß damit schon viel verlangt ist", sagt Hans Modrow in der Volkskammer. Seine Regierung werde nur das versprechen, was sie mit Sicherheit halten könne. Sie stehe für einen besseren Sozialismus: Das müßten Chancen für alle sein, sich ein Leben zu schaffen, das bunt und inhaltsreich ist, Individualität aufleben läßt und Kameradschaft ermöglicht. Politische und ideologische Toleranz seien unabdingbar. Die neue Regierung werde alles dafür tun, „damit die eben begonnene demokratische Erneuerung des gesamten öffentlichen Lebens tiefe Wurzeln bekomme und behalte", verspricht Modrow.

Auf die Zusammensetzung der Regierung eingehend, erklärt er in einem Interview: „Es ist eine Koalitionsregierung, die in gemeinsamer Diskussion entstanden ist. Ich akzeptierte die Vorschläge der anderen Parteien." Statt bislang 44 sind in der neuen Regierung nur noch 28 Ressorts vertreten. 17 Minister gehören der SED an, vier der LDPD, drei der CDU, je zwei der NDPD und der Bauernpartei. Neun dienten schon der alten Regierung. Das in den Mittelpunkt öffentlicher Kritik geratene Ministerium für Staatssicherheit wird aufgelöst und durch ein verkleinertes Amt für Nationale Sicherheit ersetzt.

In der anschließenden Aussprache setzt sich Modrow für eine Vertragsgemeinschaft mit der Bundesrepublik und für außenwirtschaftliche Stabilität ein, die er als „Überlebensfrage" bezeichnet. Die DDR sei gegenwärtig nicht in der Lage, einen Volkswirtschaftsplan und den Staatsetat für das kommenden Jahr aufzustellen. Die neue Regierung müsse erst Ein- und Ausgaben realistisch durchrechnen.

Unterdessen mehren sich die Vorschläge für Wirtschafts- und Währungsreformen: Ein Vertreter vom Akademieinstitut für Wirt-

Regierungschef Hans Modrow

schaftswissenschaften schlägt im „Morgen“ eine Reform der Währung als unverzichtbaren Bestandteil der Wirtschaftsreformen vor. Ziel müsse eine „neue, frei konvertierbare Mark der DDR mit einem stabilen Wechselkurs zu den westeuropäischen Leitwährungen“ sein. Das strebt auch die neue Wirtschaftsministerin Prof. Dr. Christa Luft an, die zuvor als Rektorin der Hochschule für Ökonomie Berlin amtierte. Das Institut für Internationale Politik und Wirtschaft plädiert für mehr Spielraum der Betriebe bei Direktgeschäften.

In der „Wirtschaftswoche“ weist der Nestor der DDR-Wirtschaftswissenschaften, Jürgen Kuzcynski, auf die gefährlichen ökonomischen Folgen der überstürzten Grenzöffnung hin: „Natürlich besteht die Gefahr, daß wir jetzt ausverkauft werden.“ Und zur Frage einer konvertiblen Währung: „Ich habe die Konvertibilität immer abgelehnt, weil ich meinte, daß wir erst ein neues wissenschaftlich-technisches Niveau erreichen müssen. Aber unter den jetzigen Umständen stehen die Dinge ganz anders. Im Moment weiß ich keine Antwort. Ich kann Ihnen nur sagen: Ich bin in Sorge um die DDR.“

Auch Rudolf Bahro, der aus der DDR vertriebene SED-Reformer, der gerade seine Rückkehr angekündigt hat, ist ernstlich besorgt. Gegenüber der „tageszeitung“ äußert er: „Das Wichtigste auf deutschem Boden ist doch heute, daß der Teil, der eine demokratisch-politische Revolution zustande gebracht hat, nicht gleich aufgesogen wird von dem ökonomisch fürchterlich überlegenen und zugleich selbstmörderischen westlichen System. Die Autonomie des politischen Prozesses in der DDR jetzt zu halten, ist das Entscheidende. Es wäre doch absurd, in dem Augenblick, wo die DDR endlich volkseigen wird, in drei oder vier Jahren den Ausverkauf bilanzieren zu müssen.“

In der gesamten internationalen Presse wird über die mögliche Zukunft der DDR nachgedacht. Theo Sommer beschäftigt sich in der „ZEIT“ speziell mit dem deutsch-deutschen Verhältnis und schreibt: „Gesetzt den Fall, die Reformen in der DDR gelängen, ein Mehrparteiensystem etablierte sich, die Wirtschaft würde entkalkt, die Herrschaft des Rechts wäre unbezweifelbar – in einem Wort: es entstünden zwischen Eisenach und Eisenhüttenstadt Verhältnisse, die denen in der Bundesrepublik glichen, wiewohl ein paar Zoll nach links versetzt: Wäre die Wiedervereinigung dann die automatische Folge?" Keineswegs. Erinnert wird an die Idee von Günter Gaus zu einer Sachkonföderation in den Bereichen Umwelt, Verkehr, Energie, Wirtschaft, einer funktionalen Einheit bei fortdauernder Teilung. „Solch ein deutsch-deutscher Kooperationsverbund dürfte nicht als teutonisches Ausscheren, als Sonderweg, als Abkehr vom Westen verstanden werden. Er müßte eingegliedert sein in einen größeren westeuropäisch-osteuropäischen Kooperationsverbund; dieser wiederum in einen amerikanisch-sowjetischen Kooperationsverbund: drei Etagen, die nicht voneinander abgetrennt wären, sondern eng miteinander verfugt, koordiniert und konzertiert. Der deutsch-deutsche Verbund wäre unser Beitrag zu einem Europa der Nähe." Diese Auffassung greift auch in der DDR mehr und mehr Raum, wird schließlich zum außenpolitischen Leitmotiv der neuen Regierung.

Am späten Nachmittag dieses Freitags kommen 10 000 Studenten aus allen Bezirken zur ersten landesweiten Demonstration nach Berlin. Neben allgemeinen Forderungen wie „Tiefenreinigung statt Wiedervereinigung" stehen spezifische Interessen im Mittelpunkt der Forderungen: die Anerkennung der mittlerweile an vielen Unis gebildeten unabhängigen Studentenräte, die Abschaffung des obligatorischen Marxismus-Leninismus-Unterrichts und umfassende Mitbestimmung in allen Universitätsangelegenheiten. Eine Studentin aus Greifswald entschuldigt sich öffentlich bei ihren chinesischen Kommilitionen für das Schweigen nach dem Massaker auf dem Platz des Himmlischen Friedens in Peking.

Bewegung kommt auch in die Parteihochschule des ZK der SED, das bisherige Zentrum altstalinistischen Denkens. Rektor Kurt Tiedke muß zurücktreten. Forderungen nach Abschaffung oder zumindest genereller Umstrukturierung der Einrichtung werden laut.

Über die entstandene organisatorische Vielfalt im Lande gibt das Innenministerium einen Zwischenbericht. Es teilt mit, daß gegenwärtig 154 Vereinigungen in der DDR bestehen. Weitere 37 Anträge lägen für die beabsichtigte Gründungen vor.

Mitglieder des Verbandes Bildender Künstler beschließen mit Unterstützung des Kulturministeriums, die Berliner Mauer nun

Studentendemonstration in Berlin für mehr Mitsprache-recht und eigene unabhängige Vertretungen

auch auf DDR-Seite großflächig zu bemalen. Bisher befand sie sich im gesperrten Grenzgebiet und war für derartige Aktionen nicht zugänglich. Einen ersten Versuch, den grauen Beton am Potsdamer Platz farbig zu verzieren, hatten Grenztruppen vereitelt, in dem sie die Bilder nachts wieder grau überstrichen. So etwas soll künftig nicht wieder vorkommen.

Sonnabend, 18. November

Vor der Volkskammer erstattet Generalstaatsanwalt Horst Wendland zum Abschluß der zweitägigen Parlamentsdebatte den Bericht über die bisherigen Ergebnisse der Überprüfung von Übergriffen der Sicherheitsorgane am 7. und 8. Oktober. „Im Spätsommer des Jahres 1989 verschärften sich innere Widersprüche in unserem Land, die von den dafür Verantwortlichen nicht rechtzeitig erkannt und gelöst wurden", stellt er darin fest. „Das Leben lehrte uns, daß politische Konflikte nicht mit dem Strafrecht gelöst werden können. Daß ich das nicht rechtzeitig genug erkannt habe, ist meine Verantwortung, für die ich einzustehen habe, auch im Sinne der Staatsanwälte, die unter meiner Leitung gearbeitet hatten. Sie wird mir nicht dadurch leichter, daß nach wenigen Tagen Maßnahmen eingeleitet wurden, die Schaden und Leid begrenzten." Insgesamt seien landesweit 3 456 Personen „zugeführt" und gegen 630 sei ermittelt worden. 296 seien kurzzeitig inhaftiert gewesen. Gegenwärtig würden 480 Anzeigen wegen Mißhandlungen und Beleidigungen überprüft. In der anschließenden, zum Teil sehr emotional geführten Debatte, wird einmal mehr deutlich, daß es sich um eine Volkskammer alter Zusammensetzung handelt. Statt hart nachzufragen und die Nöte der Betroffenen zur Sprache zu bringen, wie dies in den unabhängigen Untersuchungsausschüssen der einzelnen Städte geschieht, bescheinigen die Abgeordneten dem Generalstaatsanwalt gute Arbeit und sorgen sich vor allem um Angriffe auf Familienangehörige der alten Führung und höherer SED-Funktionäre, die in der Tat verschiedentlich vorgekommen sind.

Auf der ersten Pressekonferenz der neuen Koalition fehlt der Premier. Dazu der neue Regierungssprecher Wolfgang Meyer: Hans Modrow bitte, ihn zu entschuldigen, weil er an diesem Tag seiner Mutter in Arnstadt zum 90. Geburtstag gratulieren wolle. Meyer gibt eine in letzter Minute noch vorgenommene Umbesetzung des Bildungsressorts bekannt. Die SED-Fraktion habe den bisherigen Kandidaten, den Pioniervorsitzenden Poßner gegen Prof. Emons ausgetauscht, weil letzterer größere Sachkompetenz mitbringe.

An diesem zweiten Wochenende mit offener Grenze sind Millionen DDR-Bürger unterwegs, um nahegelegene Städte in der Bundesrepublik oder Westberlin zu besuchen. Die Züge der Reichsbahn sind zu 400 Prozent ausgelastet. Auf den Bahnhöfen kommt es zu tumultartigen Szenen. Vor den Autobahngrenzübergängen bilden sich trotz zügiger Abfertigung kilometerlange Schlangen. Es lockt nicht nur das Neue, sondern auch das Begrüßungsgeld der Bundesregierung, das neben dem Umtausch von 15,- DM pro Person und Jahr in der DDR die einzige Möglichkeit ist, legal zu Devisen zu gelangen. Vielen reicht dies noch nicht aus, da die übervollen Schaufenster allzusehr locken. Erneut fließen große Mengen der DDR-Währung in die Wechselstuben, auch wenn der Kurs mit 1:12 bis 1:20 anhaltend schlecht ist. Ministerpräsident Modrow warnt angesichts dieser Situation seine Landsleute, ihr hart verdientes Geld „im Westen nicht wegzuwerfen".

Im Innern der DDR setzt nach der Erklärung des Ministerpräsidenten Modrow und dem angekündigten Abbau des Verwaltungsapparates eine intensive Diskussion um die sozialen Konsequenzen ein. Die Gewerkschaft der Mitarbeiter der Staatsorgane und der Kommunalwirtschaft wendet sich an die Öffentlichkeit mit dem Appell, „konzeptionslose und unkontrollierte Entscheidungen" zu verhindern. Nicht zuletzt durch den Wegfall von 16 Ministerien nach der Regierungsbildung herrscht in den Büros der zentralen Verwaltungen Unruhe. Verunsicherung bei den höheren Nomenklaturkadern lösen auch Veröffentlichungen in der Presse aus, die sich mit Korruption und Amtsmißbrauch beschäftigen und dabei zuweilen auch in die Privatsphären leuchten.

Reporter der „Berliner Zeitung" recherchierten, wie sich die Führung der DDR Luxusbauten unter strikter Geheimhaltung hat errichten lassen. In „noblen Einfamilienhäusern mit sehr großen Wohnflächen" habe der VEB Spezialbau Potsdam „kanadisches

Holz, italienisches Fußbodenmosaik, westdeutsche Sanitärkeramik" verbaut. Bewohner seien unter anderem die Kinder des früheren Volkskammerpräsidenten Horst Sindermann und des ehemaligen ZK-Sekretärs für Wirtschaft Günter Mittag gewesen. „Wir bekamen einfach alles, woher auch immer", zitiert das Blatt einen ehemaligen Mitarbeiter des Betriebes, dem eigentlich die Erhaltung der Bausubstanz für die sowjetischen Truppen in der DDR obliegt. Eine Stellungnahme lehnte die Betriebsleitung mit dem Hinweis ab, sie sei zu „absoluter Geheimhaltung" verpflichtet worden.

Von kirchlicher Seite werden Bedenken gegen diese Art der Abrechnung laut, da sie Formen der Selbstjustiz provoziere: „Besorgt muß ich mich in diesen Tagen des Um- und Aufbruchs fragen, ob die oft gepriesene Menschlichkeit unserer Gesellschaft auf der Strecke bleibt. Im Namen der Wende hagelt es Anschuldigungen, Verdächtigungen, Unterstellungen, daß Luzifer seine helle Freude hätte", schreibt die christlich-demokratische „Neue Zeit" und fügt hinzu: „Um nicht mißverstanden zu werden: Wenn Mitbürger – gleich welcher beruflicher Stellung und Funktion – sich beispielsweise des Übergriffes an des Volkes Eigentum (oder wie immer wir Unredlichkeiten bezeichnen wollen) schuldig gemacht haben, sind sie zur Verantwortung zu ziehen. Aber nicht von einem Wolfsrudel, nicht von einem Hilfs-Sheriff mit locker sitzendem Colt, sondern von ordentlichen Gerichten oder demokratisch gewählten Kommissionen. Die wir auf die Straße gegangen sind, wir klagten den Rechtsstaat ein – nun sollten wir uns seiner bedienen."

Sonntag, 19. November

In Leipzig findet die erste genehmigte Kundgebung des „Neuen Forums" statt, an der sich 30 000 Menschen beteiligen. Auch in Plauen ziehen 10 000 vor das Rathaus und im thüringischen Suhl folgen etwa 5 000 dem Aufruf des „Neuen Forums". In Eberswalde-Finow sind es 7 000 Menschen. Zu den immer wiederkehrenden Forderungen gehören die nach radikalen Wirtschaftsreformen, nach Demokratisierung des politischen Lebens und dem Schutz der Umwelt. In Dresden findet eine Kundgebung von 50 000 Menschen für die Rettung der Baudenkmäler der Stadt und die Beendigung des

Ausverkaufs von nationalen Kunst- und Kulturgütern statt.

Tausende Berliner demonstrieren für freie Wahlen, eine neue Verfassung und tiefgreifende demokratische Reformen. Verschiedene Künstlergruppen hatten zu der nicht genehmigten Demonstration aufgerufen. Nach der Kundgebung legen die Teilnehmer Hunderte von Transparenten und Spruchbändern vor dem Palast der Republik, dem Sitz der Volkskammer, ab. Darauf stehen Losungen wie: „Die Mauer hat Löcher, aber die Bretter vor dem Kopf bleiben", „Wo kämen denn die Reformen her, wenn das Volk nicht auf der Straße wär" oder das provozierende „Tausche DDR gegen Mickymaus". Vor den Versammelten spricht sich Klaus Ihlau von der Initiative „Vereinigte Linke" für eine geistige Erneuerung der DDR aus. Die Umbenennung des Ministeriums für Staatssicherheit in Amt für nationale Sicherheit bedeute keine neuen Inhalte. Gefordert wird unter starkem Beifall „die Aufdeckung aller Stasi-Spitzel in den Betrieben". Der Kunstwissenschaftler Ralf Bartholomäus fordert, die neu gewählte Regierung müsse jetzt sagen, wie sie zum Staatsratsvorsitzenden Egon Krenz stehe, der „bei der Mehrheit der Bevölkerung kein Vertrauen besitzt". Die angekündigte „Wende" im Lande sei solange nicht glaubhaft, solange sie von einem unglaubwürdigen Staatsratsvorsitzenden proklamiert werde. Der sei für den Betrug bei den Kommunalwahlen am 7. Mai 1989 verantwortlich und habe Sympathien für das Massaker in Peking gezeigt.

Um diesen Stimmungen entgegenzutreten, präsentiert das DDR-Fernsehen am Abend Egon Krenz von einer ganz persönlichen Seite. In einer kurzfristig ins Programm genommenen Sondersendung, die in seinem neuen Privathaus in Berlin-Pankow aufgenommen wurde, nachdem er die Politbürosiedlung in Wandlitz verlassen hat, sichert der Staatsratsvorsitzende den Bürgern zu, daß es bei der Öffnung der Grenzen bleibe. „Ein zurück zu den alten Zuständen wird es nicht geben." Krenz erklärt, er stehe als Generalsekretär seiner Partei nur für ein Programm der Erneuerung zur Verfügung und wolle die „Wende unumkehrbar machen". Der Führungsanspruch der SED bestehe weiter, müsse künftig jedoch jeden Tag neu erarbeitet werden. Auf die Frage der Reporterin, ob er als „Wendehals" seine Überzeugung vor und nach der Amtszeit von Erich Honecker geändert habe, sagte Krenz, er sei zu Beginn der Flüchtlingswelle und der Demonstrationen im August und September von Honecker „regelrecht in Urlaub geschickt" worden. Da er – damals im Politbüro für Sicherheit zuständig – die Lage im Staat kritisch eingeschätzt habe, sei er „regelrecht deprimiert" gewesen.

Es wird mitgeteilt, daß die Nationale Volksarmee entpolitisiert werden soll. Künftig würden die Verantwortung und die Kompetenzen der SED-Parteiorganisationen klar von den staatlichen Führungsgremien getrennt werden. Auf Beschluß des Verteidigungsministeriums werden die Sekretariate der Partei in der Verwaltung der Armee sofort aufgelöst.

Die Bürgerbewegung „Demokratie jetzt" fordert eine grundsätzlichere Klärung des Problems. Zum baldestmöglichen Zeitpunkt solle ein Volksentscheid über die Abschaffung des Artikels 1 der Verfassung stattfinden, in dem der Führungsanspruch der SED festgeschrieben ist.

Montag, 20. November

Der liberaldemokratische „Morgen" spricht der einst als umfassendste Volksbewegung bezeichneten Nationalen Front die Legitimation ab, Basis für die Veränderungen zu sein. „Längst ist eine neue unüberhörbare und unübersehbare Volksbewegung entstanden, die Überkommenes hinwegfegt und spontan ihren Platz in der politischen Landschaft der DDR eingenommen hat."

Nach einer Stichproben-Befragung des Dortmunder Meinungsforschungsinstituts FORSA unter 2 180 DDR-Bürgern an sechs Grenzübergängen würde die Bürgerbewegung „Neues Forum" bei Wahlen zum gegenwärtigen Zeitpunkt als stärkste politische Kraft in die Volkskammer einziehen. Das „Neue Forum" könnte danach mit 22 Prozent der Stimmen rechnen, die LDPD mit 15 Prozent, nur 14 Prozent entfielen danach auf die SED, die CDU käme auf 12, die SDP auf 10. Die Bauernpartei müßte sich mit 3 Prozent der Stimmen, die NDPD mit nur 2 Prozent begnügen.

Auf die Situation in der gegenwärtigen Volkskammer eingehend, macht die Zeitung „Junge Welt" auf einen makabren Zustand aufmerksam. In Erinnerung an die qualvollen Auszählungsprozeduren bei den letzten Abstimmungen verweist sie darauf, daß der Plenarsaal der Volkskammer seit 1976 (!) über eine Anlage verfügt, mit der jeder Abgeordnete von seiner Bank aus per Knopfdruck abstimmen könnte. Könnte, weil sie seitdem unter Verschluß gehalten wird. An den neuen Volkskammerpräsidenten gewandt, heißt es: „Herr Maleuda, wäre nicht auch das eine Wende wert – der besseren Übersicht wegen?"

Eine zumindest personelle Wende vollzieht die „Gesellschaft für deutsch-sowjetische Freundschaft" (DSF). Ihr 79jähriger Präsident Erich Mückenberger (SED) erklärt seinen sofortigen Rücktritt. Er habe trotz besten Willens „der Sache der Freundschaft mit der Sowjetunion geschadet und die Bedeutung von Perestroika und Glasnost für die DDR verkannt", begründet er seinen Schritt.

Zentraler Punkt der öffentlichen Debatte wird immer mehr die Frage der künftigen Wirtschaftspolitik und der Außenhandelsbeziehungen. Anlaß sind die von BRD-Kanzleramtsminister Seiters genannten sieben Vorbedingungen für ein wirtschaftliches Engagement der Bundesrepublik: 1.) freie Wahlen, 2.) Zulassung oppositioneller Parteien, 3.) Aufgabe des SED-Führungsanspruchs, 4.) Einführung marktwirtschaftlicher Mechanismen, 5.) Einrichtung eines Devisenfonds für DDR-Reisende, 6.) Abschaffung des Pflichtumtausches, 7.) Reiseerleichterungen für BRD-Bürger.

Ministerpräsident Modrow legt ein Memorandum vor, wonach die neue Regierung für eine engere Zusammenarbeit mit der Europäischen Gemeinschaft eintritt. Erstmals wird auch eine politische Kooperation in Aussicht gestellt. Die DDR sei im Kontext eigener Interessen zur Förderung gesamteuropäischer Prozesse bereit. Sie wolle ihre Beziehungen zur EG „zügig, kooperativ und konstruktiv" entwickeln.

Der Berliner Wirtschaftswissenschaftler Helmut Voigt spricht sich beim ersten öffentlichen Podiumsgespräch in Vorbereitung des SED-Sonderparteitages sogar für eine „feste Verklammerung" der DDR mit der bundesdeutschen Wirtschaft aus.

General a. D. Markus Wolf macht auf die enormen ökonomischen Probleme aufmerksam, die mit der Öffnung der Grenzen entstanden sind. In einem Interview mit dem Hamburger Nachrichtenmagazin „Der Spiegel", erklärt er: „Ich hätte mir gewünscht, daß ein solcher Schritt als Zeichen der Beendigung des Kalten Krieges und als Zeichen, daß die Entmündigung des Bürgers vorbei ist, am Ende eines von der politischen Führung meines Landes gesteuerten Prozesses gestanden hätte. Auf die wirtschaftlichen Folgen der offenen Westgrenzen ist bei uns niemand vorbereitet." Er beneide seinen „guten Freund" Hans Modrow nicht angesichts der Unmenge an zu bewältigenden Aufgaben.

An diesem Tag wird bekannt, daß seit Anfang November fast 100 000 DDR-Bürger in die Bundesrepublik übergesiedelt sind.

Zur Gesundung der Wirtschaft seien in den nächsten Jahren finanzielle Mittel im Umfang von bis zu einer Billion Mark notwendig, weshalb der Sprecherrat des „Neuen Forum" Rostock, dem sich rund 1 700 Personen angeschlossen haben, für die Abschaffung der Armee plädiert. In einem Aufruf sprechen sie sich für eine „entmilitarisierte DDR" aus. Bestehen bleiben sollen Polizei, Grenz- und Zolldienst sowie eine Antiterror- und eine Spionageabwehreinheit.

Den ersten Aufruf zur Unterstützung des „Neuen Forums" vom September haben inzwischen 200 000 Personen unterschrieben. Wie es in einer Pressemitteilung der Gruppe heißt, wird im Januar ein Koordinierungstreffen in Leipzig stattfinden, um Programm und Statut zu erarbeiten. Dem soll möglichst bald die offizielle Gründungskonferenz folgen.

Am Abend demonstrieren wieder Hunderttausende. Allein in Leipzig werden rund eine Viertelmillion Teilnehmer der traditionellen Montags-Demonstration gezählt. Sprecher werfen der SED vor, das Volk „30 Jahre betrogen und belogen" zu haben. „Eine Schlange häutet sich, aber sie bleibt eine Schlange", lautet ein Spruchband. Zugleich lehnt ein Sprecher des „Neuen Forums" die Wiedervereingung beider deutscher Staaten ab. „Ich halte das für eine kurzsichtige Angelegenheit. Die Zäune und Mauern müssen fallen. Aber wir wollen nicht das Armenhaus Großdeutschlands werden." Diesmal tauchen aber auch massiv andere Töne auf: „Ich bin Werkzeugmacher und heiße Hans Teschnau", stellt sich ein Redner vor. Er habe vierzig Jahre Sozialismus ertragen und keine Lust mehr auf neue Varianten. „Keine Experimente mehr! Wir sind keine Versuchskaninchen!" lautet seine Losung. Vor der Tür gäbe es schließlich ein funktionierendes Gegenmodell. Freie Marktwirtschaft und Wiedervereinigung seien der einzige Ausweg. Die Reaktion ist eindeutig: langer Beifall und Sprechchöre: „Deutschland einig Vaterland". Immer wieder skandiert die Menge auch „Freiheit, Freiheit" und „Wir sind das Volk".

In Halle fordern ebenfalls 50 000 Menschen freie Wahlen und die „unumkehrbare Erneuerung der gesellschaftlichen Prozesse". Auch der neugewählte SED-Bezirkschef Roland Claus läuft an der Spitze des Demonstrationszuges, versichert aber öffentlich, daß die SED die Demonstranten nicht für ihre Zwecke vereinnahmen wolle. Auch in Dresden, Cottbus, Schwerin, Magdeburg und Neubrandenburg gehen Zehntausende auf die Straße.

In Karl-Marx-Stadt schlägt ein Vertreter des „Neuen Forums" den 50 000 Demonstranten die Bildung einer Menschenkette quer durch das ganze Land vor. „Bilden wir am kommenden Sonntag um 12 Uhr eine Menschenkette vom Fichtelberg nach Kap Arkona, von der Wartburg bis zur Neiße. Mit dieser Menschenkette wollen wir die alten Zeiten am Totensonntag zu Grabe tragen, damit wir an die Arbeit gehen können für eine neue Zukunft."

Dienstag, 21. November

In aller Frühe taucht Ministerpräsident Hans Modrow unangemeldet im Berliner Großbetrieb Elektro-Apparate-Werke (EAW) auf, um sich ein reales Bild vom Stand der Produktion zu verschaffen und die Stimmung unter den Kollegen kennenzulernen. 1961 hatte er hier als Planungsfachmann gearbeitet. Im Gespräch mit Produktionsarbeitern, die ihre Sorgen über einen möglichen Ausverkauf des Landes kundtun, kündigt er Maßnahmen gegen Schmuggel und Zollvergehen an. Es sei auch mit unpopulären Maßnahmen zu rechnen. Die subventionierten Preise in der DDR verführten zur Spekulation. Dies dürfe nicht zugelassen werden. Bevor grundsätzliche Umgestaltungen in diesem Bereich möglich seien, müßten Sofortmaßnahmen ergriffen werden.

Die Gewerkschaftszeitung „Tribüne" macht Hintergründe deutlich: Mehr als vier Fünftel der tatsächlichen Kosten für die Herstellung oder den Import von Lebensmitteln werden in der DDR vom

Staat getragen. Allein in diesem Jahr schießt der Staat 33,1 Milliarden Mark zu und trägt 84 Prozent der tatsächlichen Kosten. Schnittfeste Salami beispielsweise, die für 10,80 Mark das Kilo über die Ladentheke gehe, bekäme vom Staat 13,99 Mark Zuschuß.

Der liberaldemokratische „Morgen" bescheinigt der Regierung Modrow, „nach volkstümlichem Sinn zu regieren". Das Blatt schreibt: „Das heißt nie und nimmer, jemandem, und sei es Gruppen, nach dem Munde zu reden, sondern in der unerbittlich harten Gegenwart zu stehen, ihren Problemen fest in die Augen zu sehen und die Wahrheiten, auch die unpopulären, offen auszusprechen. Uns helfen keine Verheißungen und schon gar keine Parolen. Nichts ist wichtiger, als alle Kräfte zusammenzuführen, um in Fleiß und mit Beharrlichkeit in Selbstvertrauen und mit Verantwortungsbewußtsein die Krise zu überwinden, Besseres für uns alle zu bewirken, statt uns auseinanderdividieren zu lassen."

Die nationaldemokratische „National-Zeitung" fordert zur gleichen Zeit Staats- und Parteichef Egon Krenz auf, zu seiner Vergangenheit Stellung zu nehmen. Krenz, der als früherer Vertrauter des Amtsvorgängers Erich Honecker gilt, könne mit Schweigen „verlorenen Boden nicht wieder gut machen". Das Blatt erinnert Krenz daran, daß er in der Bevölkerung keinen Vertrauensvorschuß besitze. Dieser Bonus sei überhaupt nur zu erringen, wenn er rückhaltlos zu der jüngsten Vergangenheit Stellung nehme. „Die Zeit von Glasnost verlangt vor allem Ehrlichkeit."

Volkskammerpräsident Günter Maleuda hält öffentliche Prozesse gegen den entmachteten früheren Staats- und Parteichef Erich Honecker und den Wirtschaftssekretär Günter Mittag für möglich. Nach einer öffentlichen Parlamentsdebatte schließe er solche Prozesse nicht aus, sagte Maleuda, der auch Vorsitzender der Demokratischen Bauernpartei (DBD) ist.

Die in Rostock erscheinenden „Norddeutschen Neuesten Nachrichten" teilen Einzelheiten über das „Erholungsgrundstück" des Chefs der Staatlichen Plankommission und SED-Politbüromitglieds Gerhard Schürer mit. Die Kosten gibt das Blatt mit etwa 1,5 Millionen Mark an. Extra wegen Schürer sei Wild in dieser Gegend angesiedelt und „der gesamte östliche Zipfel der Rostocker Heide für das Volk gesperrt" worden.

Das Justizministerium rehabilitiert den früheren Rechtsanwalt Götz Berger. Er hatte den Oppositionellen Robert Havemann verteidigt und sich für den ausgebürgerten Liedermacher Wolf Biermann eingesetzt. Daraufhin war ihm vom Kreisgericht Fürstenwalde 1976 die Zulassung als Anwalt entzogen worden.

Rechtsstaatlichkeit ist auch zentrales Thema eines Gesprächs von Vertretern des „Neuen Forums“ mit dem neuen SED-Chef des Bezirks Karl-Marx-Stadt, Norbert Kertscher, das beide Seiten als „aufrichtig und ehrlich“ bewerten. In dem zweieinhalbstündigen Meinungsaustausch ging es zugleich um Fragen der Verfassungsänderung, des neuen Wahlgesetzes sowie der Rechtssicherheit. Die Abordnung des „Neuen Forums“ verlangt, daß die eingeleiteten Reformen nicht bei „Fassadenveränderungen“ stehenbleiben, sondern daß alte Strukturen und Positionen radikal verändert werden.

Der neue SED-Bezirkssekretär von Halle, Roland Claus, kritisiert im „Neuen Deutschland“ die Unentschlossenheit seiner Partei-Führung. „Offenbar ist der Kampf um die Erneuerung in der Zentrale noch nicht ausgestanden. Die zögernde und zaghafte Linie der 9. ZK-Tagung hat uns nicht geholfen.“ Auf die Frage, ob auch SED-Mitglieder im „Neuen Forum“ mitwirken könnten, antwortet der Funktionär: „Warum nicht, solange sich das ‚Neue Forum‘ nicht als Partei konstituiert. Viele Genossen stehen ihm aufgeschlossen gegenüber, von dort kommt Interessantes. Für mich ist es nicht eine Frage der Taktik, daß ich mich diesen neuen Bewegungen stelle.“

Die Oppositionsgruppe „Demokratie jetzt“ lädt alle demokratischen Parteien und Bewegungen der DDR an einen „Runden Tisch“ ein, um zu einem abgestimmten Handeln zu kommen. „Demokratie jetzt“-Mitglied Gerhard Weigt erklärte, die Gruppe wolle mit ihrem Vorstoß erreichen, daß das Bemühen um die Erneuerung der DDR koordiniert werde. Als erste Partei nimmt die LDPD die Einladung an. Ihr Parteivorsitzender Manfred Gerlach meint, es gehe um die Unterstützung der positiven Ansätze im Regierungsprogramm von Ministerpräsident Hans Modrow „durch eine erweiterte, differenzierte Interessen artikulierende politische Struktur“.

Als neue Interessengruppe soll die „Grüne Liga“ entstehen, zu deren Gründung an diesem Tag die Potsdamer Arbeitsgruppe Umweltschutz und Stadtgestaltung beim Kulturbund „Arguis“ aufruft. Ziel sei eine gemeinsame Dachorganisation zur Rettung der natürlichen Lebensgrundlagen, zur Stimulierung alternativer Denk- und Verhaltensweisen und zur Überwindung des ökologischen Handlungsdefizits.

Die wirtschaftspolitische Debatte erhält neue Nahrung durch eine Ankündigung der Staatlichen Plankommission: Die DDR wird künftig alle Planvorgaben drastisch zugunsten einer größeren Eigenverantwortlichkeit der Betriebe und Territorialeinheiten reduzieren. Örtliche Verwaltungen werden einen Globaletat erhalten und könnten dann eigenverantwortlich über dessen Verwendung entscheiden.

Der Präsident der Staatsbank Horst Kaminsky spricht sich dafür aus, neben den Betrieben auch den Banken wirtschaftliche Unabhängigkeit zu gewähren. Nach seinen Angaben haben die Kreditinstitute des Landes derzeit Rücklagen in Höhe von 250 Milliarden Mark. Diesen stehen 150 Milliarden an Finanzierungskrediten gegenüber. 570 Milliarden an Gebäude-, Maschinen- und Anlagenwerten stünden 60 Milliarden Mark Investgüterkredite gegenüber. Das Geld- und Kreditvolumen sei in vollem Umfang durch die Leistung der Volkswirtschaft gedeckt, versicherte Kaminsky in einem Interview mit der „National-Zeitung“.

Vor den Veränderungen in der Wirtschaft werden Schritte im geistigen und politischen Bereich spürbar: Die Generaldirektion des Museums für Deutsche Geschichte in Berlin teilt mit, daß die ständige Ausstellung „Sozialistisches Vaterland DDR“ in den Abschnitten 1949 bis 1988 vorübergehend geschlossen wird. Sie müsse grundlegend überarbeitet werden.

Die „Junge Welt“, das FDJ-Zentralorgan, das lange Zeit durch besonders militante Artikel gegen Andersdenkende aufgefallen war, wechselt seine Chefredaktion aus. An die Spitze kommt mit Jens König ein 25jähriger Redakteur, der gerade zwei Jahre zuvor sein Journalistikstudium beendet hat.

Mittwoch, 22. November

Auch die SED befürwortet einen Runden Tisch. Das Politbüro stimmt einem Vorschlag zu, gemeinsam mit den Parteien des

Demokratischen Blocks und anderen politischen Gruppen des Landes Kontakt auf höchster Ebene aufzunehmen. Der Sprecher der Gruppe „Demokratischer Aufbruch", Pfarrer Rainer Eppelmann, begrüßt die Bereitschaft der SED als „gutes Zeichen". Zustimmung auch durch Jutta Seidel vom „Neuen Forum".

Die LDPD spricht sich dafür aus, in der DDR im Zuge von Verfassungsänderungen wieder das Amt eines Staatspräsidenten einzuführen. Erster und bislang einziger Präsident war der überaus populäre Wilhelm Pieck (SED). Nach dessen Tod 1960 wurde das Präsidentenamt in den Staatsrat umgewandelt.

In Westberlin erhält der Wittenberger Pfarrer Friedrich Schorlemmer, Mitbegründer der Gruppe „Demokratischer Aufbruch", die Carl-v.-Ossietzky-Medaille der Internationalen Liga für Menschenrechte. Sie wird ihm stellvertretend für die Demokratiebewegung in der DDR verliehen, die seit langem zu gewaltfreien Lösungen gesellschaftlicher Konflikte beigetragen habe.

Vor dem parlamentarischen Ausschuß der Volkskammer zur Untersuchung von Übergriffen der Sicherheitsorgane am 7. und 8. Oktober behauptet der Berliner Generalstaatsanwalt Dieter Simon, die verantwortlichen Staatsanwälte hätten von Übergriffen nichts gewußt. Kommissionsmitglieder sprachen in diesem Zusammenhang von „Verschleppungs- und Verschleierungstaktik". Schockierend empfinden sie die Bemerkung Simons, es hätte an beiden Tagen „noch schlimmer kommen können".

In Berlin wird gegen einen Polizisten aus Prenzlauer Berg Anklage wegen schwerer Körperverletzung erhoben, da er einen „zugeführten" Demonstranten die Treppe im Polizeirevier heruntergestoßen haben soll. Insgesamt wurden bis zu diesem Zeitpunkt 76 Ermittlungsverfahren gegen Sicherheitsangehörige eingeleitet, 43 davon gegen Unbekannt. Es geht insbesondere um Delikte wie vorsätzliche Körperverletzung, Nötigung und Beleidigung.

Der neue Verteidigungsminister Theodor Hoffmann erklärt zur Forderung der Rostocker Gruppe des „Neuen Forum" nach Entmilitarisierung der DDR, der Schutz nach außen müsse erhalten bleiben und die Volksarmee müsse auch ihre Pflichten im Rahmen des Warschauer Paktes erfüllen. Daher sei eine vollständige Auflösung der Nationalen Volksarmee derzeit nicht möglich.

Während sich in Berlin der parlamentarische Untersuchungsausschuß zur Überprüfung von Amtsmißbrauch und Korruption konstituiert, werden Reporter der „Jungen Welt" von Sicherheitskräften festgesetzt, als sie versuchen, sich Zugang zur abgeriegelten Politbüro-Siedlung in Wandlitz zu verschaffen. Die Zeitung hatte viele Leserbriefe mit der Bitte erhalten, „den schwindelerregenden Stories" darüber auf den Grund zu gehen. Ähnlich ergeht es auch einem Fernsehteam beim ersten Anlauf.

Auf Drängen von Soziologen und Medienwissenschaftlern werden an diesem Tag die Fernseh-Einschaltquoten veröffentlicht. Zu den Spitzenreitern gehören die Nachrichtensendung „Aktuelle Kamera" sowie Live-Übertragungen von gesellschaftlichen Ereignissen der letzten Wochen wie der Demonstration vom 4. November in Berlin.

Große Resonanz auch für eine Veranstaltung in der Berliner Galerie „Prisma Kunst und Literatur". Hier signiert der Schriftsteller Stefan Heym sein soeben im Verlag „Der Morgen" erschienenes Buch „5 Tage im Juni". Das vor mehr als 30 Jahren entstandene Werk durfte bisher nicht in der DDR verlegt werden und reflektiert authentisch die Hintergründe des 17. Juni 1953.

Anhaltende Diskussionen gibt es zum Massenabkauf subventionierter Waren durch Ausländer, vornehmlich aus dem Nachbarland Polen. Seit dem in West-Berlin ein sogeannter Polen-Markt existiert und dort auch verstärkt Produkte aus der DDR angeboten werden, wächst die Empörung unter der DDR-Bevölkerung, da auch hier viele Waren knapp sind. Deutlich nationalistische Töne sind mancherorts zu hören. Die „Berliner Zeitung" greift dies auf: „Nur ein hohes Niveau der Volkswirtschaften Polens und der DDR wird Schmuggeln, Horten, Schieben, Hamstern beseitigen. Aber das ist Zukunftsmusik. Gefragt sind schnelle Entscheidungen jetzt. Gewiß, dies ist nicht einfach, auch völkerrechtlich nicht. Die DDR ist Transitland zwischen Polen und der BRD bzw. Westberlin. Was würde uns berechtigen, diese Wege zu unterbrechen? Denn auch DDR-Bürger schmuggeln, und nicht zu knapp. Dennoch müssen jetzt konkrete, vielleicht zeitweilige Schritte getan werden."

Mit den Forderungen nach Wiedervereinigung bei der jüngsten Montags-Demonstration in Leipzig setzt sich die „Tribüne" auseinander. „Dort und in anderen Städten haben zunächst mutige Menschen eine Umgestaltung in der DDR auf die Tagesordnung gesetzt. ‚Wir sind das Volk' und ‚Wir bleiben hier' waren in meinen Augen nicht nur irgendwelche Losungen. Vielmehr drücken sie deutlich aus, wer die Erneuerung fordert und wo sie stattfinden soll (...) Nicht Verzweiflung, bestimmt jedoch Zweifel sind angebracht, um wach zu bleiben für die vielen Schwierigkeiten. Über eines sollte auf keinen Fall Illusionen verbreitet werden: Keiner will und kann uns diese Aufgabe abnehmen. Genau dies scheint sich aber mancher von der Wiedervereinigung zu erhoffen."

Donnerstag, 23. November

Der Ministerrat beschließt Maßnahmen gegen Schieber und Spekulanten. Danach ist ab sofort der Verkauf bestimmter Waren nur noch an DDR-Bürger und an Ausländer, die im Lande leben und arbeiten, gestattet. Bei hochsubventionierten Waren kann auch die Vorlage des Personalausweises gefordert werden. Diese Praxis bestand schon einmal Anfang der fünfziger Jahre in Berlin. Die Regierung versuchte damals, die Auswirkungen der offenen Grenze auf dem Handelssektor zu begrenzen. Westberliner hatten angesichts des günstigen Umtauschkurses und der relativ niedrigen Preise im Ostteil der Stadt Vorteile aus dem Währungsgefälle gezogen und durch Masseneinkäufe das Warenangebot weiter verknappt. Auch bei Dienstleistungen nutzten die Westberliner die Umtauschvorteile weidlich aus. Ähnliche Probleme stehen nun wieder. Seit der Öffnung der Grenze am 9. November sind annähernd drei Milliarden DDR-Mark illegal nach Westberlin und in die Bundesrepublik geschafft worden, ist offiziell zu erfahren. Die Bürgerbewegung „Neues Forum" appelliert aus diesem Anlaß an alle Landsleute, die offenen Grenzen nicht für Schiebereien und Spekulationen zu mißbrauchen. „Beteiligt Euch nicht am Ausverkauf unseres Landes", heißt es in dem Appell. „Nehmt keine Schwarzarbeit auf, verkauft keine Kunstwerke und subventionierte Waren, tauscht keine DDR-Mark zum Schwindelkurs – die gleiche DDR-Mark kauft uns später die Regale leer".

„Für mich ist der einzige Weg, um die offene Grenze in eine positive Richtung zu wenden, dies als Chance zu begreifen", erklärt Dr. Rainer Land von der Humboldt-Universität Berlin, der als Mitglied des Forschungsprojekts „Grundlagen einer modernen Konzeption des Sozialismus" als einer der Vordenker der neuen SED-Politik gilt, gegenüber der Westberliner „tageszeitung". „Das Problem ist, daß wir uns in der DDR wirklich in einer offenen geschichtlichen Situation befinden. Im Moment kommt es darauf an, daß ein gesellschaftlicher Entscheidungsprozeß in Gang kommt, der kurzfristig eine bestimmte Grundrichtung einschlagen muß. Und da gibt es unterschiedliche Möglichkeiten." Land spricht sich für eine demokratische, ökologisch orientierte sozialistische Entwicklung aus und setzt sich für klare Eigenstaatlichkeit ein.

Die National-Demokraten wollen dagegen den Gedanken einer Konföderation beider deutscher Staaten wiederbeleben. Dies könnte nach Ansicht der „National-Zeitung" eine mögliche innen- und außenpolitische Zielsetzung der DDR und der BRD sein. Das Blatt erinnert in diesem Zusammenhang an Vorschläge der DDR-Regierung für eine Konföderation, die 1957 von Bonn abgelehnt wurden.

In diesem Zusammenhang gewinnt auch die alte Diskussion um die Territorialgliederung der DDR neue Bedeutung. Die „Berliner Zeitung" spricht sich an diesem Tag erstmals für die Wiedereinführung der alten Länderstrukturen aus. Die kulturell-territorialen, weil historisch gewachsenen Unterschiede in der Bevölkerung bestünden noch immer. „Dieser sich in freundlichem und zuweilen auch ernstem Lokalpatriotismus ausdrückende Unterschied sollte eigentlich produktiv zu machen sein. Ich könnte mir schon einen für alle gewinnbringenden Wettstreit zwischen den Sachsen und Mecklenburgern vorstellen, wessen ‚Ländle' das schönere sei. Die Anhaltiner, Thüringer und Brandenburger würden da sicher nicht nachstehen wollen", meint der Kommentator.

Mit klaren Forderungen meldet sich auch die CDU zu Wort. Sie verlangt freie Wahlen bis spätestens Mitte 1990. Bis dahin müßte auch ein neues Wahlgesetz geschaffen sein, das freie Entscheidungen zwischen Personen, Parteien und Programmen ermögliche und gleiche Bedingungen im Wahlkampf sichere. Durch einen Volksentscheid solle außerdem eine neue Verfassung verabschiedet werden, die frei ist vom festgeschriebenen Führungsanspruch der SED.

Unterdessen versucht die SED, die Erneuerung innerhalb der Partei voranzutreiben und auf Regierungsebene den Forderungen der Massen Rechnung zu tragen. Die Zentrale Parteikontrollkommission gibt den Ausschluß des früheren Wirtschaftsverantwortlichen im ZK Günter Mittag aus der Partei bekannt. Der Vorsitzende der Kommission, Werner Eberlein, informiert darüber, daß außerdem ein Parteiverfahren gegen Erich Honecker eingeleitet worden sei. Dessen gesundheitlicher Zustand lasse jedoch derzeit keine Aussprache zu.

Der Leiter des neugeschaffenen Amtes für Nationale Sicherheit, Generalleutnant Wolfgang Schwanitz, kündigt an, daß der Geheimdienst um 8000 Mitarbeiter verkleinert werde. Befragt nach den Fehlern der Vergangenheit, räumt Schwanitz gegenüber dem „Neuen Deutschland" ein: „Die wichtigste Ursache für den Vertrauensschwund lag in der falschen politischen Grundorientierung für die Arbeit der Staatssicherheit. Wachsende Widersprüche in der Gesellschaft sollten mit immer umfangreicheren administrativen Maßnahmen zugedeckt werden. Das drückte sich auch in dem Bestreben aus, alles wissen zu wollen."

Gänzlich unkooperativ erweist sich die Staatssicherheit bei dem Versuch, die Hintergründe für das gewaltsame Vorgehen der Sicherheitskräfte am 7. und 8. Oktober aufzuhellen. Der Direktor der Sektion Theologie der Humboldt-Universität, Prof. Heinrich Fink, erklärt gegenüber der „Berliner Zeitung", er fühle sich als Mitglied des Untersuchungsausschusses zur Aufklärung der Übergriffe „fatal an die drei Affen erinnert, die nichts sagen, hören und sehen". Prof. Fink, der selbst von Schlagstockeinsätzen betroffen war, bedauert die Zurücknahme der Zusage von SED-Politbüromitglied Günter Schabowski, bei der Aufklärung der Vorgänge behilflich zu sein.

Am Abend wird im Berliner Kino „International" der vor über 20 Jahren von der Parteiführung verbotene Film „Spur der Steine" von Frank Beyer aufgeführt. Zu dieser Premiere erscheint auch Egon Krenz und begrüßt den Hauptdarsteller Manfred Krug, der erstmals seit 13 Jahren wieder in der DDR ist. Nach der Vorstellung

Verspätete Premierenfeier für „Spur der Steine“: Barbara Dittus und Manfred Krug

erinnert Krug an die schlimmen Methoden, mit denen der Film 1966 aus den Kinos geholt wurde. Krawallbrigaden wurden bestellt, die die Vorführungen störten und gegen Andersdenkende vorgingen. „Ich habe damals den ersten Hieb auf die Birne gekriegt. Es war der erste wirkliche Einbruch mit meiner DDR." Beim anschließenden Pressegespräch sagt Regisseur Frank Beyer: „Wenn ich mich frage, warum diese Verhältnisse bis vor wenigen Wochen aufrechterhalten werden konnten, fallen mir drei Gründe ein: 1. Die sowjetischen Panzer im Lande. Diese Panzer stehen zwar schon mehrere Jahre nicht mehr als Unterdrückungspotential zur Verfügung, nämlich seit sich Glasnost und Perestroika in der SU durchsetzten, aber es mußte wohl eine Zeitlang vergehen, bis das Volk die neuen Möglichkeiten begriff, Demokratie zu erzwingen. 2. Weil es Antifaschisten waren, die den Sozialismus stalinistischer Prägung bei uns eingeführt haben. Man hätte Antifaschisten bekämpfen müssen, um den Stalinismus zu bekämpfen. Das wollten viele nicht. Es gibt einen großen Respekt im Land vor denjenigen, die viele Jahre ihres Lebens in der Emigration oder in Gefängnissen und Lagern verbringen mußten. Dieser Respekt sollte auch aufrechterhalten werden, bei aller notwendigen Diskussion über tiefgreifende Veränderungen im Lande. 3. Jeder, auch der kleinste Auflehnungsversuch, wurde vom Machtapparat sofort unterbunden. Das Protestpotential wurde immer wieder, wenn es sich auch nur im Ansatz zeigte, zerstreut: Wer sich auflehnt, wird isoliert, aus dem Lande gedrängt, ausgebürgert."

„Nach offener, kritischer und selbstkritischer Diskussion" faßt die Vollversammlung des Berliner Schriftstellerverbandes den Beschluß, den 1979 verfügten Ausschluß der Autoren Kurt Bratsch, Adolf Endler, Stefan Heym, Klaus Poche, Klaus Schlesinger, Rolf Schneider, Dieter Schubert und Joachim Seyppel aufzuheben und für „nicht wieder gut zu machendes Unrecht" um Entschuldigung zu bitten.

In Erfurt demonstrieren wieder 10 000 Menschen. Bei einer Kundgebung sprechen sich Redner für die Transparenz aller Vorgänge in Politik und Wirtschaft aus. Gefordert wird auch, den Verfassungsartikel 1, also die Festschreibung der Führungsrolle der SED, aufzuheben. Die Betriebsgruppen der SED sollten aufgelöst werden und alle Parteien gleiche Betätigungsmöglichkeiten erhalten. Eine grundlegende Demokratisierung wird angemahnt.

Freitag, 24. November

SED-Generalsekretär Egon Krenz, zugleich Vorsitzender des Staatsrates, kündigt im „Neuen Deutschland" an, daß die SED ihren Führungsanspruch aus der Verfassung streichen lassen werde. Damit erfolgt abermals ein Zugeständnis an die Volkskräfte, die sich mit halbherzigen Versprechungen nicht abspeisen ließen und regelmäßig weiter demonstrierten. Noch immer hat die bestehende Führung zu keinem eigenen Handlungskonzept gefunden, läuft sie den Ereignissen hinterher. Egon Krenz erhält bei einer Umfrage nach dem beliebtesten Politiker der DDR ganze 9,6 Prozent der Stimmen, für ein Staatsoberhaupt nicht gerade schmeichelhaft. Wesentlich beliebter ist dagegen Premier Hans Modrow, für den sich 42 Prozent der Befragten aussprachen. Seine ruhige Sachlichkeit, frei von Phrasen und falschen Versprechungen, erweckt Vertrauen und Sympathie. (33 Prozent geben allerdings an, derzeit gar keinen Politiker sympathisch zu finden.)

Strittig ist nach wie vor die Rolle von Egon Krenz während der Auseinandersetzungen rund um den 40. Jahrestag der DDR. „Über das, was am 9. Oktober in Leipzig geschah, liegt wie über vielen wirklich historischen Daten dichter Nebel. Klar ist bisher nur: Dieser Tag war der Wendepunkt der Wende", urteilt die Westberliner „tageszeitung". Zur Zeit versuche die SED, durch Zeitungsartikel den Eindruck zu erwecken, Egon Krenz habe durch beherztes Eingreifen vor Ort ein neues Massaker verhindert. Recherchen der „taz" in Leipzig, die Befragungen von Zeugen und Beteiligten hätten jedoch ein anderes Bild ergeben: „Krenz ist weder am 9. Oktober in Leipzig gewesen noch hat er rechtzeitig eingegriffen. Als Krenz reagierte, war schon alles vorbei. Wenn es in Leipzig nicht zu einer ‚chinesischen Lösung' der ‚konterrevolutionären Umtriebe' gekommen ist, so liegt es an der Eigeninitiative von drei unteren Bezirkssekretären, drei Künstlern – und dem Mut der Leipziger. Wäre es zu Schießereien gekommen, hätte Krenz die Schuld auf die alte Garde geschoben und sich zum Wandlitzer

Gorbatschow erklärt; als sich jedoch zeigte, daß die Leipziger Demo friedlich verlaufen würde, erteilte er gerade noch rechtzeitig seinen Segen, um sich als heimlicher Dirigent der Wende in die Geschichtsbücher zu schmuggeln."

Die Ereignisse in Berlin am 7. und 8. Oktober sind Gegenstand eines öffentlichen Prozesses gegen den Volkspolizisten Horst L., dem der Staatsanwalt schwere Körperverletzung zur Last legt. Viele seiner Kollegen sind im Saal und vernehmen, daß der Angeklagte sein Geständnis widerruft. Er habe das Opfer weder die Treppe hinuntergestoßen, noch geschubst. Befragt nach seinem Sinneswandel, sagt er: „Ich stand bei den Vernehmungen unter massivem psychischen Druck". Außerdem sei er in Gesprächen mit anderen zu dem Schluß gekommen, „daß es sowieso keinen Zweck hat". Da rufen seine Kollegen in den Saal: „Sag doch endlich, daß sie uns verraten haben..." Das Gericht verurteilt Horst L. zu einem Jahr und zwei Monaten Haft ohne Bewährung und zur Zahlung von Schadenersatz. Der Verteidiger beantragt Revision.

Am Nachmittag setzt erneut eine große Reisewelle gen Westen ein. Die Reichsbahn stellt Sonderzüge bereit. Vor den Filialen der Staatsbank bilden sich weiterhin Schlangen, um die möglichen 15 DM im Wert von 1:1 umzutauschen. Wie Staatsbankpräsident Kaminsky mitteilt, haben seit Öffnung der Grenzen 12,8 Millionen DDR-Bürger 200 Millionen DM auf diese Weise bei der Staatsbank erworben. Das Geld – vor allem in kleinen Scheinen – habe mit Lastwagen von der Westberliner Landeszentralbank abgeholt werden müssen.

Diskutiert wird derweil die Bildung eines gemeinsamen Devisenfonds, in den die DDR und die Bundesrepublik gemeinsam einzahlen und aus dem künftig Reisezahlungsmittel gegen einen geeigneten Umtauschkurs zur Verfügung gestellt werden sollen. Nach Presseberichten gibt es aber von seiten der Bundesregierung noch Vorbehalte. Es seien noch nicht genug Vorbedingungen erfüllt, die Reformen seien noch nicht weit genug vorangetrieben worden. In diesem Zusammenhang wenden sich die Gewerkschaftsvertrauensleute des Deutschen Theaters Berlin mit einem Brief an Bundeskanzler Kohl: „Mit zunehmender Verärgerung beobachten wir Ihren Einsatz für Demokratie in der DDR, hören wir Ihren Ruf nach freien Wahlen in unserem Land, von denen Sie wirtschaftliche Zusammenarbeit abhängig machen wollen. Das Volk der DDR hat seine Reformen selbst erkämpft und wird das auch künftig tun. In dem hart geführten Dialog mit unserer Regierung und der SED benötigen wir keine politische Schützenhilfe von Ihrer Regierung oder Ihrer Partei (...) Wir haben nichts dagegen, wenn Sie, Herr Bundeskanzler, für freie Wahlen auf die Straße gehen, aber wir wollen Sie nicht unter den Trittbrettfahrern unserer Reformbewegung sehen. Davon haben wir im eigenen Land genug."

Die DDR soll auch künftig ein souveräner sozialistischer Staat bleiben. Das meinen 83 Prozent der Teilnehmer einer Umfrage, die von Berliner Soziologen veröffentlicht wird. Lediglich 10 Prozent sprachen sich für eine Vereingung mit der BRD aus. Verbanden noch vor zehn Tagen 48 Prozent der Befragten mit der Erneuerung vor allem Hoffnungen, so sind es jetzt nur noch 30 Prozent. Nach Meinung der Soziologen zeige dies, daß die mit der Öffnung der Grenze verbundene Euphorie verflogen sei. Vielen wäre der große Abstand zu den westlichen Ländern erst jetzt richtig bewußt geworden und somit auch die Vielfalt der bevorstehenden Schwierigkeiten. Daß mit der neuen Regierung die Probleme des Landes bewältigt werden, glauben 35 Prozent, 30 Prozent glauben es nicht.

Klare Alternativkonzepte zur Umgestaltung über die demokratischen Grundforderungen hinaus sind aber auch von den anderen demokratischen Bewegungen noch nicht vorgelegt worden. Die Zeit war viel zu kurz, um etwa schlüssige Wirtschaftsstrategien zu erarbeiten. Erhard Neubert, Mitglied des „Demokratischen Aufbruchs", zeichnet trotzdem ein optimistisches Bild vom Entwicklungsstand der Basisbewegungen: „Von den Strukturen ist es für SDP und den ‚Demokratischen Aufbruch', also die beiden Parteien, ganz einfach, miteinander zu reden. ‚Demokratie jetzt' wiederum hat inhaltlich fast die gleichen Positionen wie der ‚Demokratische Aufbruch'. Die Grünen und kleinere Initiativen haben sich bis jetzt auch als konstruktiv erwiesen. Und das ‚Neue Forum', das vorläufig noch keine so feste Struktur hat und auch noch kein Programm, das in allen Teilen der DDR gilt, hat aber mit den einzelnen Vertretern, mit denen wir zu tun gehabt haben, konstruktive Partner geschickt.

Ich denke, daß die auch wissen, daß wir jetzt, wo alles so schnell geht, die größte Chance haben, wenn wir zusammenstehen."

In der „tageszeitung" bewertet DDR-Kenner Matthias Geis die Situation ganz anders: „Der vehemente Umbruch der letzten Wochen hat die internen Meinungsverschiedenheiten und die unzureichenden Strukturen eher verdeckt. Das ‚Neue Forum' etwa, die breiteste oppositionelle Bewegung, verfügt auch zwei Monate nach seiner Gründung noch immer nicht über einen legitimierten Sprecherrat. Die inhaltlichen Reformvorstellungen sind breit gefächert, aber in keinem Punkt klar ausgearbeitet. Wohin man sich entwikkeln will, zur regional verankerten Bürgerinitiative oder zur landesweit agierenden Partei, ist heftig umstritten. Die kleineren Gruppierungen haben zwar zum Teil klare Strukturen; doch Zielvorstellungen, aus denen sich schnell eine konsistente Verhandlungsplattform entwickeln ließe, fehlen auch hier."

In Heiligenstadt konstituiert sich an diesem Tag eine neue „Demokratische Initiative". Sie geht aus einer ökumenischen Dialog-Bewegung hervor und setzt sich zum Ziel, „im Territorium die Volksbewegung zur Umwälzung unserer gesamten Gesellschaft zu unterstützen und zu ordnen". Der Initiative gehören vor allem katholische Christen an, die die Bevölkerungsmehrheit im Eichsfeld bilden.

Einen Erfolg verbucht die grüne Bewegung in Hettstedt. Dort wird bekannt, daß zum Jahresende die örtliche Bessemerei-Kontaktanlage der Kupfer-Silber-Hütte geschlossen wird. Damit werden künftig 3 500 Tonnen Schwefeldioxyd und -trioxyd weniger in die Luft geblasen.

Probleme mit der Profilierung hat offensichtlich die Freie Deutsche Jugend (FDJ), die nach Ablösung ihres langjährigen Vorsitzenden Eberhard Aurich nur mühsam einen neuen Kurs bestimmen kann. Es bedarf langer Debatten, ehe man sich in einer Kampfabstimmung auf Frank Türkowsky, bisher 1. Bezirkssekretär in Dresden (!), als neuen Vorsitzenden einigen kann.

Einen Monat vor Weihnachten gibt das Handelsministerium bekannt, daß trotz der angespannten Wirtschaftssituation zum Fest zusätzlich 30 000 Tonnen Apfelsinen, 15 000 Tonnen Bananen und 600 Tonnen Nüssen importiert werden.

Sonnabend, 25. November

Egon Krenz besucht Leipzig und zeigt sich „tief betroffen" vom Verfall der Stadt, „weil noch einmal das ganze Ausmaß deutlich wurde, wie Leipzig in den vergangenen Jahren durch die Zentrale vernachlässigt worden ist". Der Staats- und Parteichef sagt, daß ihm „noch nie so deutlich geworden ist wie heute, welche Signale eigentlich von Leipzig ausgegangen sind für unser Land, für die Erneuerung des Sozialismus, für diese schwere Etappe, die wir vor uns haben".

Die Schwierigkeiten, vor allem auf ökonomischem Gebiet, sind Gegenstand eines zweitägigen Seminars, das vom „Neuen Forum" in Berlin veranstaltet wird. Die Wirtschaft der DDR ist nach Meinung der dort anwesenden Ökonomen aus Ost und West zwingend auf die Einführung von Marktmechanismen angewiesen. Zugleich werden aber auch Ängste vor einem wirtschaftlichen Ausverkauf der DDR laut. „Ich habe die Befürchtung, daß wir als günstiges Terrain für eine günstige Kapitalverwertung betrachtet werden", sagt die Wirtschaftswissenschaftlerin Barbara Haehnchen. Auf der Tagung ist auch die Forderung nach Rücktritt von Außenhandelsminister Gerhard Beil und Planungschef Gerhard Schürer zu hören. Tagungsleiter Pavel Strohner warnt jedoch davor, nur Unmut über die Fehler der Vergangenheit walten zu lassen. Auch Sachverstand sei wichtig. Viele Oppositionsgruppen meinten zu schnell, sie könnten schon alles.

Das „Neue Forum" sei prinzipiell bereit, politische Verantwortung zu übernehmen, erklärt die vorläufige Sprecherin der Bewegung Ingrid Köppe im Gespräch mit der „Berliner Zeitung". „Wie das konkret aussehen kann, ist jedoch abhängig von der zukünftigen Entwicklung. Zum Beispiel davon, ob es uns ein neues Wahlgesetz, zu dem wir auch unsere Vorschläge einbringen, gestattet, eigene Kandidaten aufzustellen. Ebenso prinzipiell sind wir bereit, mit allen oppositionellen Parteien und Bewegungen unseres Landes gemeinsam für die demokratische Erneuerung zu wirken, gegebenenfalls in einem Wahlbündnis. Mit den etablierten Parteien, Organisationen und Institutionen sehen wir nur die Möglichkeit punktueller Zusammenarbeit. Sie sind nach unserer Meinung nicht durch freie Wahlen legitimiert. Wir wollen weder Schulterschluß noch Bruderkuß."

Der Sprecher des „Demokratischen Aufbruchs" Pfarrer Rainer Eppelmann spricht sich dagegen in einem Interview für eine Zusammenarbeit der Opposition mit einer „veränderten SED" aus. Keine politische Kraft könne allein die DDR aus der Krise führen. Im „Demokratischen Aufbruch" gebe es auch ehemalige SED-Mitglieder. Eppelmann billigt allen Parteien, auch der SED, die Möglichkeit einer grundsätzlichen Änderung zu.

Rainer Schedlinkski, der als junger Autor seit Jahren in Berlin-Prenzlauer Berg Zeitschriften der Szene herausgibt und immer in Opposition zu den Herrschenden stand, meint sogar polemisch: „Als einer, der sich keiner Gesinnung verpflichtet fühlt, kann ich mir erlauben zu sagen, daß ich derzeit wahrscheinlich SED wählen würde, und zwar nicht nur, weil ich Minderheiten immer unterstützt habe, sondern auch, weil ich keine Vereinigung kenne, die kompetent genug wäre, an deren Stelle zu treten. Ich kann mit der führenden Rolle der SED vorerst leben, bevor sich ein anderer blamiert – schließlich ist sie derart in Zugzwang und Legitimationsnot, daß sie dem Druck von unten nachgeben muß."

Nach der Sozialdemokratischen Partei (SDP) konstituieren sich an diesem Wochenende auch eine Freie Demokratische Partei und eine Grüne Partei. Die neue FDP versteht sich als Konkurrenz zu der seit 1945 bestehenden Liberal-Demokratischen Partei (LDPD). Die Grüne Partei bezeichnet sich im Gründungsaufruf als „ökologisch, feministisch und gewaltfrei". Die ökologischen Basisgruppen, die sich zur „Grünen Liga" zusammengeschlossen hatten, fühlen sich von der plötzlichen Parteigründung überrumpelt. Es hätte keine Abstimmung vorher gegeben.

Die CDU der DDR meldet sich mit einem Positionspapier für den bevorstehenden Sonderparteitag (15. und 16. Dezember) zu Wort. Sie fordert einen vom Volk gewählten Staatspräsidenten als Ersatz für den bisherigen Staatsrat, die Wiederherstellung der 1952 aufgelösten Länder sowie allgemeine, freie und geheime Wahlen. Ein Verfassungsgerichtshof soll alle Rechtsakte überprüfen, Rechtsstaat und Rechtssicherheit sollen auf Gewaltentrennung zwischen Legislative, Exekutive und Justiz beruhen.

Am Samstagabend demonstrieren 5000 Einwohner der Stadt Plauen bei Schnee und Eis. Erstmals wird auf Transparenten massiv die „Wiedervereinigung“ beider deutscher Staaten gefordert. Vor der Kreisleitung der SED verlangen die Demonstranten den Rücktritt der Funktionäre und deren Eingliederung in die Produktion.

Der Unmut über führende SED-Funktionäre ist noch durch eine Sendung des Jugendfernsehens „ELF99“ über die Politbüro-Siedlung in Wandlitz angeheizt worden. Darin fand sich auch ein Ausspruch von Ex-Politbüromitglied Kurt Hager , der erklärte, er fühle sich angesichts der Hetze, die gegen die frühere SED-Führung betrieben werde, wie in seinem fünften „Internierungslager“. Dies greift die SED-eigene „Berliner Zeitung“ auf, in der ein Kommentator meint: „Bei allem Respekt, den ich dem Antifaschisten Hager nicht versage – da ist Widerspruch nötig. Das von ihm mitbeschlossene und also selbstgewählte Ghetto Wandlitz jetzt mit einem Internierungslager aus der Zeit des Faschismus zu ‚verwechseln‘, ist ungeheuerlich. Dieser Mann verbannte als dafür verantwortliches Mitglied der Parteiführung reihenweise Theaterstücke, Filme, Bilder und gar die Rockmusik Jahre oder Jahrzehnte aus der Öffentlichkeit, und er degradierte Dutzende kluger Gesellschaftswissenschaftler zu nützlichen Idioten, weil er selbstherrlich das Erscheinen von Büchern verhinderte. Deshalb sollte er schleunigst die Tapeten wechseln. Außerhalb von Wandlitz.“

Kulturminister Dietmar Keller ruft alle außer Landes gegangenen und gedrängten Künstler zur Rückkehr auf. Er könne sich auch vorstellen, daß es in absehbarer Zeit zu einer Begegnung mit dem Sänger Wolf Biermann komme, dem bereits mehrmals die Wiedereinreise verwehrt wurde.

Der Vorsitzende der Zentralen Parteikontrollkommission der SED, Politbüromitglied Werner Eberlein, teilt mit, daß der Wissenschaftler Robert Havemann und das ehemalige Politbüromitglied Herbert Häber rehabilitiert werden. Häber sei 1985 statutenwidrig gemaßregelt, Havemann 1964 unrechtmäßig aus der Partei ausgeschlossen worden. Ferner wird mitgeteilt, daß ungerechtfertigte Vergünstigungen wie Ehrenpensionen und Jagdgebiete ab sofort abgeschafft werden.

Auch der Gewerkschaftsbund FDGB baut weitere Privilegien für Führungsmitglieder ab. Die Funktionären vorbehaltenen Gästehäuser werden geöffnet und dem allgemeinen Feriendienst eingegliedert.

Sonntag, 26. November

Die „Initiative für eine Vereinigte Linke" veranstaltet ihr erstes Arbeitstreffen, das über das gesamte Wochenende dauert. Wie Marion Seelig vom Sprecherrat erläutert, geht es um den Versuch, „die für einen Sozialismus der Freiheit und Demokratie eintretenden Menschen zusammenzubringen, um in solidarischer Offenheit den konzeptionellen Streit um die Zukunft unseres Landes zu führen". Diskutiert wird, wie das bisherige Volkseigentum in unmittelbares Eigentum der Werktätigen umgestaltet werden kann, welche Formen direkter Demokratie zu entwickeln sind und wie eine veränderte Planwirtschaft aussehen kann. Die Gründung einer „Vereinigten Linken", in der SED-Mitglieder, Parteilose und unabhängige Gruppen gleichberechtigt zusammenarbeiten sollen, scheitert jedoch. Keine Einigung kann in der Organisationsfrage erzielt werden. Während eine Strömung für die Entwicklung hin zu einer Partei eintritt, spricht sich die Mehrheit für eine Art Diskussionsforum und Koordinationsstelle aus. Doch wie das konkret funktionieren soll, bleibt unklar. Beschlossen wird die Gründung eines „Linken Dokumentationszentrums", das die Geschichte und die Unterdrückung linker Alternativen untersuchen soll.

Unterstützung findet der Aufruf „Für unser Land", den namhafte Persönlichkeiten und Vertreter von Basisgruppen an diesem Sonntag veröffentlichen. Darin heißt es: „Unser Land steckt in einer tiefen Krise. Wie wir bisher gelebt haben, können und wollen wir nicht mehr leben. Gewaltfrei, durch Massendemonstrationen, hat das Volk den Prozeß der revolutionären Erneuerung erzwungen, der sich in atemberaubender Geschwindigkeit vollzieht. Uns bleibt nur noch wenig Zeit, auf die verschiedenen Möglichkeiten Einfluß zu nehmen, die sich als Ausweg aus der Krise anbieten. Entweder: können wir auf der Eigenständigkeit der DDR bestehen und versuchen, mit allen unseren Kräften und in Zusammenarbeit mit denjenigen Staaten und Interessengruppen, die dazu bereit sind, in unserem Land eine solidarische Gesellschaft zu entwickeln, in der Frieden und soziale Gerechtigkeit, Freiheit des einzelnen, Freizügigkeit aller und die Bewahrung der Umwelt gewährleistet sind. Oder: wir müssen dulden, daß, durch starke ökonomische Zwänge und durch unzumutbare Bedingungen, an die einflußreiche Kreise aus Wirtschaft und Politik in der Bundesrepublik ihre Hilfe für die DDR knüpfen, ein Ausverkauf unserer materiellen und moralischen Werte beginnt und über kurz oder lang die Deutsche Demokratische Republik durch die Bundesrepublik vereinnahmt wird. Laßt uns den ersten Weg gehen." Zu den Erstunterzeichnern zählen die Schriftsteller Volker Braun, Stefan Heym, Christa Wolf, Generalsuperintendent Günter Krusche, Pfarrer Friedrich Schorlemmer sowie weitere Vertreter neuer Bewegungen und Gruppen.

Es wird bekannt, daß sich Regierung und Opposition am 7. Dezember zum ersten Mal am „Runden Tisch" treffen werden, um gemeinsame Schritte auf dem Weg zur Demokratisierung zu beraten. Es sollen alle strittigen Fragen verhandelt werden.

Der Generalstaatsanwalt von Berlin protestiert gegen das, wie er findet, zu milde Urteil gegen einen Volkspolizisten, der wegen Mißhandlung eines Demonstranten zu 14 Monaten Gefängnis verurteilt worden war. Demgegenüber stellt der Berliner Polizeipräsident General Rausch den Polizisten demonstrativ wieder ein mit der Begründung, die zuvor erfolgte Entlassung aus den Reihen der Volkspolizei sei als Beweis für seine Schuld mitherangezogen worden. Bis zur Klärung der Hintergründe sei er lediglich beurlaubt.

In Rostock bildet sich ein Arbeitskreis zur Schaffung von „Vereinigten Bürgerinitiativen für einen neuen Sozialismus". Er ruft zum koordinierten Vorgehen aller Basisgruppen auf, um wirksame Bürgerkomitees bilden zu können, die reale Kontrollfunktionen ausüben. Zu den Initiatoren gehören Vertreter der Kirche, des „Neuen Forums" und der SED.

Montag, 27. November

Die neue Gewerkschaftschefin Annelis Kimmel trifft erstmals mit Ministerpräsident Hans Modrow zusammen: Fazit: Der FDGB will künftig von der Regierung unabhängig und nicht mehr ihr Erfüllungsgehilfe sein. Fast zeitgleich fordern die Vertrauensleute im Bundesvorstand des FDGB den sofortigen Ausschluß des früheren Gewerkschaftschefs Harry Tisch, gegen den nun auch wegen Amtsmißbrauchs und persönlicher Bereicherung ermittelt wird.

Zum Thema Wahlgesetz äußern sich die Nationaldemokraten mit konkreten Vorstellungen. In der „National-Zeitung" heißt es: „Wir sind der Meinung, daß in dem neuen Wahlgesetz, das zur Zeit erarbeitet wird, das Verhältniswahlrecht bestimmender Gesichtspunkt sein sollte, daß also die Parteien Mandatsträger sind." Die NDPD schließe auch die Direktwahl von Einzelpersonen in Wahlkreisen nicht aus. Wahlen mit einer Einheitsliste der Nationalen Front, wie sie 40 Jahre lang praktiziert worden seien, lehnten die Nationaldemokraten ein für allemal ab.

In Dresden beginnt ein Pilotprojekt zum zivilen Wehrersatzdienst, womit seit Jahren vorgetragenen Forderungen vor allem aus kirchlichen Kreisen entsprochen wird. Erstmals in der DDR leisten 25 Jungen einen freiwilligen Einsatz im Bezirkskrankenhaus Friedrichstadt. Unter ihnen sind Bausoldaten, die einen Dienst mit der Waffe ablehnen und auch sogenannte Totalverweigerer.

Der neue Kulturminister Dietmar Keller spricht sich im Kulturausschuß der Volkskammer dafür aus, daß die Nationalhymmne „endlich wieder gesungen wird, mit unserem alten Text", in dem es in der ersten Strophe heißt: „Auferstanden aus Ruinen und der Zukunft zugewandt, laß uns dir zum Guten dienen, Deutschland einig Vaterland. Alte Not gilt es zu zwingen, und wir zwingen sie vereint, denn es wird uns doch gelingen, daß die Sonne schön wie nie über Deutschland scheint".

„Die Opposition in der DDR sollte sich des nationalen Problems inne werden, statt es zu verketzern", fordert der DDR-Schriftsteller Rolf Schneider in einem „Spiegel"-Essay. „Ihrer sozialen Herkunft zufolge aber sind die Oppositionellen höhere Angestellte, Künstler, freischwebende Intellektuelle. Die Arbeiterschaft ist bei ihnen unterrepräsentiert. Seit dem 10. November strömt diese über die Westgrenzen. Ihr volonté générale ist gesamtdeutsch." Und er wagt die Prognose: „Die deutsche Einheit wird kommen, früher, als alle mutmaßen. Sie wird kommen und auf das berechtigte, historisch begründete Unbehagen selbst vieler Deutscher stoßen. Es macht Wegblicken die Einheit nicht unwirksam, sodaß es besser ist, man setzt solches Unbehagen in praktizierte Politik um. Die deutsche Einheit wird kommen, vermutlich in der Übergangsform einer Konföderation, die ökonomischen Unterschiede zwischen den beiden Staaten werden dann bald schwinden, nationale gab es ohnehin keine, eine allen gemeinsame Regierungs-Administration ist die natürliche Folge."

Am gleichen Tag stellt „Republikaner"-Chef Schönhuber vor der Presse den Entwurf eines neuen Parteiprogramms vor, in dem die „Wiedervereingung Deutschlands" als Ziel Nummer eins postuliert wird. Das gelte auch für die „Mellandproblematik, für die deutschen Ostgebiete und auch für Berlin". Endziel müsse ein „blockfreies und wehrhaftes Deutschland" sein. Auch in der DDR gebe es Träger von republikanischem Gedankengut, teilt der ehemalige SS-Mann mit. Er versichert, daß in der DDR bereits mehrere Ortsverbände seiner Partei ins Leben gerufen worden seien.

Im Amt für Nationale Sicherheit findet ein seit längerem anberaumtes Gespräch mit dem Präsidium des Verbandes der Jüdischen Gemeinden zu rechtsradikalen, neonazistischen und antisemitischen Tendenzen in der DDR statt. Seitens der Gäste wird kritisiert, daß von den in verschiedenen Bezirken registrierten Vorkommnissen bisher unzureichend Kenntnis genommen worden sei. Es wird auf das Auftauchen von Flugblättern der „Republikaner" hingewiesen, die gezielt an die im Lande vorhandenen Ansätze zur Ausländerfeindlichkeit anknüpfen.

Auf den abendlichen Montagsdemonstrationen in mehreren Städten des Landes spielt die Frage der deutschen Einheit eine zentrale Rolle. In Leipzig fordern 200 000 Menschen nicht mehr allein freie Wahlen, Meinungsfreiheit und die Bestrafung ehemals führender SED-Funktionäre, sondern riesige Sprechchöre verlangen auch nach „Deutschland einig Vaterland". Auf Transparenten ist diesmal zu lesen: „Einigkeit und Recht und Freiheit", „Europa – gemeinsames Haus" sowie „Wiedervereingung – der Anfang ist gemacht". Die Stimmung kippt. Droht die Wende der Wende? Aufschriften wie „Wir sind das Volk" sind kaum noch zu sehen. Jetzt heißt es: „Wir sind ein Volk". Michael Arnold vom „Neuen

Forum“ wird ausgepfiffen, als er von seinen Ängsten vor einer Wiedervereinigung spricht. Von einer Grußadresse an die Reformkräfte in der ĈSSR, speziell an Dubćek und Havel, will die Mehrheit nichts wissen.

Nicht ganz so einseitig ist die Stimmung in Halle, wo ebenfalls Zehntausende zusammenkommen. Bei der abschließenden Kundgebung, zu der das „Neue Forum“ eingeladen hat, dominieren Forderungen nach freien Wahlen, einem unabhängigen Gewerkschaftsverband und nach Rückzug der SED aus den Betrieben. Sprecher des Bewegung erklären, die Zusammenarbeit aller demokratischen Parteien und Initiativgruppen setze die Bewältigung der Vergangenheit voraus. Nur mit integren Persönlichkeiten, die nicht durch Amtsmißbrauch oder Korruption belastet seien, würde der Dialog und die Wende hin zu echter Demokratie möglich.

Mit lautstarken Rufen wie „Stasi in die Volkswirtschaft“ sowie einem Pfeifkonzert geht am Abend eine Demonstration in Schwerin zu Ende, an der 10 000 Menschen teilgenommen haben. Mehrere Sprecher des „Neuen Forums“, der LDPD und der SDP kritisieren den Notstand im Gesundheitswesen und die unzureichende Reduzierung des aufgeblähten Verwaltungsapparates.

Dienstag, 28. November

Es ist der Tag der Enthüllungen. Der Druck von unten war in den letzten Tagen derart angewachsen, daß Untersuchungsausschüssen und Medien der Zugang zu wichtigen Informationen nicht mehr länger versperrt werden konnte. Besonders erhitzen sich die Gemüter an der Politbüro-Siedlung in Wandlitz, in der eine Art Versorgungsparadies bestanden haben muß, die in völligem Gegensatz zum übrigen Land stand. Das betrifft nicht nur die Reichhaltigkeit des Sortiments, sondern vor allem auch seine Zusammensetzung: hochwertige Konsumgüter aus dem westlichen Ausland, die zudem noch für DDR-Mark angeboten wurden. In der „Berliner Zeitung“ liest man dazu: „Was da aus dem Schattenreich bisheriger Undurchdringlichkeit zutage tritt, verlangt mehr als parteipolitische Konsequenzen... Was aber tun die Staatsanwälte? Man kann wohl davon ausgehen, daß sie ermitteln... Vieles jedenfalls deutet augenblicklich auf Versuche der Schadensbegrenzung hin. Jeder Tag, der vergeht, ohne daß wirklich Zeichen gesetzt werden, führt auf den gesellschaftlichen Kollaps zu."

Die Staatsanwaltschaft schaltet sich nun doch um die Vorgänge in der sogenannten Waldsiedlung ein. Waren von der derart luxuriöser Qualität kommen zum Vorschein, daß sie nicht einmal in einschlägigen Fachgeschäften in Westberlin zu finden gewesen seien. Man habe sie jetzt in einem Lager entdeckt, in das sie vorsorglich abtransportiert worden waren. Die öffentliche Empörung ist groß, zumal der Verwalter kürzlich im Fernsehen erklärt hatte, in der Kaufhalle der Siedlung habe es nur ein „normales Angebot" gegeben.

Die Nachrichtenagentur ADN berichtet über einen Besuch im Jagdgebiet des früheren Premiers Willi Stoph. „Auf Drängen läßt man uns ins Haus mit seinen fünf Bädern... den vielen Wohn- und Schlafzimmern, den Küchen, dem Videoraum und der Bar im Keller. Mehr als zehn Kühlschränke stehen dort, gefüllt nicht nur mit Äpfeln und Fleisch, sondern auch mit teuren Süßig- und Köstlichkeiten – von A bis Z aus westlicher Produktion. Insgesamt macht das Haus einen Eindruck, als sei es panikartig verlassen worden."

Das Landwirtschaftsministerium in Berlin gibt bekannt, daß die Staats- und Sonderjagdgebiete der ehemaligen politischen Führung entgegen früher geäußerten Absichten nicht in Devisenjagdgebiete verwandelt werden. Der Volkszorn war zu groß.

Die christdemokratische Regionalzeitung „Der Demokrat" berichtet aus Rostock, daß bis vor kurzem noch im Hauptpostamt der Bezirksstadt Mitarbeiter des Ministeriums für Staatssicherheit alle Westpost kontrolliert hätten. Dafür sei eine ganze Etage im Postamt II geräumt worden. Diese Abteilung habe intern den Spitznamen „Herbert" gehabt.

Aus dem FDGB-Bundesvorstand wird bekannt, daß die Gewerkschaftsführung 100 Millionen aus den Solidaritätsspenden der Gewerkschafter für die Finanzierung des Pfingstfestivals der Freien Deutschen Jugend abgezweigt hat. Dieses Festival im Frühjahr 1989 war unter anderem auf Wunsch Erich Honeckers angesetzt worden, da „jede junge Generation ihr emotionales Grunderlebnis brauche". Der Protest vieler Jugendlicher gegen ein solches Massenspektakel wurde nicht gehört. Ursprünglich waren die Gelder für notleidende Völker in den Entwicklungsländern bestimmt.

Die Empörung über all diese Enthüllungen schlägt hoch und bricht sich auch in unangemessenen Formen Bahn. Ein Ziel sind Volkspolizisten, da sie im Unterschied zur ehemaligen Führung und zur Staatssicherheit für alle erreichbar sind. Innenminister Lothar Ahrend berichtet darüber, daß Angehörige der VP vereinzelt an Tankstellen schon kein Benzin mehr erhielten und deren Kinder nicht mehr im Kindergarten aufgenommen würden.

Spannungsmindernd wirkt der neue Entwurf für das Reisegesetz, den die Regierung an diesem Tag vorlegt. Er entspricht weitgehend dem Vorschlag der Rechtsanwälte, der unter Federführung von Dr. Gregor Gysi erarbeitet worden war. Danach soll jeder DDR-Bürger uneingeschränkt reisen können und jederzeit in sein Land zurückkehren dürfen. Ferner habe er das Recht, „Reisezahlungsmittel" zu erwerben.

Wohlwollend wird auch der Vorstoß von Dresdens Oberbürgermeister Wolfgang Berghofer zu einer drastischen Reduzierung der Verwaltung aufgenommen. Nach seinen Worten wird derzeit auch intensiv über die Abschaffung der 15 Bezirke diskutiert und die Einführung der früheren Länder Sachsen, Thüringen, Anhalt, Brandenburg und Mecklenburg erörtert. Dadurch würde die regionale Identität gestärkt.

Zustimmung findet der Entschluß der Berliner Stadtverordneten, sich nun doch für die Öffnung des Brandenburger Tores einzusetzen. In unmittelbarer Nähe sollte ein Übergang für Fußgänger entstehen, während der direkte Bereich des Tores aus denkmalpflegerischen Gründen musealen Charakter behalten solle.

Dieser 28. November ist auch der Tag des sogenannten Zehn-Punkte-Plans von Bundeskanzler Helmut Kohl. Er schlägt im Bundestag einen schrittweisen Ausbau der Beziehungen zwischen der BRD und der DDR hin zu einem Bundesstaat vor. Darin macht Bonn wirtschaftliche Hilfe von „sachlichen Voraussetzungen" abhängig. Dazu gehören freie Wahlen, der Verzicht der SED auf einen Führunsganspruch, Freilassung der politischen Gefangenen und Abbau der Planwirtschaft zugunsten „marktwirtschaftlicher Bedingungen". Ziel ist die Entwicklung konföderativer Strukturen, das heißt die Schaffung „bundesstaatlicher Ordnung in Deutschland". DDR-Staats- und Parteichef Egon Krenz sieht eine Einheit Deutschlands nicht auf der Tagesordnung. Befragt nach seiner Haltung zum Kohl-Vorschlag antwortet er dem ARD-Fernsehen: „Wenn man das Wort Konföderation ausgestaltet, und es so ausgestaltet, daß man ausgeht von der Existenz zweier unabhängiger, souveräner deutscher Staaten, dann kann man über alles reden".

Der Schriftsteller Stefan Heym sieht in Kohls Konföderationsplänen die „Ouvertüre zur Vereinnahmung" der DDR. Er ruft dazu auf, die Eigenständigkeit des Landes als sozialistischen Staat zu bewahren und sich gegen einen „Ausverkauf" zu wenden.

Mittwoch, 29. November

Die DDR sollte nach Auffassung des Generalsuperintendenten der Evangelischen Kirche von Berlin-Brandenburg, Günter Krusche, einen von der Bundesrepublik unabhängigen Weg gehen. Im Saarländischen Rundfunk sagt Krusche: „Wir sollten den Gerechtigkeitsaspekt nicht aufgeben zugunsten des Aspekts des freien Marktes." Eine rasche Wiedervereinigung sehe er nicht, „auch nicht nach Herrn Kohls Plan".

Das Info-Institut für Wirtschaftsforschung in München beschäftigt sich mit den anstehenden ökonomischen Veränderungen in der DDR und meint, die Wirtschaftsreform müßte schnell vorankommen, da mit der Grenzöffnung bereits vollendete Tatsachen geschaffen wurden, die schon bald zu ökonomischen Reibungsverlusten führen könnten. Weder die Regierung in der DDR noch die der Bundesrepublik könnten auf Zeit spielen, warnt das Institut. Es sei zu befürchten, daß der gegenwärtigen Hochstimmung in der DDR sehr bald die Ernüchterung folge. Die DDR-Regierung sei nicht in der Lage, die gravierenden Rückschläge, wie sie die Bürger in der UdSSR erlebten, zu verkraften. Die Reformen müßten daher deutlich schneller durchgezogen werden als etwa in Polen.

Die innenpolitische Situation im Lande ist weiterhin von gegenläufigen Tendenzen bestimmt. Während auf Ministerebene einzelne Veränderungen angegangen werden, ist bei der Lösung gesamtstaatlicher Belange wenig Initiative zu spüren. Statt dessen wird an vielen Stellen versucht, alte Versäumnisse und Unregelmäßigkeiten zu vertuschen, ein zu schnelles Vordringen der Volkskräfte zu verhindern.

Die baldige Ausarbeitung einer neuen Verfassung fordert der Staatsrechtler Prof. Dr. Karl-Heinz Schöneburg, da die nach wie vor gültige in Struktur und Inhalt stalinistischen Zeitgeist widerspiegele. Nie wieder dürfe es passieren, daß ein verfassungsmäßig garantiertes Recht wie die Pressefreiheit derart „ausgehebelt" werden könne. Es habe einen Zensurmechanismus gegeben, der „besser funktionierte, als im preußischen Feudalstaat".

Aus dem Kulturministerium verlautet, daß die DDR künftig auch private Verlage zulassen wolle. Es werde keine Form von Zensur mehr geben. Bei einem Treffen mit Künstlern teilt Kulturminister Dietmar Keller gleichfalls mit, daß die „Kunst- und Antiquitäten GmbH" ihre Tätigkeit eingestellt habe, deren Verkaufspraktiken von Kulturgütern der DDR in den Westen in letzter Zeit heftige Proteste ausgelöst hatten. Immer wieder war in diesem Zusammenhang von einem „Ausverkauf von Kulturschätzen" die Rede. Keller teilt außerdem mit, daß der 1976 ausgebürgerte Liedermacher Wolf Biermann 25 Jahre nach seinem letzten öffentlichen Konzert in Leipzig wieder auftreten könne. Noch zu Beginn des Monats war Biermann die Einreise verweigert worden.

Die SED kündigt an, ihre jahrzehntelang verfemten Mitglieder Robert Havemann, Rudolf Herrnstadt und Lex Ende zu rehabilitieren. Entsprechende Schritte schlägt die Zentrale Parteikontrollkommission vor. Die drei waren in den fünfziger Jahren „infolge falscher Beschuldigungen und wegen angeblich fraktioneller Tätigkeit" aus der Partei ausgeschlossen worden. Zugleich habe die Kommission zur Kenntnis genommen, daß gegenwärtig SED-Mitglieder rehabilitiert würden, die in den vergangenen Jahren wegen Kritik an der Parteiführung und an der Parteipolitik ungerechtfertigt bestraft worden seien, meldet ADN.

Harry Tisch, bis vor wenigen Wochen noch Vorsitzender des Gewerkschaftsverbandes, wird aus dem FDGB ausgeschlossen. Der gesamte Bundesvorstand tritt zurück und ein Arbeitssekretariat wird vorerst die Geschäfte führen.

Bei der Beratung des Untersuchungsausschusses der Berliner Stadtverordnetenversammlung zu den Ursachen und Verantwortlichkeiten des Einsatzes der Sicherheitskräfte am 7. und 8. Oktober verliest der Schriftsteller Christoph Hein eine Erklärung, in der festgestellt wird, daß die Kommission zunehmend in ihrer Arbeit behindert wird und die geladenen Verantwortlichen – mit Ausnahme des Berliner Polizeipräsidenten – wenig bereit sind, wirklich erhellende Auskünfte zu geben. Bei unveränderter Auskunftslage wird der Ausschuß seine Arbeit einstellen müssen.

Donnerstag, 30. November

Der „Runde Tisch" nimmt langsam Gestalt an: Am 7. Dezember werden an ihm je zwei Vertreter der SED, der vier Blockparteien und der Oppositionsgruppen Platz nehmen. Darauf einigen sich alle Beteiligten. Als Themen schlägt die SED eine Verfassungsreform, Wahlrechtsänderungen und die Modalitäten für freie Wahlen vor. Weitere Themen, wie etwa Fragen der Wirtschaftspolitik, können bei der ersten Begegnung vereinbart werden. Die Evangelische Kirche erklärt sich bereit, ihr Dietrich-Bonhoeffer-Haus in Berlin als Ort des Dialogs zur Verfügung zu stellen.

Wirtschaftsministerin Prof. Christa Luft informiert im Vorfeld des Dialogs über die realen Verhältnisse in Produktion und Außenhandel und gibt erstmals offiziell bekannt, daß die DDR gegenwärtig zehn Milliarden Dollar Nettoschulden hat. Sie versichert aber zugleich, daß die Spareinlagen der Bevölkerung gesichert seien.

An der Berliner Humboldt-Universität bildet sich eine Arbeitsgruppe „Internationale Kooperation und Joint ventures in der DDR", die ihre Aufgabe darin sieht, Regierung, Betrieben und allen Interessierten Informationen und Entscheidungshilfen bei Kooperationsvorhaben mit westlichen Partnern anzubieten. Die Wissenschaftler fordern, ideologischen Ballast und Subjektivismus rasch über Bord zu werfen. Langfristig müßten Struktur und Effektivität der DDR-Wirtschaft geändert , kurzfristige Notlösungen sollten jedoch vermieden werden. Sie fordern eine rasche Verabschiedung einer Reihe von Gesetzen zum Investitionsschutz, über den Kapitalverkehr und ein neues Steuergesetz.

Der bekannte Wissenschaftler Prof. Manfred von Ardenne warnt in einem Interview des „Neuen Deutschland" vor halben Schritten – radikale Strukturänderungen in Wirtschaft und Gesellschaft seien das Gebot der Stunde. Die Betriebe müßten mehr Eigenständigkeit erhalten, das Außenhandelsmonopol des Staates müsse beseitigt und der Übergang zur Marktwirtschaft eingeleitet werden. Die Staatseinnahmen sollten künftig aus Steuern und nicht durch Gewinnabschöpfung der Betriebe erzielt werden.

Fragen der deutsch-deutschen Zusammenarbeit rücken immer mehr in den Mittelpunkt der politischen Debatten. Der DDR-Berichterstatter der „tageszeitung" bringt die Situation auf den Punkt, wenn er unter dem Titel „Deutschland-besoffen" schreibt: „Die gesamtdeutsche Koalition hat beängstigende Ausmaße. In Leipzig wollen sich die Montagsdemonstranten wiedervereinigen. In Bonn vereinigen sich CDU, CSU, SPD und FDP hinter der Kohlschen ‚Konföderation', der ideologisch verbrämten Formel für Großdeutschland (...) Zunächst gilt festzuhalten: die politischen Kräfte, die gegen die Wiedervereinigung kämpfen, verlieren rapide an Boden. Und: Die Dynamik der leeren Regale in der DDR erhält zusätzlich politische Kraft durch die Angst der westdeutschen Linken vor der politischen Isolation. Wer zu spät kommt, den bestraft das Leben! Müssen wir also alle aufspringen auf den Deutschland-Expresss, um noch politikfähig zu bleiben und um wenigstens die Modalitäten der Wiedervereinigung mitbestimmen zu können, wie inzwischen viele Grüne und Linke glauben? Das hieße, zu kapitulieren, bevor versucht wurde, der DDR eine eigenstaatliche Chance zu geben. Das hieße die Sehnsucht nach einer anderen, gerechteren, besseren Gesellschaft zu beerdigen."

Um diese Sehnsucht nicht aufzugeben, sondern tatsächlich gerechtere Verhältnisse zu schaffen, bedarf es aber zunächst der Beseitigung der alten Mißstände, der schonungslosen Aufklärung von Machtmißbrauch und Privilegienwirtschaft. Darin sind sich alle einig und dem widmen auch die Medien des Landes besondere Aufmerksamkeit.

„Fußtritte gegen die Solidarität" nennt die „Berliner Zeitung" die Vorgehensweise des Präsidiums des FDGB-Bundesvorstandes, aus dem Solidaritätsfonds der Gewerkschaften Mittel abzuzweigen, um damit das Pfingsttreffen der FDJ zu finanzieren. „100 000 000 Mark, eine gigantische Summe. Gespendet von Millionen Gewerkschaftern für Hungernde, Frierende, Kranke, Alte – für Notleidende. 100 000 000 Mark – eine Hälfte davon wurde verpulvert für Winkelemente, Transparente, Tribünen, für die Organisation von Großkundgebung und Kampfdemonstration, für eine pompöse, verschwenderische Show."

Gegen sechs Spitzenpolitiker der alten Führung, darunter auch den früheren Partei- und Staatschef Erich Honecker, hat die Staatsanwaltschaft Untersuchungen wegen Amtsmißbrauch und Vergeudung von Volkseigentum eingeleitet. Die Ermittlungen laufen im Zusammenhang mit dem Luxusleben der Betroffenen in Einrichtungen der Staats- und Sonderjagdgebiete. Die dortigen Häuser von Honecker, Ex-Premier Stoph und dessen Vize Kleiber werden versiegelt. Nach Angaben des Generalforstmeisters sind alle Sonderjagdgebiete inzwischen aufgelöst worden. Egon Krenz, Partei- und Staatschef, kündigt im Fernsehen an, bis zum außerordentlichen SED-Parteitag Mitte Dezember seien alle Fälle von Korruption und Amtsmißbrauch so aufgeklärt, daß die Bevölkerung verstehe: Nicht die ganze SED sei korrupt gewesen, sondern nur einige ihrer Mitglieder.

Auf einer SED-Delegiertenkonferenz des Ministeriums für Außenhandel gesteht Staatssekretär Alexander Schalck-Golodkowski ein, daß der ihm unterstellte Bereich „Kommerzielle Koordinierung" von Erich Honecker angewiesen worden sei, jährlich sechs Millionen Valutamarkt für die Versorgung der Familien des Politbüros in der Waldsiedlung Wandlitz bereitzustellen. Noch wenige Tage zuvor hatte Schalck öffentlich erklärt, er habe mit den Privilegien der Führung nichts zu schaffen.

Am Abend machen über 10 000 Erfurter ihrer Empörung über die Privilegien einiger ehemaliger SED-Spitzenfunktionäre, darunter des einstigen SED-Bezirkschefs Gerhard Müller, bei einer Demonstration Luft. Sie fordern unverzügliche Rechenschaft für deren Amtsmißbrauch.

Kaum voran kommt dagegen die Aufklärung der Hintergründe der Übergriffe von Polizei und Sicherheitskräften am 7. und 8. Oktober. „Keiner will's gewesen sein" kommentiert die Berliner

Abendzeitung „BZ am Abend“ den schleppenden Fortgang der Untersuchungen. „Es ist nicht zu fassen. Verantwortliche Offiziere saßen in ihren Büroräumen und wollen nichts bemerkt haben. Auf Kontrollgängen sei ihnen nichts aufgefallen, und Inhaftierte hätten sich auch nicht beschwert. Ein Generalstaatsanwalt stellt Kollegen einen Persilschein aus und trägt leider nicht zur Aufhellung der Übergriffe bei. Und immer wieder dieser unheimliche Satz: ‚Ich war nicht zuständig.‘ Was sind das für Zustände?“

Freitag, 1. Dezember

Die Volkskammer beschließt mit überwältigender Mehrheit die Streichung der bisher in der Verfassung verankerten Führungsrolle der SED. Damit entfällt der Halbsatz von Artikel eins, daß die DDR den Sozialismus „unter Führung der Arbeiterklasse und ihrer marxistisch-leninistischen Partei“ gestalte. Die CDU unterliegt mit ihrem Antrag, wonach aus dem ersten Artikel auch die Aussage gestrichen werden sollte, wonach die DDR ein sozialistisches Land ist. Die Vertreterin des „Neuen Forums“ Carla Kalweit kommentiert die erfolgte Streichung des SED-Führungsanspruchs mit den Worten, es sei „das Beste, was man erwarten konnte“.

Der Vorsitzender des parlamentarischen Ausschusses zur Untersuchung von Korruption und Amtsmißbrauch Heinrich Toeplitz (CDU) breitet vor den Abgeordneten einen langen Katalog von Verfehlungen der alten Führung aus und belegt an zahlreichen Beispielen, daß in der DDR zwar auf dem Papier alle Bürger gleich, in der Wirklichkeit einige aber erheblich gleicher als andere waren. Es geht in dem Bericht um Häuser für die Prominenz und deren Familienangehörige, gebaut mit Staatsgeldern, um das Jagen nach Gutsherrenart, um Urlaubsflüge mit der Regierungsstaffel und zusätzliche Einnahmen, wie durch Ehrenmitgliedschaften, Dotationen und vieles andere mehr.

Toeplitz spricht auch zum Vorgehen der Polizei und der Sicherheitskräfte und fragt, wer sie zum Mißhandeln und Quälen von Festgenommenen ausgebildet habe. Er meint, es könne kein Zufall sein, daß Polizeidienststellen an weit auseinanderliegenden Orten wie Dresden, Bautzen und Berlin die Festgenommenen „nach einer

Staatsjagdgebiete: In eingezäunten Arealen ließ sich das reichhaltige Wild problemlos erlegen

einheitlichen Methode" behandelt hätten. Solche Methoden dürfe es nach dem Ende der Nazi-Herrschaft nicht mehr geben.

Der Leiter des neugeschaffenen Amtes für nationale Sicherheit, General Wolfgang Schwanitz, teilt den betroffenen Abgeordneten mit, daß er zu den Vorgängen wenig sagen könne, da er von seinem Amtsvorgänger, Staatssicherheitsminister Erich Mielke, nur zwei leere Panzerschränke übernommen habe.

Staats- und Parteichef Egon Krenz, der von den Abgeordneten zur Stellungnahme aufgefordert wird, sagt, er habe sich vorzuwerfen, daß er zulange geglaubt habe, die politische Wende zusammen mit Honecker herbeiführen zu können. Die bisherige politische Führung habe das Land in eine tiefe Krise geführt.

Krenz findet wenig Verständnis. Weder hier im Parlament, noch an der eigenen Parteibasis. Am gleichen Tag wird ein offener Brief von Mitgliedern der SED-Grundorganisation des Berliner Großbetriebes „VEB Bergmann-Borsig" publik, in dem es heißt: „Egon Krenz ist uns als Vorsitzender einer Wahlkommission, die gefälschte Wahlergebnisse verantwortet hat, sowie als Mitwisser und Dulder von Wandlitz-Schlaraffenland nicht tragbar."

Der Abgeordnete Manfred von Ardenne fordert die Regierung angesichts der „erschreckenden Resistenz des alten Apparats gegen die neuen Minister" auf, „energisch aufzuräumen". Weiter schlägt er vor, die 1952 abgeschafften Länder Mecklenburg, Brandenburg, Sachsen, Sachsen-Anhalt und Thüringen wiederherzustellen.

Abschließend entschuldigt sich die Volkskammer beim Volk der CSSR für den Einmarsch der DDR-Armee im August 1968.

Der Wittenberger Pfarrer Friedrich Schorlemmer (Demokratischer Aufbruch) kommentiert die jüngste Entwicklung mit den Worten: „Es stimmt mich sehr hoffnungsvoll, daß die Regierenden aufgrund des Druckes des ganzen Volkes nun bereit sind, die Wahrheit, auch die bittere Wahrheit, zu sehen und Konsequenzen zu ziehen."

Die Regierung wechselt die Führungsspitze bei Rundfunk und Fernsehen aus. Zu neuen Generalintendanten werden Manfred Klein und Hans Bentzien berufen.

In Berlin trifft Kulturminister Dietmar Keller mit dem 1976 aus der DDR ausgebürgerten Liedermacher Wolf Biermann zusammen. Danach erklärt Keller vor der Presse: „Ich habe Herrn Biermann gesagt, daß die Regierung der DDR der felsenfesten Überzeugung ist, daß unterschiedliche Standpunkte, weltanschauliche Haltungen und Meinungsstreite nicht gelöst werden können mit juristischen Entscheidungen, mit Verboten oder einer Ausbürgerung. Die Ausbürgerung war ein Fehler. Wir, als diejenigen, die jetzt die Verantwortung haben, bekennen uns dazu, daß das in diesem Land nicht wieder vorkommen wird." Biermann sagt, er glaube den Worten des Ministers, weil er davon ausgehe, daß „ich es mit einem Menschen zu tun habe und nicht mit einem berufsmäßigen Schweinehund". Am Abend singt der 52jährige Biermann in Leipzig vor 6 000 Zuhörern. „Die Bundesrepublik ist auch nicht die Lösung des Menschheitsproblems, vor dem wir alle stehen", sagt er mit Blick auf die jüngst in Leipzig lautgewordenen Rufe nach Wiedervereingung. „Ich bin nicht froh über diese ‚Deutschland, Deutschland über alles'-Stimmung. Wir wären schön dumm – ihr wäret schön dumm – wenn ihr rückwärts laufen würdet ins alte Reich à la Kohl. Besten Dank!" rief er dem Publikum zu, das den Worten applaudierte. Besonders begeistert wurde sein „Lied von den verdorbenen Greisen" aufgenommen.

In Leipzig wird an diesem Tag erstmals für die DDR Smogalarm ausgerufen. In der Stadt herrscht so dicke Luft, daß Alarm der Stufe zwei ausgelöst und das für den Abend angesetzte Fußballspiel zwischen dem 1. Lok Leipzig und Dynamo Dresden absagt werden muß.

Auf andere aktuelle Probleme macht der Stellvertreter des Oberbürgermeisters von Berlin, Peter Schkölziger, aufmerksam. Er teilt mit, daß allein in der DDR-Hauptstadt rund 3 000 Mitarbeiter des Handels fehlen. Über 2 000 Verkäuferinnen und Lagerarbeiter seien seit Beginn des Jahres in die Bundesrepublik ausgereist.

Der Demograph Prof. Gunnar Winkler konstatiert gravierende Folgen der Ausreisewelle für die Bevölkerungspyramide. Der in der DDR wie in ganz Mitteleuropa schon durch zwei Weltkriege und den „Pillenknick" stark ausgebuchtete Lebensbaum drohe „bis zum Jahr 2030 zum nahezu ast- und wurzellosen Stamm mit einer kleinen Krone von Senioren zu werden".

Der Sprecherrat des „Neuen Forums" im südlichen Bezirk Karl-

Marx-Stadt ruft für den 6. Dezember zum Generalstreik auf. In dem Aufruf wird die Beunruhigung über den Schwebezustand zum Ausdruck gebracht, in dem sich die DDR zur Zeit befindet und der von der SED genutzt werde, um Ihre Positionen zu festigen. Der Aufruf zum Generalstreik wird von der Gewerkschaftsvorsitzenden Annelis Kimmel abgelehnt. Streik wäre das zuletzt geeignete Mittel, um anstehende Probleme zu lösen. Die bevorstehenden Gespräche am „Runden Tisch" seien geeigneter, Konflikte auszuräumen. Auch Bärbel Bohley, Mitbegründerin des „Neuen Forums", erklärt, von Berlin werde der Generalstreik nicht mitgetragen.

Der prominente Rechtsanwalt Gregor Gysi meldet sich mit einem neuen Vorschlag zu Wort. Er spricht sich für eine Quotenregelung für Frauen aus. Gesellschaftliche Organisationen, staatliche Einrichtungen und Parteien sollten innerhalb eines Jahres einen angemessenen Anteil von Frauen in verantwortungsvolle Positionen zu bringen. Wenn sie das Problem in dieser Zeit nicht lösen, sei er für eine Quotenregelung, erklärt Gysi in einem Interview mit der Frauen-Illustrierten „Für Dich".

Sonnabend, 2. Dezember

Auf heftigen Widerspruch stößt in den Medien der Aufruf des „Neuen Forums" Karl-Marx-Stadt zum Generalstreik. „Neues Deutschland" schreibt, eine krisengeschüttelte Wirtschaft wie die in der DDR könnte durch einen Generalstreik nur zum Kollaps geführt werden. Die „Berliner Zeitung" bezeichnet den Aufruf als „ungeheuerlich". Alle Kräfte der Vernunft seien jetzt herausgefordert, um einem Abenteurertum, das sich gegen alle Interessen der Menschen richte, eine Absage zu erteilen. Die Zerstörung der Wirtschaftskraft der DDR sei bislang nicht die Tonlage des „Neuen Forums" gewesen.

Nach den schweren Kritiken schränken die Initiatoren des Generalstreiks ihren Aufruf ein. Falls bis zum 6. Dezember die Forderungen erfüllt sind, so die Festlegung eines Termins für freie Wahlen, soll auf den Streik verzichtet werden.

Im Streit um den Aufruf wird noch einmal die innere Konfliktlage des „Neuen Forums" deutlich, die auch beim ersten Treffen von

Sprecherrat und Initiativgruppe im Französischen Dom von Berlin zu Tage tritt. „Unser größtes Problem ist die Frage, ob wir Bürgerinitiative bleiben oder Partei werden sollen. Die Tendenz geht auf eine Vereinbarung von beidem hin“, meint Mitbegründer Christian Tietze gegenüber der „tageszeitung“. Ein Sprecher zum Problem der deutschen „Wiedervereinigung“: „Die Positionen sind zu unterschiedlich. Wir sind nicht aussagefähig.“

Eine bedrohliche Zunahme von Antisemitismus und rechtsradikalen Tendenzen in der DDR konstatiert die neugegründete Grüne Partei. Sie spricht von einem direkten Zusammhang mit der Zunahme des Rechtsradikalismus in westeuropäischen Ländern , aber auch von einem guten Nährboden dafür in der DDR selbst. „Republikaner“ formierten im Untergrund die ersten Gruppen.“

In Erfurt gründet sich die Laienbewegung „Katholische Soziale Aktion“. Hauptanliegen ist es, daß künftig nicht nur Amtsträger der Kirche zu politischen, wirtschaftlichen und kulturellen Fragen Stellung nehmen. Die Gruppierung sei jedoch nicht als politische Partei zu verstehen. Es gebe keinen Grund, eine eigene katholische Partei in der DDR zu gründen, betont Bischof Joachim Wanke.

Einwohner des Landkreises Rostock enttarnen eine Lagerhalle in Kavelstorf als Umschlagplatz der IMES GmbH für den internationalen Waffenhandel. Das Unternehmen unterhalte Kontakte nach Afrika, Lateinamerika und dem Nahen Osten. Die durch das Waffengeschäft erzielten Devisen seien an den Bereich „Kommerzielle Koordinierung“ des Staatssekretärs Alexander Schalck-Golodkowski überwiesen worden, teilt Generaldirektor Ehrhardt Wichert mit. In der Halle, die sofort versiegelt wird, finden sich Handfeuerwaffen, Munition und Lastwagen.

Überraschend erklärt der gerade erst ins SED-Politbüro gewählte Hans-Jochen Willerding seinen Rücktritt. Er sehe „keine Möglichkeit mehr, als Mitglied der derzeitigen Parteiführung überzeugend wirksam“ zu werden. Der mit 37 Jahre Jüngste in der SED-Führung verlangt, daß die Partei auf ihrem Sonderparteitag neue „Grundpositionen zu den Perspektiven des Sozialismus und des Selbstverständnisses der SED mit ihren kommunistischen und sozialdemokratischen Traditionslinien“ erarbeite.

Am Abend versammeln sich Tausende Mitglieder der SED-Basis

vor dem Haus des Zentralkomitees und fordern eine radikale Erneuerung der Partei. Ferner verlangen sie den Rücktritt des gesamten Politbüros, „das Amtsmißbrauch und Korruption verschleiert“. Auch Egon Krenz stellte sich für wenige Minuten den Demonstranten, wofür er extra eine Delegiertenkonferenz in seinem Heimatort Ribnitz-Damgarten (Bezirk Rostock) vorzeitig verlassen hat. Ihm schallen Buhrufe, Pfiffe und „Rücktritt-Rücktritt“-Sprechchöre entgegen.

Sonntag, 3. Dezember

Hunderttausende folgen am Mittag dem Aufruf zur Bildung einer Menschenkette quer durch das ganze Land von Nord nach Süd und Ost nach West. Die Kette soll ein Zeichen der Hoffnung und Entschlossenheit für eine demokratische Erneuerung sein. Pünktlich um 12 Uhr fassen sich Hunderttausende an den Händen und treten auf die Fahrbahnen. In den großen Städten ruht für eine Viertelstunde der Verkehr. Viele Fahrer verlassen ihre Autos und reihen sich ein. Wieder sind brennende Kerzen das Symbol für Friedfertigkeit. Exakt um 12.15 Uhr löst sich die Kette wieder auf, die beinahe ohne Löcher war und noch einmal die Entschlossenheit und Disziplin der gesamten Bewegung unter Beweis stellte.

Nach den massiven Forderungen des Vortages reagieren das Zentralkomitee und das Politbüro der SED am Nachmittag mit ihrem geschlossenen Rücktritt. „Das Zentralkomitee der SED stellt fest, daß der Prozeß der radikalen Erneuerung der Partei von der Basis her rasch voranschreitet“, heißt es in der Rücktrittserklärung. Auf die Delegiertenkonferenzen zum Sonderparteitag eingehend heißt es: „Scharf kritisierten die Delegierten, daß das Politbüro des ZK der SED und die Zentrale Parteikontrollkommission den ihnen übertragenen Auftrag, mutmaßliche Gesetzesverletzungen und ungerechtfertigte Inanspruchnahme von Privilegien, das ganze Ausmaß von Korruption und angemaßter Bevorrechtungen rückhaltlos aufzuklären, nur unvollkommen erfüllt haben. Die dazu zu leistende Arbeit ist von Inkonsequenz und Halbherzigkeit geprägt. Das Politbüro erkennt die Berechtigung dieser Kritik uneingeschränkt an.“

Menschenkette für Demokratie von der Insel Rügen bis in den Thüringer Wald

Wie zur Bestätigung trifft eine Nachricht ein, die alle aufschreckt: Der seit Tagen in die Schußlinie geratene Staatssekretär Schalck-Golodkowski ist geflohen. Regierungssprecher Meyer erklärt, der bisherige Chef des Bereiches „Kommerzielle Koordinierung" sei sofort aller Ämter enthoben. Schalck hatte noch am Vortag offizielle Verhandlungen in Bonn geführt. Sein Aufenthaltsort sei unbekannt. Rechtsanwalt Vogel gibt bekannt, daß ihn der Geflüchtete mit der anwaltlichen Vertretung beauftragt habe. In einem ADN-Hintergrundbericht wird darauf verwiesen, daß der Bereich „Ko-Ko" 1967 mit dem Ziel gegründet worden sei, durch internationale Geschäftsoperationen Valuta zu erwirtschaften, die die Volkswirtschaft auf normalem Wege nicht erbringen könne. Zuletzt hätten die Schalck unterstellten Firmen jährlich zwischen 1,4 und 1,7 Milliarden Valuta-Mark Gewinn abgeworfen. Wie es weiter heißt, wurden jedoch „im Verlauf der letzten Jahre auch Praktiken angewandt, die mit der eigentlichen Zielstellung nichts zu tun hatten".

Die nächste Nachricht ist nicht weniger sensationell: Der ehemalige Generalsekretär Erich Honecker, Ex-Premier Willi Stoph, Ex-Gewerkschaftschef Harry Tisch, Ex-Parlamentspräsident Horst Sindermann und Ex-Staatssicherheitsminister Erich Mielke werden gemeinsam mit anderen hohen Funktionären wegen schwerer Verstöße gegen das Statut aus der SED ausgeschlossen. Harry Tisch, Ex-Wirtschaftssekretär Günter Mittag sowie die Bezirkschefs Müller (Erfurt) und Albrecht (Suhl) werden verhaftet.

Anstelle des bisherigen Zentralkomitees übernimmt ein Arbeitsausschuß die Geschäfte der Parteiführung. Er setzt sich aus jenen SED-Bezirkschefs zusammen, die von der Parteibasis als Delegierte zum Sonderparteitag gewählt wurden sowie seit längerem im Gespräch stehenden Mitgliedern mit hohem moralischen Ansehen wie Rechtsanwalt Gregor Gysi, Dresdens Oberbürgermeister Wolfgang Berghofer, Ex-General Markus Wolf und anderen. Auf seiner ersten Sitzung beschließt der Arbeitsausschuß die Einsetzung eines parteieigenen Untersuchungsausschusses unter Leitung von Gregor Gysi, der noch am gleichen Tag die wichtigsten Räume im Zentralkomitee versiegeln läßt. Konten werden gesperrt, die zentrale EDV-Anlage unter Kontrolle gebracht. Um 17.30 Uhr tritt er ans Mikrophon und spricht zu den Demonstranten vor dem ZK-Gebäude: „Es geht um die Rettung unserer Partei, wir wollen eine Neuformierung einer modernen sozialistischen Partei von unten."

Ministerpräsident Hans Modrow äußert gegenüber dem „Spiegel" die Auffassung, wenn an diesem Sonntag Wahlen stattfinden würden, käme die SED vermutlich nur auf 19 oder 20 Prozent der Stimmen. „Ich glaube nicht, daß sich in der DDR nach der Wahl von vornherein eine Mehrheit zeigen wird. Es wird eine Vielparteienlandschaft sein". 15 Fraktionen in der Volkskammer hält der Politiker für durchaus vorstellbar. „Wir haben die Chancen, daß wir in jedem Falle der Juniorpartner sein können", schätzt er die künftige Rolle seiner Partei ein.

Größere Chancen rechnen sich die neuen Parteien aus, die sich politisch zu profilieren beginnen. Als erste oppositionelle Gruppierung spricht sich der „Demokratische Aufbruch" (DA) für die deutsche Einheit aus. In einer Erklärung des Sprechers der Programmkommission heißt es, die Zweistaatlichkeit sei „historisch bedingt" und könne „nicht von Dauer sein".

Der Vorsitzende der National-Demokratischen Partei Günter Hartmann spricht sich in einem „Bild"-Interview für schnelle Verhandlungen mit dem Ziel eines schnellen Abzugs der sowjetischen Truppen aus der DDR aus. Der Abzug könne in wenigen Jahren vor sich gehen". Und er fügt hinzu: „Aber wir gehen davon aus, daß im Gegenzug auch alle alliierten Truppen aus Westdeutschland abziehen werden." Über ein neutrales Gesamt-Deutschland müsse dann ein „gesamtdeutsches Gremium" entscheiden.

Die SDP veröffentlicht eine „Erklärung zur deutschen Frage" in der es heißt: „Wir denken, daß eine Konföderation der beiden deutschen Staaten eine schon bald mögliche Form ist, die Einheit der deutschen Nation zu gestalten."

In mehreren Strafanstalten kommt es zu Häftlingsrevolten. Die Gefangenen in Berlin-Rummelsburg fordern eine Generalamnestie, bessere Haftbedingungen, Mitspracherecht und eine höhere Vergütung ihrer Arbeit. Als Sprecher der Gefangenen erläutert der Arzt Dr. Andreas Stöß das Anliegen der Aktion. Auch die Häftlinge sollten zu spüren bekommen, daß sich in der Gesellschaft Veränderungen vollziehen.

Montag, 4. Dezember

Über den Rundfunk wird ein Aufruf an alle Mitarbeiter des Bereiches „Kommerzielle Koordinierung“ verlesen: „Ruft Belegschaftsversammlungen zusammen, die Kontrollgruppen zur Verhinderung weiterer Machenschaften einsetzen. Informiert die Deutsche Volkspolizei und die Öffentlichkeit. Verständigt Euch mit anderen Betrieben und mit Bürgerbewegungen eures Vertrauens. Beschließt, wo nötig, gemeinsame Kontrollmaßnahmen und sorgt für deren Öffentlichkeit.“

Erste Sicherheitsmaßnahmen hat auch die Nationale Volksarmee ergriffen. Sie sperrt den Luftraum in der Umgebung des Kavelstorfer „KoKo“-Waffenlagers für alle Tiefflugübungen. Die Bevölkerung in der Umgebung ist durch die Entdeckung der riesigen Munitionsbestände in einfachen Leichtbauhallen höchst beunruhigt und verlangt schnellsten Abtransport in gesicherte Depots.

Der Anwalt des flüchtigen Staatssekretärs Schalck-Golodkowski kann nach Angaben der Generalstaatsanwaltschaft nicht gezwungen werden, den Aufenthaltsort des gesuchten Devisenbeschaffers preiszugeben. „Rechtssicherheit hört dort auf, wo ein Rechtsanwalt gezwungen würde, Aussagen zu machen“, sagt Staatsanwalt Plath der Abendzeitung „BZ am Abend“. Er wisse zugleich, daß sich viele Bürger die Frage stellten: „Was ist wichtiger, Schalck oder das Volksvermögen unserer Republik im Ausland?“ Auf die Frage, ob denn Schalck tatsächlich außer Landes gegangen sei, sagt Plath: „Da verlassen wir uns auf Anwalt Vogels Auskunft. Es sei denn, selbst er wäre von seinem Mandanten getäuscht worden.“

Mit dem Skandal um den „Ko-Ko“-Chef gerät zunehmend auch Generalstaatsanwalt Wendland ins Kreuzfeuer öffentlicher Kritik. So fragt die „Berliner Zeitung“, warum das Ermittlungsverfahren erst in dem Moment beginnt, da der Mann außer Landes, also nicht mehr greifbar ist. Angehörige der Akademie der Wissenschaften fordern direkt die Ablösung Wendlands, der nicht willens genug sei, die tiefe Krise mit den ihm zur Verfügung stehenden juristischen Mitteln und Methoden wirksam zu bekämpfen. „Die Tradition, Rechtsbeugung juristisch zu sanktionieren, muß gebrochen werden“, heißt es in dem Offenen Brief.

Studenten der Sektion Rechtswissenschaften der Humboldt-Universität organisieren eine Demonstration vor dem Haus der Generalstaatsanwaltschaft. Sie tragen folgendes an Günter Wendland gerichtetes Transparent mit sich: „Du hast den Wahlbetrug nicht untersucht, Verantwortliche für den 7./8. Oktober nicht verhaftet, Herrn Schalck entkommen lassen – Jetzt reichts!“

Im Zentralkomitee der SED wird offensichtlich versucht, belastende Unterlagen zu vernichten oder abtransportieren zu lassen. Der Leiter der Abteilung Finanzen wird verhaftet. Mitarbeiter des Flughafens Berlin-Schönefeld machen darauf aufmerksam, daß zwei Sondermaschinen mit Akten beladen werden, die nach Rumänien fliegen sollen. Gregor Gysi als Leiter des neugebildeten Untersuchungsausschusses innerhalb der SED schaltet daraufhin die Staatsanwaltschaft ein, die veranlaßt, daß alle Flüge nach Bukarest gestoppt werden.

Die „Berliner Zeitung“ kommentiert die entstandene Situation mit den Worten: „Harte Zeiten für die SED. Die Welle der Austritte aus der Partei nahm im November stark zu. Jetzt zieht jede Nachricht über Korruption und Amtsmißbrauch ehemaliger SED-Spitzenpolitiker nach sich, daß massenhaft rote Mitgliedsbücher zurückgegeben werden. Honecker & Co. haben diese Partei in eine überaus schwere Krise geführt.“ Nach jüngsten Veröffentlichungen sollen in den letzten beiden Monaten über 200 000 Genossen ausgetreten sein, 70 Prozent davon Arbeiter.

Die Enthüllungen ziehen noch andere Konsequenzen nach sich: Es häufen sich Fälle von Selbstjustiz. Prominente aus Politik, Kultur und Wirtschaft verabschieden angesichts dieser Situation einen Appell für eine Sicherheitspartnerschaft zwischen Bürgerkomitees und den staatlichen Organen: „Im ganzen Land gibt es Bekundungen des Zorns und der Empörung über Machtmißbrauch, Korruption, Verbrechen und Versuche der Verdunkelung krimineller Vorgänge. Das ist auch unser Zorn und unsere Betroffenheit. Es gibt Anzeichen, daß aus diesem berechtigten Zorn Handlungen erwachsen, die in die Gefährdung der Sicherheit der Bürger und des Lebens münden könnten." Dies dürfe nicht zugelassen werden.

Auch die Gefangenen melden sich zu Wort. In mehreren Haftanstalten wird nicht nur für eine baldige Amnestie und grundlegende Reformen im Strafvollzug gestreikt, sondern werden auch politische Forderungen laut. ADN zitiert einen Häftling, der erklärt, es gehe nicht darum, die Straftaten, für die sie rechtskräftig verurteilt worden seien, zu bagatellisieren. „Im Vergleich zu den derzeit bekanntgewordenen Verbrechen der ehemaligen Partei- und Staatsführung am ganzen Volk" verständen sich die Gefangenen aber nur als kleine „Karnickeldiebe" und sie fragten sich, wer in diesem Land die wirklichen Verbrecher seien.

Inzwischen setzen sich die ehemaligen Bündnispartner demonstrativ von der SED ab. Die Christlich-Demokratische Partei (CDU) erklärt ihren Austritt aus dem sogenannten Demokratischen Block. Ein weiteres Zusammenwirken mit anderen politischen und gesellschaftlichen Kräften des Landes werde jetzt am „Runden Tisch" für sinnvoll angesehen. Weiter heißt es, das Präsidium der CDU erwarte den Rücktritt von Egon Krenz als Vorsitzenden des Staatsrates und Vorsitzenden des Nationalen Verteidigungsrates. Auf einer Sondersitzung solle die Volkskammer eine „geeignete Persönlichkeit des öffentlichen Lebens" für das höchste Staatsamt wählen.

„Neues Forum" und SDP sprechen sich für baldige Neuwahlen aus. Die SDP befürwortet den 6. Mai 1990. Bislang hatte man ein Datum zwischen September und Dezember 1990 favorisiert.

In Potsdam nimmt das Mitglied des SDP-Parteivorstands Steffen Reiche eine Präzisierung der Positionen seiner Partei vor. Die Soizialdemokraten in der DDR plädieren für die Einheit der deutschen Nation. Vor Demonstranten vor der Nikolaikirche fordert er einen Friedensvertrag für Deutschland. Andere Redner sprechen sich für einen Volksentscheid in beiden Teilen Deutschlands zur Wiedervereinigung aus.

Ein unabhängiger Frauenverband tritt an die Öffentlichkeit. In den „Sofortforderungen" verlangen die Gründerinnen u. a. die Einrichtung eines Frauenförderfonds beim Ministerrat, die Schaffung von Publikationsmöglichkeiten und die Gewährung von Sendezeiten in Rundfunk und Fernsehen sowie die Bildung von Frauenausschüssen auf allen parlamentarischen Ebenen.

Gegenüber Journalisten versichert Kulturminister Dietmar Keller, daß „das Ministerium künftig keinerlei administrative Eingriffe mehr in den Kunst- und Literaturprozeß vornehmen" wird. Bereits in der vergangenen Woche sei die Genehmigungspraxis für Verlage abgeschafft worden.

Erstmals in der DDR gehen an diesem Tag auch Volkspolizisten und Angehörige der Sicherheitsorgane auf die Straße, um gegen Amtsmißbrauch, Korruption und gegen Aktenvernichtung zu protestieren. Sie erklären, daß sie alles für die Aufklärung dieser Verbrechen tun wollen.

Der Leiter des Amtes für Nationale Sicherheit, General Wolfgang Schwanitz, teilt in einem Interview dem „Stern" mit, daß bereits 10 000 ehemalige Mitarbeiter des Ministeriums für Staatssicherheit entlassen worden seien. Für sie gäbe es Überleitungen in die Volkswirtschaft.

Am Abend demonstrieren, wie an jedem Montag, wieder über eine Viertelmillion Menschen in zahlreichen Städten der DDR. Gefordert werden nicht nur weitergehende politische Reformen und die Bestrafung verantwortlicher SED-Funktionäre, sondern mit zunehmender Lautstärke auch die „Wiedervereinigung" Deutschlands. In Leipzig, wo 150 000 Menschen auf die Straße gehen, sind zahlreiche schwarz-rot-goldene Fahnen zu sehen. Der Leipziger Sprecher des „Neuen Forums" Jürgen Tallig erntet ein grelles Pfeifkonzert für seine Bitte, Plakate mit der Forderung nach Wiedervereinigung zunächst zu Hause zu lassen. In der „Leipziger Volkszeitung" erscheint als Reaktion darauf folgender „Offener Brief an einen unbekannten Trittbrettfahrer": „Deinetwegen habe ich die letzte Montagsdemo vorzeitig verlassen. Du, Deine Trillerpfeife und Deine leider so zahlreichen Spießgesellen, Ihr habt mir Angst eingeflößt... Wo ward Ihr Helden, als uns Polizeiknüppel zuhauf trieben und wir – eingepfercht wie Vieh in einem Pferdestall – einem ungewissen Schicksal entgegenbangten? Da hätten wir Eure Tapferkeit bitter nötig gehabt, mit der Ihr jetzt jeden Redner niederschreit, der Vernunft fordert oder sich gar als SED-Mitglied zu erkennen gibt... Wir können nicht Demokratisierung fordern und im selben Atemzug zum Pogrom aufrufen, ein Achtel unseres Volkes nach Golgatha führen!"

Zehntausende gehen in Karl-Marx-Stadt mit der Forderung nach Auflösung der Kampfgruppen und der Zurückbenennung der Stadt in Chemnitz auf die Straße. Sprecher regen die Einberufung einer gesamtdeutschen Nationalversammlung nach dem Vorbild des „Runden Tisches" an. In Cottbus fordern Tausende Frauen auf einer Kundgebung des „Neuen Forum" eine veränderte Familien- und Bildungspolitik. Zentrales Thema der Demonstration in Halle ist der Umweltschutz. Zehntausende verlangen wirksamere Maßnahmen zur Reinhaltung der Luft.

Dienstag, 5. Dezember

Generalstaatsanwalt Günter Wendland tritt zurück. Sein Nachfolger Harri Harland gibt bekannt, daß der frühere SED-Generalsekretär Erich Honecker und andere abgesetzte Vertreter der alten Parteiführung in der Prominentensiedlung Wandlitz unter Hausarrest stehen. Es handele sich bei dieser Maßnahme um eine Art „Staatsnotwehr".

Vom geflüchteten Staatssekretär Schalck-Golodkowski fehlt dagegen jede Spur. Westberlins Innensenator schließt nicht aus, daß er sich in der Stadt befindet. Konkrete Anhaltspunkte lägen allerdings nicht vor. Der bei der Generalstaatsanwaltschaft für Wirtschaftskriminalität zuständige Ermittler, Adolf Buske, erklärt, ihm seien in diesem Fall bisher die Hände gebunden gewesen.

Die Zeitung „Der Morgen" (LDPD) berichtet von einem Besuch im Waffenlager der „KoKo"-Firma IMES in Kavelstorf und einer Begegnung mit dem Generaldirektor der 1985 gegründeten Firma, Erhard Wiechert. „Uns ist klar, warum Menschen in Kavelstorf hemmungslos weinten, einer sogar einen Tobsuchtsanfall bekam, als vor ihnen ein Stück des Nebelschleiers gelüftet wurde." Die Lagerhallen seien ohne Genehmigung errichtet worden, die Einwohner des Ortes hätten erst jetzt erfahren, welch hochgefährliches Material in ihrer unmittelbaren Nähe lagerte. Der Bereich „KoKo" habe sich verselbständigt und ins Zwielicht der Kriminalität begeben, urteilt der Reporter. „Unsere Gesellschaft besaß nicht die

Strukturen, um solches zu verhindern, und so fanden sich Leute bar jeden Gewissens und konnten ihr Spiel treiben." Mit Empörung wird die Äußerung von Direktor Wiechert zitiert, man müsse es jedem Menschen selbst überlassen, was er für moralisch hält.

In Berlin wird am Hintereingang des Hauses der Elektroindustrie ein Mann mit zwei Koffern voller Geld und Dokumenten festgenommen. Der Wert des Geldes wird mit einer halben Million DM und mehreren Hunderttausend DDR-Mark angegeben. Der Mann, der sich als Institutsdirektor ausgibt, soll, wie später verlautet, dem Amt für Nationale Sicherheit angehören.

Das Kollegium des Amtes für Nationale Sicherheit tritt nach internen Machtkämpfen geschlossen zurück. Einheiten des Wachregiments „Feliks Dzierzynski" hatten zuvor das Amt umstellt und keine Fahrzeuge mehr passieren lassen, um den heimlichen Abtransport weiterer Materialien zu verhindern. In einer Presseinformation heißt es, daß die Stellvertreter des ehemaligen Ministers für Staatssicherheit, die Generäle Mittig und Neiber, sowie 17 Leiter von größeren Dienstbereichen des früheren Ministeriums mit sofortiger Wirkung von ihren Ämtern entbunden worden seien. Auf einer Pressekonferenz informierte der Parteisekretär des neuen Amtes für Nationale Sicherheit, man stelle mit Verbitterung und Sorge fest, daß der Prozeß der Erneuerung im Amt hinter der Entwicklung im übrigen Land zurückbleibe. Dafür trage direkt der Chef des Amtes, General Schwanitz, die Verantwortung. Gerade dieser verbleibt jedoch weiterhin in seiner Funktion.

In Suhl erzwingen 2000 Menschen den Eintritt in das Bezirksamt für Nationale Sicherheit. Der Leiter des Amtes gibt später zu, daß in Suhl ebenso wie in Leipzig, Erfurt oder Berlin massenhaft Akten vernichtet wurden. Auch in Erfurt dringen Bürger in die Räume der Bezirksverwaltung ein, um die Vernichtung von weiterem Belastungsmaterial zu verhindern. Der zuständige Leiter erklärt, die Aktenvernichtung gehöre zum normalen Dienstbetrieb. Jetzt würden nur Dossiers über „Andersdenkende" vernichtet.

Die Schriftstellerin Christa Wolf und der Dokumentarist Konrad Weiß ("Demokratie jetzt") rufen zur Bildung von Bürgerkomitees auf, die weitere Aktenvernichtung verhindern und bei den anstehenden Ermittlungen helfen sollen.

Auflösung der Waffenkammern der Kampfgruppe

Die Bewaffnung, Technik und spezielle Ausrüstung der Betriebskampfgruppen in der DDR werden ab sofort eingezogen, teilt ein Sprecher des Innenministeriums mit. „Schützenpanzerwagen, Granatwerfer, rückstoßfreie Geschütze und Zwillingsflak sollen aus den Betrieben vollständig in Dienststellen der Organe des Ministeriums" überführt werden. Die betrieblichen Waffenkammern würden von der Volkspolizei übernommen.

Eine vollständige Auflösung der Kampfgruppen fordert die LDPD. Auch die Politische Hauptverwaltung der Armee müßte abgeschafft werden und die SED solle sich aus den Betrieben zurückziehen. Nach der CDU kündigt nun auch sie ihre Mitarbeit im Demokratischen Block auf.

Den gleichen Schritt vollzieht die Demokratische Bauernpartei. Sie fordert außerdem den Rücktritt von Egon Krenz und aller Mitglieder des Staatsrates.

Die National-Demokratische Partei (NDPD) hat vorerst mit sich zu tun. Sie gibt bekannt, daß ihr früherer Parteivorsitzender Prof. Heinrich Homann eine Viertelmillion DM veruntreut hat. Eine Untersuchungskommission werde der Sache nachgehen.

Große Probleme gibt es auch im Innern der FDJ. Wie der neue Vorsitzende Frank Türkowsky mitteilt, hat der Jugendverband bereits eine Dreiviertelmillion seiner 1,7 Millionen Mitglieder verloren. Ein Ende der Austritte sei noch nicht abzusehen.

Verschärft hat sich die Lage in den Strafvollzugsanstalten. Die Gefangenen in Bautzen befinden sich im Hungerstreik für eine Überprüfung ihrer Urteile und bessere Bezahlung. Der Chef des Strafvollzugs, General Lustig, informiert, daß die Häftlinge der DDR jährlich einen Anteil von 12,5 Milliarden Mark der industriellen Warenproduktion erarbeiten und verweist auf die „hervorragende Disziplin" der Gefangenen. Staatsratsvorsitzender Egon Krenz verspricht, die ihm von den Ministern des Inneren und der Justiz übergebenen Vorschläge zu einer kurzfristigen, umfassenden Amnestie zu prüfen.

Einziger Lichtblick dieses Tages ist die Vereinbarung zwischen DDR-Ministerpräsident Modrow und BRD-Kanzleramtsminister Seiters über die Schaffung eines deutsch-deutschen Devisenfonds, der es künftig ermöglicht, daß jeder DDR-Bürger einmal im Jahr

200 DM eintauschen kann. (100 DM zum Kurs 1:1 und noch einmal soviel zum Kurs 1:5). Beide Seiten verständigen sich außerdem über den Wegfall von Visum und Mindestumtausch für BRD-Bürger zum 1. Januar 1990.

Der VW-Konzern und der Fahrzeugbaubetrieb IFA vereinbaren, einen gemeinsamen Nachfolger des Trabant zu entwickeln. Dazu wird eine zu gleichen Anteilen besetzte Planungs-GmbH mit Sitz in Wolfsburg gegründet.

Mit der Aufführung von Beethovens neunter Symphonie ehren am Abend Mitglieder des Rundfunk-Symphonieorchesters Berlin und des Schauspielhauses die Opfer stalinistischer Verfolgungen in der DDR. Schriftsteller Christoph Hein erinnert daran, daß es „unendlich viele Opfer des Stalinismus" gegeben habe. „Der Terror reichte von Mord und Justizmord bis zur kleinen alltäglichen Drangsalierung. In den letzten Jahren drohte nicht mehr der Henker, sondern Gefängnis oder eine geschlossene psychiatrische Klinik oder die Ausbürgerung." Der Autor schließt: „Verzagen wir nicht. Wo sich das Ende des Sumpfes zeigt, leuchtet etwas sehr Kostbares, eine menschlichere Gesellschaft... Zum ersten Mal nach mehr als 40 Jahren kann ich sagen, dieses Land hier wird mein Land. Es wird mein Land, wenn ich es nicht aufgebe. Wir haben eine Chance. Sie ist nach 13 Jahren Faschismus und 40 Jahren Stalinismus sehr klein. Aber sie ist vorhanden, sie ist aber erst jetzt vorhanden. Wir sollten noch heute unser Apfelbäumchen pflanzen."

Mittwoch, 6. Dezember

Egon Krenz tritt als Staatsratsvorsitzender und Vorsitzender des Nationalen Verteidigungsrates zurück. Amtierendes Staatsoberhaupt wird der bisherige Stellvertreter des Vorsitzenden des Staatsrates, Prof. Manfred Gerlach (LDPD). In der Abschiedserklärung von Krenz heißt es: „Meine mehrjährige Mitgliedschaft im Staatsrat und im Politbüro unter Führung Erich Honeckers minderte bei nicht wenigen Bürgern die Glaubwürdigkeit der von mir vertretenen Politik der Erneuerung des Sozialismus..." Gerlach, der mitteilt, daß er die neue Funktion nur übergangsweise ausüben und sich für dieses Amt nicht bewerben werde, gehört zu den Mitbegründern der FDJ und hatte stets gute Beziehungen zur SED und zu Erich Honecker. Der geborene Leipziger ist seit 1949 ununterbrochen Mitglied der Volkskammer und war 1950 mit 24 Jahren der jüngste Bürgermeister von Leipzig. Schon 1960 wurde er Stellvertreter des Staatsratsvorsitzenden der DDR. 1967 übernahm er den Vorsitz der LDPD. Im Sommer 1989 erkannte er früher als die meisten anderen Politiker die Krise im Land und setzt sich demonstrativ vom Gesellschaftsverständnis der alten SED-Führung ab. Er überlebte als einziger der alten Politikergarde die „Wende".

Die Suche nach dem flüchtigen Ex-Staatsskeretär Schalck-Golodkowski geht weiter. Israel dementiert seine Anwesenheit im Land, in der Bundesrepublik läuft die Fahndung an und auch in der Schweiz ist ein entsprechendes Ersuchen eingegangen. Unterdessen wird der stellvertretende Chef des Bereichs „Kommerzielle Koordinierung", Manfred Seidel, festgenommen. Er steht im Verdacht, gemeinsam mit Schalck Valuta-Beträge in einer Höhe von 200 Millionen DM ins Ausland verbracht zu haben.

Rechtsanwalt Vogel, der im Zusammenhang mit der Schalck-Affäre tags zuvor zeitweilig festgenommen worden war, wird wieder auf freien Fuß gesetzt. Daraufhin gibt der prominente Anwalt folgende Erklärung ab: „In jüngster Zeit und verstärkt im Zusammenhang mit dem Fall des ehemaligen Staatssekretärs Schalck-Golodkowski habe ich schwerwiegende Vorwürfe und Kränkungen ertragen müssen. So soll der Freikauf und Austausch von Inhaftierten plötzlich unmoralisch und nicht rechtsstaatlich gewesen sein. Ich sehe mich einer Kampagne ausgesetzt, die bis zum Vorwurf der Erpressung reicht. Auch habe ich niemals daran gedacht und denke auch nicht daran, die DDR zu verlassen. Nach 35 Jahren Anwalt zwischen beiden deutschen Staaten danke ich allen, die mir vertraut haben. Ich will nicht mehr." Justizminister Heusinger entschuldigt sich für die Verhaftung in aller Form. „Die Tatsache, daß ein Rechtsanwalt in Ausübung seiner anwaltlichen Tätigkeit vorläufig festgenommen wurde, ist in unserem Staat eine Unmöglichkeit. Es gibt die Vermutung, daß über diesen Weg erreicht werden sollte, von Vogel Auskünfte zu erhalten, die man nicht bekommt, wenn er in Freiheit ist.

Das Verteidigungsministerium dementiert öffentlich jede Beteiligung am Waffenhandel der Firma IMES. Wie ein Sprecher erklärt, seien allerdings auf Anweisung von Erich Honecker 200 Panzer nach Äthiopien verschickt worden. Der Zorn der Bevölkerung schwillt trotzdem an. Die Regierung und die militärische Führung sehen sich gezwungen, die Bürger vor Übergriffen auf Armeeangehörige und militärische Einrichtungen zu warnen. Beschwörend heißt es in einem Appell: „Nur gemeinsam können wir die Souveränität der DDR wahren und unser Land vor Anarchie und Chaos retten."

Die Belegschaften mehrerer Plauener Betriebe folgen einem Aufruf des Regionalzentrums des „Neuen Forums" zu einem zweistündigen politischen Warnstreik. Ihre Losungen fordern den Auszug der SED aus den Betrieben und die Wiedervereinigung der beiden deutschen Staaten. Auch in der Musikinstrumenten-Stadt Markneukirchen beteiligen sich 8 000 Menschen an einem Warnstreik.

Ein Sprecher des Innenministeriums teilt mit, daß im Rahmen des Abbaus von Privilegien ab sofort die Sonderausweise „Freic Fahrt" für Partei- und Staatsfunktionäre außer Kraft gesetzt würden. Diese gestatten die vorsätzliche Mißachtung der Straßenverkehrsordnung, zum Beispiel die Beachtung der vorgeschriebenen Höchstgeschwindigkeit.

Es wird bekannt, daß der Mann, der versucht hatte, zwei Koffer voller Geld aus dem Berliner Haus der Elektroindustrie zu schaffen, sich in der Untersuchungshaft erhängt hat. Seine Identität ist zuvor geklärt worden. Es handelt sich um einen Mitarbeiter des Amtes für Nationale Sicherheit im Rang eines Oberst.

Erstmals werden in der Untersuchungskommission des Berliner Magistrats die Namen der Verantwortlichen für die Einsätze der Polizei und Sicherheitskräfte am 7. und 8. Oktober genannt: Federführend war der damalige Minister für Staatssicherheit, Erich Mielke. Wie ein Bereitschaftspolizist aussagt, habe Mielke, der die Demonstranten im Schutz der Polizeikette beobachtete und direkt neben ihm stand, gerufen: „Haut sie doch endlich zusammen, die Schweine!" Der Berliner Staatssicherheitschef, General Hähnel, gibt bekannt, daß die Einsatzleitung in Berlin unter dem Befehl von

Politbüromitglied Günter Schabowski stand. Der hatte bei zahlreichen früheren Gesprächen nie seine eigene Rolle in dem Geschehen klar benannt. Der Ausschuß fordert die sofortige Einleitung von Ermittlungsverfahren gegen Mielke, Hähnel, den Berliner Polizeichef Rausch und den Berliner Generalstaatsanwalt Simon.

Die Enthüllungen reißen nicht ab. In einer Sondersendung des Jugendfernsehens „ELF99" berichtet der frühere ZK-Sekretär der SED Herbert Häber, der auch ein Jahr dem Politbüro angehörte, daß er nach inhaltlichen Auseinandersetzungen mit Generalsekretär Honecker von seinen Ämtern enthoben und als hoffnungsloser Fall in eine psychiatrische Klinik eingeliefert worden sei.

Am späten Abend geht die Nachricht um, daß alle Gebäude des früheren Ministeriums für Staatssicherheit bzw. deren Nachfolgeorganisation, des Amtes für Nationalen Sicherheit, von der Volkspolizei bewacht werden. Die Aufgabe ist eine doppelte. Zum einen soll verhindert werden, daß weiter belastendes Material vernichtet wird, zum andern sollen gewalttätige Übergriffe aufgebrachter Bürger ausgeschlossen werden. In Suhl erschießt sich ein Angehöriger der Staatssicherheit während der Begehung der Bezirksverwaltung durch Bürgerkomitees.

Der Arbeitsausschuß der SED, der seit der Abdankung des Zentralkomitees und des Politbüros die Geschäfte führt, gibt bekannt, daß man sich angesichts der bedrohlichen Lage im Lande entschlossen habe, den für den 16. und 17. Dezember vorgesehenen Sonderparteitag vorzuziehen und bereits am Freitag mit dem ersten Teil zu beginnen. Es sickert durch, daß sich in den Südbezirken die ersten Parteiorganisationen aufzulösen beginnen und daß der allgemeine Autoritätsverlust im Lande zur Zersetzung weiterer Strukturen führe. Es müsse schnellstens wieder eine handlungsfähige Führung gewählt werden, auf die sich auch die anderen gesellschaftlichen Kräfte beziehen können.

Der flüchtige Alexander Schalck-Golodkowski stellt sich am späten Abend den Westberliner Behörden und wird in das Untersuchungsgefängnis Moabit eingeliefert.

Donnerstag, 7. Dezember

Die Situation im Lande spitzt sich weiter zu. Wie Regierungssprecher Meyer mitteilt, führten zunehmende Unzufriedenheit über Verdunklungsversuche und schleppende Ermittlungen bei der Aufdeckung von Amtsmißbrauch und Korruption zu spontanen Aktionen, „die die Arbeit von staatlichen Organen behindern und damit nicht im Interesse des Bürgers liegen“. Leben und Gesundheit von Mitarbeitern des Amtes für Nationale Sicherheit und ihrer Familien seien in höchster Gefahr.

Der Chef des Amtes, General Wolfgang Schwanitz teilt mit, daß vier Bezirksämter die Arbeit bereits einstellen mußten, in weiteren sei die Arbeit stark eingeschränkt. In Berlin muß die Zentrale des früheren Ministeriums für Staatssicherheit in der Normannenstraße wegen des großen öffentlichen Drucks zur Besichtigung freigegeben werden. Die Ausrufung des Ausnahmezustandes sei „noch nicht im Gespräch“. Man dürfe jedoch die Mitarbeiter nicht für die falsche Sicherheitspolitik der früheren Führung verantwortlich machen. Eine weitere Eskalation der Gewalt könne unabsehbare Folgen für das Land haben. Den Befehl zur Vernichtung von Akten hätte er selbst gegeben, teilt Schwanitz mit. Es hätte sich um überholte schriftliche Weisungen gehandelt, die ohnehin schon außer Kraft gesetzt gewesen seien. Daß durch ihre Vernichtung der Anschein von Vertuschungsversuchen entstanden sei, wäre ihm erst im nachhinein klar geworden.

Auch die SDP macht ihre Besorgnis über die zunehmende Gewaltbereitschaft deutlich. Angesichts von Besetzungen von Kasernen und Dienstgebäuden des ehemaligen Ministeriums für Staatssicherheit rufen die Sozialdemokraten zur Gewaltlosigkeit auf. Markus Meckel, 2. Sprecher der SDP, geht während einer Pressekonferenz in Berlin auf weitere Grundpositionen seiner Partei ein: „Wir sind auch gegen einen allgemeinen Generalstreik, weil er unsere Wirtschaft noch mehr zusammenbrechen ließe.“ Zur Frage der Wiedervereinigung verliest Vorstandsmitglied Finger eine Erklärung, in der sich die SDP zur Einheit der Nation bekennt, die von beiden Staaten gestaltet werden müsse. Eine schnelle Wiedervereinigung im Sinne eines Anschlusses an die BRD würde dies allerdings gefährden. Die Gestaltung der deutschen Einheit müsse so geschehen, daß der Aufbau einer europäischen Friedensordnung nicht gefährdet wird.

Nach einer repräsentativen Umfrage, die von zwei DDR-Instituten Ende November vorgenommen wurde, lehnen 23 Prozent der DDR-Bürger eine Wiedervereinigung strikt ab. Weitere 29 Prozent sind eher dagegen, als dafür, 16 Prozent sprechen sich für einen Zusammenschluß von DDR und Bundesrepublik aus, während 32 Prozent eher dafür als dagegen sind.

Die Initiatoren des Aufrufs „Für unser Land", in dem gegen eine mögliche Vereinnahmung durch die Bundesrepublik Stellung genommen wird, reagieren empört auf die Erklärung des Chefs des Sicherheitsamtes Schwanitz, daß alle Mitarbeiter des von ihm geleiteten Amtes hinter dem Aufruf stünden. In einer Presseerklärung dazu heißt es: „Wir hatten wiederholt darauf hingewiesen, daß niemand, schon gar kein Leiter, das Recht hat, sich im Namen anderer, noch dazu ihm dienstlich Unterstellter, zu diesem Appell zu äußern. (...) Die Äußerung von Herrn Schwanitz kann in der gegenwärtigen Situation nicht anders gewertet werden als eine Provokation, die offenbar darauf abzielt, einen Minimalkonsens unterschiedlichster politischer Strömungen unseres Landes in Frage zu stellen. Sie fördert Konfrontation, behindert innenpolitischen Dialog und demokratische Kooperation."

Der Vorstand des „Demokratischen Aufbruchs" äußert sein Erschrecken über die Wirkung des Appells, der unter anderem auch von Egon Krenz unterzeichnet worden ist. „In einer Kampagne haben auch diejenigen sich des Aufrufs bedient, die den befürchteten Ausverkauf materieller, ideeller und moralischer Werte bereits seit Jahrzehnten betrieben haben."

Politischer Höhepunkt dieses Tages ist die erste Beratung am „Runden Tisch", zu der sich Vertreter von 14 Parteien, politischen Gruppierungen und Organisationen im Berliner Dietrich-Bonhoeffer-Haus treffen. Nach intensiver und durchaus kontroverser Debatte wird folgende Erklärung verabschiedet: „Die Teilnehmer des Rundes Tisches treffen sich aus tiefer Sorge um unser in eine Krise geratenes Land, seine Eigenständigkeit und seine dauerhafte Entwicklung. Sie fordern die Offenlegung der ökologischen,

Beratung am „Runden Tisch" im Bonhoeffer-Haus der Evangelischen Kirche

wirtschaftlichen und finanziellen Situation in unserem Land. Obwohl der ‚Runde Tisch' keine parlamentarische oder Regierungsfunktion ausüben kann, will er sich mit Vorschlägen zur Überwindung der Krise an die Öffentlichkeit wenden. Er fordert, von der Volkskammer und der Regierung rechtzeitig vor wichtigen rechts-, wirtschafts- und finanzpolitischen Entscheidungen informiert und einbezogen zu werden. Er versteht sich als Bestandteil der öffentlichen Kontrolle in unserem Land. Geplant ist, seine Tätigkeit bis zur Durchführung freier, demokratischer und geheimer Wahlen fortzusetzen." Resultat des ersten Beratungstages: Die Teilnehmer einigen sich auf den 6. Mai 1990 als Termin für freie Parlamentswahlen.

In der Volkskammer konstituiert sich eine Kommission zur Änderung der Verfassung, deren Bestätigung im Ergebnis der Verhandlungen am Runden Tisch 1990 durch einen Volksentscheid erfolgen soll.

Nach dem Zerfall des Demokratischen Blocks und der Konstituierung des „Runden Tisches" wird der Sinn des Nationalrats der Nationalen Front, in dem bisher die traditionellen Parteien und Massenorganisationen unter Führung der SED zusammengeschlossen waren, immer fraglicher. Sein Präsident, Prof. Lothar Kolditz, erklärt seinen Rücktritt. Gegen einen prominenten Vertreter des Demokratischen Blocks, den früheren Vorsitzenden der CDU, Gerald Götting, ermittelt inzwischen die Generalstaatsanwaltschaft wegen Veruntreuung von Parteigeldern.

Unter den amtierenden Politikern genießt Ministerpräsident Hans Modrow außergewöhnlich hohe Popularität: 84 Prozent der Teilnehmer einer Umfrage sprechen ihm ihr Vertrauen aus. Ihm folgen mit 62 Prozent Parlamentspräsident Maleuda und mit 52 der amtierende Staatsratsvorsitzende Manfred Gerlach. Bärbel Bohley vom „Neuen Forum" erhält 24 Prozent. 92 Prozent der Befragten erwarten große wirtschaftliche Probleme in der DDR, und 43 Prozent fürchten einen Anstieg der Gewalt.

Wie der Pressesprecher der Generalstaatsanwaltschaft mitteilt, werden im Rahmen einer Teilamnestie 15 000 Personen freigelassen. Nicht unter die Amnestie fallen Personen, die unter dem Verdacht der Korruption, des Amtsmißbrauchs und der Bereicherung stehen, auch nicht jene, gegen die in diesem Zusammenhang Ermittlungsverfahren eingeleitet wurden. Die Generalstaatsanwaltschaft erklärt, eine Generalamnestie sei nicht vorgesehen, hätte sie doch auch die Freilassung von Nazi- und Kriegsverbrechern, Personen, die schwerste Tötungsverbrechen begangen hätten und auch von „Gewaltverbrechern und Skindheadgruppen" zur Folge.

Mit Entsetzen nimmt die Öffentlichkeit zur Kenntnis, daß in dieser Nacht in Berlin erneut der Friedhof der jüdischen Gemeinde Adass Jisroel geschändet wurde.

Der Verband Bildender Künstler stellt das Projekt „Treibhaus" vor. Im Ausstellungszentrum am Berliner Fernsehturm können Besucher in den nächsten Wochen mit den neuen Gruppen, Parteien und Bewegungen ins Gespräch kommen. Es soll die Chance geboten werden, die Vielfalt der Gruppen kennenzulernen und über alle anstehenden Probleme zu diskutieren.

Daß es mehr Gruppierungen gibt als in der Öffentlichkeit bisher wahrgenommen, machte gerade die Gründungsveranstaltung des unabhängigen Frauenverbandes deutlich. Dort beteiligten sich unter anderem: Sozialistische Fraueninitiative SOFI, Lila Offensive, Berliner Frauenzentrum, Fraueninitiative Fennpfuhl, 1. Weiblicher Aufbruch EWA, Frauengruppe der Evangelischen Adventsgemeinde, Klub der Widerspenstigen, Frauengruppe der SED, DFD, Freie Frauenassoziation Weimar, Frauenclub Cottbus, Rosalinde Leipzig. Am Abend gibt das Fernsehen bekannt, daß Ministerpräsident Modrow für alle Bezirke des Landes „Persönliche Bevollmächtigte" ernannt hat. Sie sollen in seinem Auftrag mit Bürgerinitiativen zusammenarbeiten, die sich um Aufdeckung von Amtsmißbrauch und Korruption bemühen und dafür engagieren, daß aus ehemaligen Staatssicherheitsdienststellen nichts beseitigt werde. Es solle Gemeinsamkeit im Handeln zwischen Volk und Regierung hergestellt werden.

Wie an jedem 7. des Monats kommt es auch an diesem Tag in Berlin wieder zu Demonstrationen, wird auf dem Alexanderplatz auf die Wahlen vom 7. Mai gepfiffen. Dieses Mal veranstalten die rund 2 000 Demonstranten nach einem Zug durchs Stadtzentrum auch vor dem Staatsrat ein Trillerpfeifenkonzert, mit dem sie ihren Willen nach einem freien und unverfälschten Votum bekunden.

RECHTS-
SICHERHEIT
ist die beste
STAATS-
SICHERHEIT

Vor dem ZK-Gebäude verlangen sie die Revision der Wahlergebnisse vom Frühjahr. Sie rufen: „Wir brauchen weder Krenz noch Kohl – nur wenn wir selbst regieren, wird uns wieder wohl!"

Freitag, 8. Dezember

Ein weiteres Ergebnis der Verhandlungen am Runden Tisch wird bekannt: Das Amt für Nationale Sicherheit – Nachfolgeorganisation des vielfach gehaßten Ministeriums für Staatssicherheit – wird vollständig aufgelöst.

Die Volkskammer beginnt mit der Ausarbeitung eines neuen Wahlgesetzes. Alle Teilnehmer des Runden Tischs, die nicht mit eigenen Fraktionen im Parlament vertreten sind, werden zur Mitarbeit aufgefordert.

Nach Angriffen der Bevölkerung auf weitere Dienstgebäude des Amtes für Nationale Sicherheit verstärkt die Volkspolizei die Sicherung der entsprechenden Einrichtungen. Der gesamte Personen- und Fahrzeugverkehr wird strikt kontrolliert. Zuvor hatte Innenminister Ahrendt erklärt, die Bürger dürften nicht zulassen, daß die gegenwärtige Situation zu Gewalttätigkeiten genutzt werde. Das Innenministerium sei bereit, dafür mit allen demokratischen Gruppierungen und mit der Kirche zusammenzuarbeiten.

Die Konferenz der Evangelischen Kirchenleitungen in der DDR wendet sich mit einer Erklärung an die Bürger und Christen des Landes: „Diese Tage sind erfüllt von Hoffnungen und Ängsten. Gemeinsam wurde eine friedliche Revolution herbeigeführt. Friedensgebete haben den Geist der Versöhnung in die Demonstrationen getragen. (...) Wir bitten darum, daß uns der Geist der Versöhnung weiter bestimme." Trotz des Zorns über die aufgedeckte Gewalt, die Lügen und die Veruntreuung dürfe das Handeln nicht von Haß und Rachegedanken bestimmt werden.

Verteidigungsminister Theodor Hoffmann erklärt gegenüber Parlamentspräsident Maleuda, die Armee sei besorgt über die „nachlassende Ordnung" in der DDR. „Wir fürchten für die Sicherheit dieser Republik, für die wir auf Wacht stehen." Vor allem dürften Waffen und Munition aus den Armeedepots nicht in falsche Hände geraten.

Auch das Justizministerium klagt über Beeinträchtigungen seiner Arbeit. „Die Durchführung von Verhandlungen" würde vielfach gestört, „ausgesprochene Entscheidungen negiert" und „Vollstreckungshandlungen unterbunden".

Die Berliner Volkspolizisten beschweren sich über „eine nicht länger zu haltende Hilflosigkeit" in ihrer Führung. Sie könnten sich nicht, wie der frühere Innenminister, der Verantwortung entziehen. Das „Gesicht" der Volkspolizei müsse wieder hergestellt werden. Es sei höchste Zeit, alle Vergehen aufzudecken und neue klare Verhältnisse zu schaffen.

Weitere ehemalige Mitglieder des Politbüros des ZK der SED werden festgenommen. In Haft befinden sich nun auch Erich Mielke, Willi Stoph, Günter Kleiber und Werner Krolikowski. Haftverschonung erhalten Erich Honecker, auf Grund seines Gesundheitszustandes, und Hermann Axen, der sich zu einer Augenoperation in Moskau aufhält. Die Wohnungen der Beschuldigten wurden bereits durchsucht. Wie die Generalstaatsanwaltschaft mitteilt, werden ihnen Korruption, Amtsmißbrauch und schwere Schädigung der Volkswirtschaft vorgeworfen.

Die Finanzministerin Uta Nickel legt eine erste volkswirtschaftliche Bestandsaufnahme vor. Danach weist der Staatsetat ein Defizit von 17 Milliarden Mark auf.

Handelsminister Manfred Flegel verweist auf eine komplizierte Situation bei der Versorgung mit Industriewaren. Nach der Bekanntgabe der 135 Milliarden Mark Inlandsschulden habe die Bevölkerung überstürzt hochwertige Konsumgüter wie Waschmaschinen, Kühlschränke, Farbfernseher, Pelze und Schmuck gekauft. Die dadurch entstandenen Angebotslücken könnten kurzfristig nicht geschlossen werden. Die Versorgung zu den bevorstehenden Festtagen sei im wesentlichen aber gesichert. Es gebe keinen Grund für Zweifel an der DDR-Währung.

Über einen ungeahnten Problemstau berichtet Leipzigs amtierender Bürgermeisters Günter Hädrich. Er zeichnet auf der Stadtverordnetenversammlung ein äußerst düsteres Bild von der wirtschaftlichen Situation in der zweitgrößten Gemeinde der DDR, die derzeit nicht in der Lage sei, alle wichtigen Aufgaben anzugehen. Ausdruck dessen sei auch die Tatsache, daß sich trotz intensiver

Bemühungen bis jetzt kein Kandidat für das Amt des Leipziger Oberbürgermeisters gefunden habe.

Die Ermittlungen im Fall Schalck-Golodkowski gehen weiter. „INTERFLUG"-Generaldirektor Klaus Henkes bestätigt auf Anfrage, daß über den Flughafen Berlin-Schönefeld Waffentransporte abgewickelt wurden, darunter an die damaligen Golfkriegsgegner Iran und Irak.

Die Lage in den Strafvollzugsanstalten ist weiterhin gespannt. Die Gefangenen protestieren mit Streiks gegen die verfügte Teilamnestie und fordern eine Freilassung aller Einsitzenden. Ein Sprecher der Generalstaatsanwaltschaft bekräftigt die getroffene Entscheidung und weist noch einmal darauf hin, daß es eine Generalamnestie nicht geben werde. Man sei allerdings bereit, in einer Reihe von Fällen zu prüfen, ob die Aussetzung von Strafen angemessen sei. Das gelte insbesondere für Bürger, die wegen politisch motivierter Handlungen verurteilt worden seien. Das Bürgerkomitee Leipzig äußert am gleichen Tag seine große Besorgnis über die angeordnete Amnestie, die zu einer äußerst ungünstigen Zeit und unter ungünstigen Bedingungen vollzogen werde.

Am Abend beginnt in der Berliner Dynamo-Sporthalle der erste und vorgezogene Teil des Sonderparteitags der SED, der von der Basis erzwungen wurde. Ministerpräsident Modrow appelliert an die 2 700 Delegierten im Saal, die SED nicht zerbrechen oder untergehen zu lassen. Dies würde auch die sowjetische Perestroika gefährden. „Macht die SED sauber und stark", ruft er den Genossen zu. Die meisten Parteimitglieder hätten eine reine Weste und könnten daher mit gutem Gewissen von sich sagen: „Wir sind das Volk!" Modrow plädiert für einen raschen Aufbau der Wirtschaft, auch mit fremder Hilfe. „Wir müssen Wind in die Segel bekommen und auch fremdes Kapital für uns pusten lassen". Interessenten sollten keine Zeit verlieren, sondern Verträge unterschriftsreif aushandeln. Die DDR-Regierung garantiere, daß diese Verträge sauber eingehalten werden.

Im Auftrag des Arbeitsausschusses spricht danach der Rechtsanwalt Gregor Gysi. „Die Krise des administrativ-zentralistischen Sozialismus in unserem Land kann nur dadurch gelöst werden, daß die DDR einen dritten Weg jenseits von stalinistischem Sozialismus und Herrschaft transnationaler Monopole geht. Dabei fühlen wir uns besonders den sozialen Interessen der Menschen unseres Landes verpflichtet, der auf individuellen Freiheiten und Grundrechten gegründeten Solidarität der Entwicklung aller, gleichen Bedingungen zur individuellen Selbstverwirklichung und Bewahrung des natürlichen und kulturellen Erbes der Menschheit. Dies sind unsere Grundwerte." Eine Auflösung und Neugründung der SED würde durch das entstehende politische Vakuum die Krise „mit unabsehbaren Folgen verschärfen", warnt Gysi. In naher Zukunft werde die Partei einen Wahlkampf führen müssen „der schwer wird und den wir nicht kennen". Daher müsse sich die SED an der Basis neu formieren.

Die Delegierten treten in eine Nachtsitzung ein. Vorgesehen ist die Neuwahl der Parteiführung. Anstelle eines Generalsekretärs soll künftig ein Vorsitzender an der Spitze der SED stehen und direkt vom Parteitag gewählt werden. Der von vielen Delegierten favorisierte Dresdner Oberbürgermeister Wolfgang Berghofer, der auch die Versammlungsleitung innehat, erklärt, daß er für das Amt des Vorsitzenden nicht nur Verfügung steht.

Sonnabend, 9. Dezember

Nach sechzehn Stunden hat die SED einen neuen Vorsitzenden: mit überwältigender Mehrheit von 95,3 Prozent der Delegiertenstimmen wird der 41jährige Rechtsanwalt Gregor Gysi gewählt. Statt Blumen bekommt er einen riesigen Besen überreicht, um dafür Sorge zu tragen, daß der Parteiname künftig nicht mehr so übersetzt werden muß: „S wie Sauwirtschaft, E wie Egoismus und D wie Diebstahl". „Wir haben den Bruch mit dem Stalinismus vollzogen", resümiert der neue Hoffnungsträger nach seiner Wahl. Der lange und schwierige Prozeß der Loslösung von stalinistischen Vorstellungen und Strukturen stehe allerdings noch aus. Gysi scheint dafür der geeignete Mann. Als der Berliner Rechtsanwalt Anwalt Anfang Oktober das Mandat des „Neuen Forums" übernahm, demonstrierte er einmal mehr couragiertes Rechtsbewußtsein, das er schon bei der Verteidigung zahlreicher Oppositioneller an den Tag gelegt hatte. Sein Leitspruch war stets: „Rechtssicher-

Der neugewählte SED-Vorsitzende Dr. Gregor Gysi beim ersten Pressetermin

heit ist die beste Staatssicherheit". Gysi war nach der Entmachtung Honeckers einer der gefragtesten Politiker. Er nahm zu allen wichtigen Problemen Stellung, setzte sich für eine liberale Reisepraxis ein und für eine radikale Abkehr von den bisherigen Gesellschaftsstrukturen.

Nach der Wahl der 100 Vorstandsmitglieder verabschieden sich die Delegierten bis zum nächsten Wochenende, um den Sonderparteitag mit konzeptionellen Debatten zu Statut und Programm fortzuführen. Der neue stellvertretende SED-Vorsitzende Wolfgang Berghofer erklärt nach Abschluß der Beratungen im DDR-Fernsehen, daß seine Partei nicht mit einer Mehrheit bei den kommenden Wahlen rechne, jedoch jedes Wahlergebnis akzeptiere.

Ganzseitig veröffentlicht „Junge Welt" ein Gespräch mit Pfarrer Rainer Eppelmann, Mitbegründer des „Demokratischen Aufbruchs", der die Zahl der Anhänger zwischen achttausend und sechszehntausend beziffert und im sächsichen und thüringischen Raum mit zweistelligen Wahlergebnissen rechnet. „Die Macht liegt auf der Straße. Das heißt: Keiner hat sie. Es gibt keine demokratische Partei oder Bewegung, die die Legitimation hätte, sie zu ergreifen. Wir brauchen darum eine ‚Große Koalition der innenpolitischen Vernunft'. Der ‚Runde Tisch' ist diese Koalition nicht. Das ist der Versuch, die DDR der Zukunft aufzubauen, Schneisen dafür zu schlagen, daß es eine DDR mit Zukunft geben kann." Eppelmann sieht die Aufgabe seiner Partei vor allem darin, die politisch inaktive Mehrheit der DDR-Bevölkerung zu aktivieren. „Um die Inaktiven nicht den Rechten in die Arme zu treiben, müssen wir uns ihren Wünschen, Empfindungen, Erwartungen stellen. Das heißt nicht, daß wir zu allem Ja und Amen sagen dürfen. Aber es kann uns Linken nicht gleichgültig sein, was 70 Prozent der DDR-Bevölkerung bewegt. Sonst sorgen sich die anderen um sie. Wenn es die ersten freien Wahlen gibt, und wir machen nichts, dann haben plötzlich die Braunen 50 Prozent und stellen die Regierung."

Der frühere Vorsitzende der National-Demokratischen Partei (NDPD), Prof. Heinrich Homann, wird aus der Partei ausgeschlossen. Die weitere Untersuchung seines Finanzgebarens wird der Staatsanwaltschaft übergeben, da es sich um Dimensionen handelt, die den Rahmen der internen Parteikontrolle übersteigen.

Unsaubere Finanzaktionen, wie die mißbräuchliche Verwendung von Solidaritätsgeldern, führen auch zum Rücktritt des FDGB-Arbeitssekretariats und der neuen Vorsitzenden Annelis Kimmel. Sie waren ganze fünf Wochen im Amt und hatten nicht das Vertrauen der Gewerkschaftsbasis gefunden.

Nach einem Gespräch mit Ministerpräsident Hans Modrow erklärt sich Prominentenanwalt Wolfgang Vogel bereit, seinen Entschluß zur Aufgabe seiner Praxis rückgängig zu machen und weiterzuarbeiten. Die Anwälte hätten in dieser komplizierten Zeit eine nationale Aufgabe zu erfüllen, heißt es in seiner Erklärung. „Wir können erhebliche Beiträge für Beruhigung, Besonnenheit und rechtsstaatliche Praktiken leisten." Seine vorrangige Aufgabe bestehe nun darin, dafür zu sorgen, daß es zum Jahresende keinen politischen Gefangenen mehr gibt.

Nachdem sich die Regierung in den vergangenen Tagen vor allem mit Problemen des politischen Lebens befaßt habe, müsse sie sich nun entschiedener den wirtschaftlichen Aufgaben zuwenden, erklärt Hans Modrow vor Führungskräften der Wirtschaft. Er warnt vor dem drohenden wirtschaftlichen Chaos und macht deutlich, daß die bevorstehende Wirtschaftsreform „der harte Kern der Erneuerung" sei.

Wirtschaftsministerin Christa Luft bezeichnet die Sicherung der Produktion, eine Stabilisierung der Staatsfinanzen und die Aufrechterhaltung der internationalen Zahlungsfähigkeit als vorrangige Aufgabe der aktuellen Politik. In einem Interview mit dem „Hamburger Abendblatt" erklärt die Ministerin, die DDR steuere eine bunte Vielfalt in den Eigentumsformen an. Das gesellschaftliche Eigentum werde die Dominanz behalten, aber es werde ergänzt durch halbstaatliche Eigentumsformen, Privateigentum und ausländische Kapitalbeteiligung.

Zu einer Kundgebung unter dem Motto „Vorausdenken und Handeln, damit es eine Zukunft gibt" laden Wissenschaftler und Künstler in den Berliner Lustgarten. Die Demonstration offenbart den Riß, der sich quer durch die Gesellschaft zieht: Der Wunsch der meisten Teilnehmer nach schneller Wiedervereinigung mit der BRD, dargestellt auf vielen Transparenten, steht in krassem Gegensatz zu der Mehrzahl der Redner. Stefan Heym mahnt zur Besonnenheit und erklärt, in dem Maße, wie die Spaltung Europas überwunden werde, erübrige sich auch die Spaltung Deutschlands. Doch der Autor, der jahrzehntelang gegen stalinistische Strukturen kämpfte, blickt auf ein schwarz-rot-goldenes Fahnenmeer und hört bereits Rufe, er solle verschwinden. Rainer Eppelmann (Demokratischer Aufbruch) bittet die Anwesenden um die Chance, die bisher gewaltfreie, sympathische Revolution fortsetzen zu können.

Sonntag, 10. Dezember

Als erste Außenstellen des früheren Ministeriums für Staatssicherheit stellen die Bezirksverwaltungen in Neubrandenburg und Suhl ihre Tätigkeit ein. Obwohl die von Regierung und Opposition geforderte Auflösung des Amtes für Nationale Sicherheit noch nicht formell beschlossen, sondern erst angkündigt ist, ziehen die Behörden dort, wo der Druck am größten ist, bereits ihre Konsequenzen. Unabhängige Untersuchungsausschüsse sichern nun die Aktenbestände, nehmen Beschwerden entgegen und erstatten Anzeige.

Die Wochenzeitung „Sonntag“ resümiert die Ereignisse der letzten Tage: „Eine Epoche geht zu Ende. Die Epoche des Stalinismus. Der Schaden für die kommunistische Bewegung ist riesig, noch nicht abschätzbar. Ebenso der Nutzen. Der Kommunismus muß daran nicht sterben. Seine Kraft wird umso schneller regeneriert sein, je rigoroser er sich von seinem Krebsgeschwür, dem Stalinismus, trennen kann (...) Vor der sachlichen Analyse der Geschehnisse durch die Historiker gehört dem Volk das Recht und die Pflicht, alles zu erfahren und alles zu beweinen, was geschah, auf daß sich in allen Hirnen und Herzen unverlöschbar eingräbt, was nie wieder geschehen darf. Wenn das nicht geschieht, war dieser Herbst ‘89 nicht mehr als die Jahreszeit zwischen Sommer und Winter...“

Auf die Unumkehrbarkeit der Veränderungen und weitere Reformen drängen auch Teilnehmer von Demonstrationen, die an diesem Wochenende wieder in allen Teilen des Landes stattfinden. In Rostock wird zugleich vor einem Wiederaufleben faschistischer

Kräfte gewarnt. Größere Gruppen wenden sich gegen eine „Vereinnahmung“ der DDR durch die Bundesrepublik. In Cottbus fordern Demonstranten die Herstellung rechtsstaatlicher Verhältnisse und die Bestrafung von Amtsmißbrauch und Korruption. Kinder und Jugendliche demonstrieren in Leipzig und Magdeburg für eine Schule, „die Spaß macht“. Die Einführung der Fünf-Tage-Schulwoche war durch Streik vieler Schüler bereits durchgesetzt worden. In Plauen gehen 15 000 Menschen auf die Straße. Hier dominieren wieder gesamtdeutsche Töne. Hunderte Bürger bilden in Erfurt einen „Bürgerwall“ gegen den drohenden Verfall architektonisch wertvoller Gebäude und gegen Abrißpläne im historischen Stadtkern, dem größten Flächendenkmal der DDR.

Montag, 11. Dezember

Der gerade zu Ende gegangene Sonderparteitag der SED beherrscht die öffentliche Diskussion und die Kommentarthemen der Medien. Immerhin handelt es sich bei ihr noch um die einflußreichste politische Kraft im Land. Die Westberliner „tageszeitung“ schreibt: „Die Ex-SED hat jetzt wieder eine artikulationsfähige Spitze, davon, auch wieder eine handlungsfähige Partei zu werden, ist sie noch weit entfernt. Immerhin – ein Anfang ist gemacht. Die Oppositionsparteien in der DDR sollten sich auf einen Zuwachs an Konkurrenz zumindest schon einmal einstellen. Denn falls es der SED gelingt, Umstrukturierungen und programmatische Umorientierung konsequent fortzusetzen, würde daraus eine Partei mit einem Potential an Mitgliedern, an Wissen und Erfahrung hervorgehen, die nicht ignorieren kann, wer eine demokratisch-sozialistische Erneuerung der DDR anstrebt.“

Rolf Reissig, amtierender Rektor der Akademie für Gesellschaftswissenschaften, meint: „Mit Gysi ist ein sichtbarer und deutlicher Bruch zur Geschichte der SED erreicht. Mit ihm ist zum ersten Mal seit Rosa Luxemburg wieder ein Intellektueller in die Führungsposition gewählt worden, einer, der andere Fragen stellt, der einen anderen Umgang mit Menschen pflegt, als dies vorher der Fall war.“

Nach Ansicht von Dresdens Oberbürgermeister Wolfgang Berghofer hat die SED die Aufgabe, die DDR bis zu den Wahlen im nächsten Jahr regierbar zu halten. Eine Auflösung während des Parteitages wäre deshalb nicht richtig gewesen. Die SED brauche eine Erneuerung aus sich heraus. Dazu gehöre auch die Aufgabe des alleinigen Machtanspruchs mit Verzicht auf Einfluß in Armee- und Sicherheitsorganen, die Reduzierung des Apparates und die pluralistische Meinungsbildung.

Die Entwicklung in der DDR ist Gegenstand eines Viermächtetreffens, das erstmals nach 18 Jahren wieder zustande kommt. Die Botschafter der USA, Frankreichs, Großbritanniens und der Sowjetunion beraten im Gebäude des Alliierten Kontrollrates in West-Berlin über mögliche Konsequenzen aus den bisherigen Veränderungen in der DDR und über die künftige Einbeziehung West-Berlins in den gesamteuropäischen Prozeß.

Um ähnliche Fragen geht es bei einem Telefongespräch von Michail Gorbatschow mit dem SED-Vorsitzenden Gregor Gysi, in dem sich Gorbatschow ausdrücklich für eine stabile DDR und deren Souveränität ausspricht.

Als Zeichen des Neubeginns stellt die SED-Kreisleitung im Berliner Neubaugebiet Hellersdorf ihre Räume den Oppositionsgruppen wie SDP,“Neues Forum“ und „Vereinigte Linke“ zur Verfügung. Das „Neue Forum“ hat sich derweil in einem komplizierten inneren Klärungsprozeß dafür entschieden, an den kommenden Wahlen teilzunehmen und in der künftigen Volkskammer eine eigene Fraktion zu bilden. Mitglieder anderer Parteien, die bisher in dieser Bürgerbewegung mitgearbeitet haben, können allerdings nicht Abgeordnete des „Neuen Forums“ werden.

Unter dem Namen „Die Nelken“ konstituiert sich eine weitere politische Gruppierung. Sie strebt die Gründung einer marxistischen Partei an. In einer ersten Erklärung unterstützt sie einen sozialistischen Entwicklungsweg in der DDR.

Als notwendiges „Gremium der Verständigkeit zwischen den politischen Kräften“ des Landes bezeichnet der stellvertretende Vorsitzende der Liberaldemokraten, Hans-Dieter Raspe, den „Runden Tisch“. Dabei handele es sich nicht um ein Schattenkabinett, sondern um einen Hoffnungsträger für glaubwürdige Politik, der konkrete Vorschläge erarbeiten werde.

Gleichzeitig wird in allen Bereichen der Gesellschaft eine Schadensbilanz aufgemacht, kommen neue Skandale hoch. Wie die christlich-demokratische Tageszeitung „Neue Zeit" berichtet, habe beispielsweise ein Reservefonds für „Härtefälle" (Unwetter, Havarien etc.) beim Bauministerium in der Vergangenheit dazu gedient, Privathäuser für die Führungsprominenz zu finanzieren.

Auf den besorgniserregenden Zustand vieler alter Städte machen namhafte Künstler, Denkmalpfleger, Architekten und Restauratoren während einer Veranstaltung der Akademie der Künste in Berlin aufmerksam. Unter dem Motto „Gegen den Untergang unserer Städte – für eine neue Baupolitik" unterbreiten sie Vorschläge, wie dem rasch fortschreitenden Verfall Einhalt geboten werden kann. Dazu gehören Abrißstop für alte Städte, Substanzschutz und Sofortprogramme sowie Gründung eines Nationalfonds.

Nach Angaben des Gesundheitsministers haben 1989 rund 1 500 Ärzte und Zahnärzte sowie rund 4 000 mittlere medizinische Mitarbeiter die DDR verlassen. Das Gesundheits- und Sozialwesen, so Prof. Klaus Thielmann, befinde sich in einer sehr schweren Situation. Kompliziert sei die Lage vor allem bei mittlerem medizinischem Personal.

Auch Ex-Staatssekretär Schalck-Golodkowski meldet sich wieder zu Wort. Aus seiner Westberliner Untersuchungshaft läßt er mitteilen, daß er in die DDR zurückkommen werde, wenn ihm ein „faires Verfahren" garantiert werde. Sein Anwalt vertritt jedoch die Auffassung, daß die „verständlichen Emotionen" noch so stark seien, daß ein derartiges Verfahren derzeit nicht gegeben sei.

Wie bekannt wird, hat die DDR inzwischen alle Waffenlieferungen an Äthiopien eingestellt. Auf Bitte der dortigen Führung seien in der Vergangenheit auf kommerzieller Basis Waffen und Ausrüstungen geliefert worden.

Das Innenministerium zieht die Schußwaffen leitender Funktionäre ein, um in der überreizten Situation mögliche Fehlreaktionen auszuschließen. Ein Beispiel der angeheizten Stimmung gegen Mitarbeiter des früheren Ministeriums für Staatssicherheit schildert die „Sächsische Zeitung" aus Dresden. Ein Betroffener berichtet: „Es war gegen 18 Uhr und Zeit, unsere Tochter, sie ist fünf Jahre, vom

Schwimmunterricht abzuholen. An der Hofausfahrt umringten sofort an die 50 Mann mein Auto. Die Tür wurde aufgerissen, ich sollte aussteigen und den Kofferraum aufmachen. Bitte, ich tat es. Sofort wurde alles ausgeräumt und auf die Straße geworfen. Einer dieser Leute traktierte mich dabei immer wieder mit Fußtritten, und plötzlich kriegte der auch das Abschleppseil in die Hände. ‚Da haben wir ja, was wir brauchen', rief er und legte mir das Seil um den Hals." Der Mann wurde durch das beherzte Eingreifen eines Mannes gerettet, der rief: Keine Gewalt!

Bei der traditionellen Leipziger Montagsdemonstration, an der sich wieder über 100 000 Menschen beteiligen, werden die Auseinandersetzungen pro und contra deutsche Wiedervereinigung heftiger. Auf dem Karl-Marx-Platz fordert eine deutliche Mehrheit die deutsche Einheit. Transparente wie „Wiedervereinigung ja – sozialistische Armut nein" oder „Staatsrechtliche Vereinigung bringt Wachstum" zeigen die Erwartungshaltung. Eine Minderheit setzt sich für eine souveräne DDR ein. Die Gruppe sammelt sich um das Transparent „Zehn Punkte von Kohl – außen glänzend, innen hohl." Ein Vertreter der CDU der Bundesrepublik verteilt Aufkleber mit der Aufschrift „Wir sind ein Volk" und dem Hinweis auf der Rückseite: „CDU-Geschäftsstelle Bonn".

In Karl-Marx-Stadt demonstrieren 40 000 für die Wiedervereinigung. Besonders findet der 10-Punkte-Plan große Zustimmung. Immer stärker wird die Forderung nach einer Volksabstimmung über die deutsche Einheit noch vor den Volkskammerwahlen.

In Dresden wird eine Demonstration für den Umweltschutz zu einer Kundgebung für die deutsche Einheit umfunktioniert. Auch in Halle, wo Tausende dem Aufruf der SDP zur Demonstration folgen, dominiert dieses Thema. Ein Sprecher mahnt zur Gewaltlosigkeit, die bisher „das große Argument unserer Revolution" war. Auch in Neubrandenburg rufen Anhänger des „Neuen Forums" zu Gewaltlosigkeit, Ruhe und Besonnenheit auf. Entschieden wenden sie sich gegen Mord, Selbstjustiz und Gewaltandrohung. In Schwerin demonstrieren 7 000 Anhänger des „Neuen Forums" für radikale politische Reformen. Auffällig ist, daß in den Nordbezirken der Ruf nach deutscher Einheit lange nicht so laut erschallt wie im Süden. Wahrnehmbar ist auch eine veränderte Zusammensetzung der Demonstrationszüge. Während im Oktober und Anfang November eher die alternative Szene, Studenten und junge Intellektuelle das Bild prägten, die sich inzwischen in den Führungsgremien der neuen Oppositionsparteien, in unabhängigen Arbeitsausschüssen und am „Runden Tisch" wiederfinden, beherrschen auf der Straße jetzt junge Arbeiter das Geschehen. Sie bringen auch andere Interessen zur Geltung.

Dienstag, 12. Dezember

Schnellstmögliche Kommunalwahlen fordert das „Neue Forum" von der Landesdelegiertenkonferenz in Leipzig aus. Ziel müsste eine größtmögliche Eigenständigkeit und Selbstverwaltung der Kommunen sein. Erst danach könnte die Volkskammer gewählt werden. Für eine Übergangszeit sollten Bürgerräte gewählt und mit entsprechender Kompetenz ausgestattet werden.

Traditionelle Parteien, wie die CDU, setzen sich dagegen für baldige Volkskammerwahlen ein und plädieren für die Umwandlung der Strukturen im Rahmen von Parteien, was der mehrheitlichen Stimmung im Land entspricht. Die christlich-demokratische „Neue Zeit" schreibt dazu: „Keine Demokratie ohne freie Wahlen, keine freien Wahlen ohne Wahlkampf, und daran werden wir uns in den kommenden Wochen und Monaten gewöhnen müssen. Wir werden es tun müssen in einem Land, in dem ganze Generationen nie erfahren haben, was freie Wahlen bedeuten: Konkurrenz der Parteien, Werben um Wählerstimmen, unterschiedliche politische Programme, Argumente gegen Argumente. Konfrontation von konträren Standpunkten. Die letzten halbwegs freien Wahlen gab es 1946 in den Gemeinden und Ländern der sowjetischen Besatzungszone. Seither aber nur die Einheitsliste und der Druck, zu dieser Wahlfarce zu gehen und ohne Benutzung einer abseits im hintersten Winkel des Wahllokals pro forma aufgestellten Wahlkabine den Wahlzettel zu falten und in die Wahlurne zu werfen, wenn man nicht fürchten wollte, eventuell doch Nachteile von Nichtbeteiligung und Nichteinhaltung der vorgegebenen Prozedur zu haben."

Mit Fragen der bevorstehenden Wahlen beschäftigt sich auch der

Schriftsteller Christoph Hein in einem Gespräch mit der Zeitung „Junge Welt“: „Ich hoffe, daß die Wahl nicht entschieden wird mit der sogenannten deutschen Frage. Das wäre jetzt eine Katastrophe. Das wäre nämlich eine Wahl zwischen dem Hertie-Schaufenster und unserem Konsumladen – und wie diese Entscheidung jetzt ausfiele, ist klar. Die DDR-Bevölkerung muß erst noch den Kapitalismus kennenlernen, um zu wissen, was sie da erwartet. Jener Teil, der vor einem halben Jahr hinüberging, weiß davon schon wesentlich mehr. Kapitalismus ist nicht allein das Begrüßungsgeld.“

Premier Hans Modrow trifft in Potsdam mit US-Außenminister James Baker zusammen, wobei Baker seine Unterstützung für den demokratischen Reformprozeß in der DDR zum Ausdruck bringt. Modrow setzt sich dafür ein, den Weg vom Dialog zur Kooperation zu beschreiten. Das Thema der deutschen Einheit kommt nicht zur Sprache. Wenige Tage zuvor hatten sich Gorbatschow und Bush bereits darüber verständigt, daß dies momentan nicht auf der Tagesordnung stehe.

In der SED gehen die Debatten um ein politisches Programm weiter, mit dem sich die Partei auch zur Wahl stellen kann. Mehrere Parteitagsdelegierte legen Thesen für eine „sozialistische Partei der DDR“ vor. Die in sechs Punkten zusammengefaßten Vorschläge sollen als Diskussionsgrundlage verstanden werden. Ein neuer Konsens in der Gesellschaft könne nur auf der Basis von politischen Strukturen entstehen, die sich durch Mehrheitsentscheidungen demokratisch legitimieren, heißt es dort. Machtausübung müsse durch das Volk auf der Grundlage einer vierfachen Gewaltenteilung (Gesetzgebung, Regierung, Rechtssprechung und Öffentlichkeit) sowie deren Kontrolle hergestellt werden. Fragen von existentieller Bedeutung für die Gesellschaft müßten generell durch Volksabstimmung entschieden werden.

Die Frauen in der SED melden ihren Anspruch auf größere Beteiligung an. Eine Initiativgruppe für eine Frauen-Arbeitsgemeinschaft in der „neuen SED“ fordert die Quotierung aller Funktionen in der Partei.

Im Zuge der vom Staatsrat beschlossenen Amnestie werden die ersten Häftlinge auf freien Fuß gesetzt. Die Amnestie – es ist die dritte seit 1987 – erfaßt all jene, die vor dem 6. Dezember dieses

Jahres wegen „vorsätzlicher und fahrlässiger Vergehen zu einer Strafe bis drei Jahren verurteilt wurden“, unabhängig davon, ob die Urteile rechtskräftig sind oder nicht. Ausgenommen sind Schwerstdelikte wie Raub, Erpressung, vorsätzliche Tötung, Rowdytum und Sexualdelikte.

In der gesamten DDR werden die Kontrollstellen des früheren Ministeriums für Staatssicherheit in den Haupt- und Bahnpostämtern aufgelöst. Wie die Magdeburger „Volksstimme“ berichtet, hätten Geheimdienstoffiziere auf einer lokalen Pressekonferenz mitgeteilt, daß in diesen Spezialabteilungen der Post nicht nur die Briefpost kontrolliert, sondern auch Telefongespräche abgehört und mitgeschnitten worden seien.

Das „Neue Forum“ erstattet Strafanzeige gegen den ehemaligen Partei- und Staatschef Egon Krenz und den Chef des Amtes für Nationale Sicherheit, General Wolfgang Schwanitz, da sich beide „der Verdunklung durch die Vernichtung strafrechtlich relevanter Akten“ schuldig gemacht hätten.

Die Leipziger Demonstration am nächsten Montag sollte nach den Vorstellungen von Superintendent Friedrich Magirius als Schweigemarsch für die Opfer von Gewalt und Stalinismus stattfinden. Er schlägt den Demonstranten vor, über Weihnachten und Neujahr zu pausieren, um die Zeit zum Nachdenken zu nutzen.

Mittwoch, 13. Dezember

Die Zeitung „Neues Deutschland“ veröffentlicht den Entwurf eines weitgehend veränderten Statuts der SED, der ein weiteres deutliches Zeichen der Entstalinisierung setzt. Ausdrücklich wird auf jeden Führungsanspruch verzichtet: „Die Partei wirkt im politischen System gleichberechtigt neben anderen“, heißt es dort. Zusammen mit den tags zuvor publizierten Programmthesen zeichnen sich nunmehr die Umrisse einer erneuerten SED ab. Die Westberliner „tageszeitung“ kommentiert: „War schon die Wahl von Gregor Gysi zum neuen Vorsitzenden ein geschickter Schachzug der SED, um gegenüber den neuen politischen Kräften Reformprofil zu gewinnen, so werden die jetzt veröffentlichten ‚Diskussionsthesen zum Programm' den Druck auf die Opposition weiter verstärken. Die Partei hat jetzt eine Plattform vorgelegt, in der so ziemlich alles Eingang findet, was auch der Opposition gesellschaftspolitisch attraktiv erscheint: Staatliche Gewaltenteilung und Wahrung gesellschaftlicher Einflußmöglichkeiten, Parteienpluralismus und Volksabstimmungen über alle existentiellen gesellschaftlichen Fragen; Absage an monopolistische Herrschaftsstrukturen in Wirtschaft, Politik und Kultur; Garantie der Menschenrechte und deren Weiterentwicklung in Hinblick auf Ökologie und informationelle Selbstbestimmung; weitgehende Einflußmöglichkeiten der Arbeitskollektive auf die Organisation des Arbeitsprozesses; Schaffung vielfältiger Eigentumsformen."

Die SPD betrachtet künftig die Sozialdemokratische Partei in der DDR (SDP) als ihren Gesprächspartner, leistet ihr Wahlkampfhilfe und beendet die Zusammenarbeit mit der SED, erklärt Parteivorsitzender Hans-Jochen Vogel in Berlin. Später antwortet SED-Vorsitzender Gregor Gysi in Westberlin vor Journalisten: „Wenn es so ist, daß Herr Vogel mit den früheren Generalsekretären besser zurechtgekommen ist als mit den neuen Parteigremien, so muß ich das zur Kenntnis nehmen. Ich glaube nicht, daß es sein letztes Wort bleiben wird. Er unterschätzt unsere Kraft zur Erneuerung und vielleicht auch den Grad der politischen Verantwortung der SED."

Deutsch-deutsche Parteienzusammenarbeit deutet sich auch auf der anderen Seite des politischen Spektrums an. Die „Republikaner" wollen sich mit ihrer gleichnamigen „Schwesterpartei" bei den Volkskammerwahlen in der DDR beteiligen, verkündet deren Westberliner Vorsitzende Carsten Pagel. Seine Partei sei durch die Forderungen nach Wiedervereinigung in der DDR zur Wahlteilnahme ermutigt worden.

Gegen eine deutsche Wiedervereinigung, aber für eine Konföderation beider deutscher Staaten spricht sich der Vorsitzende der National-Demokratischen Partei (NDPD) Günter Hartmann in der „National-Zeitung" aus. Eine Wiedervereinigung sei „absolut unzeitgemäß, den Interessen unseres Volkes entgegengesetzt und daher nicht politikfähig". Sie bedeute nichts anderes als die Einverleibung der DDR durch die BRD. „Bei einer solchen Wiedervereinigung hätten wir bald vollere Läden, aber sicher auch einen rapiden Sozialabbau, wir hätten sicher schneller modernere Technik in den Betrieben, aber ebenso sicher auch Hunderttausende Arbeitslose."

Eine weitere neue Gruppierung meldet sich zu Wort: Die Liberalsozialistische Partei. In Berlin stellt sich der Gründungsausschuß vor. Konkrete Schritte im Vorfeld der Wahlen und programmatische Erklärungen sollen folgen.

Die Notwendigkeit einer neuen ökologischen Politik, für die seit Jahren grüne Basisgruppen kämpfen, wird durch erschreckende Presseveröffentlichungen noch einmal erhärtet. Bei einer Kontrolle von 4 000 legalen und illegalen Müllkippen in verschiedenen Landesteilen durch die Arbeiter-und-Bauerninspektion (ABI), wurde festgestellt, daß lediglich 920 den gesetzlichen Vorschriften entsprachen, also nicht einmal ein Viertel.

Bei der Sitzung des Berliner Magistrats wird bekannt, daß 1989 über 18 000 Bewohner die Stadt in Richtung Westen verlassen haben. Arbeitskräftemangel führte zu spürbaren Planrückständen. Über 400 Geschäfte und 95 Gaststätten mußten ihre Öffnungszeiten verkürzen. Der Oberbürgermeister und der Magistrat erhalten bei einer geheimen Abstimmung das Vertrauen, bis zu den Wahlen im Mai 1990 im Amt zu bleiben. Der Polizeipräsident von Berlin, General Friedhelm Rausch, gibt seinen Rücktritt bekannt. Die Abgeordneten beschließen, Erich Honecker die Ehrenbürgerschaft der Stadt abzuerkennen.

Bundesdeutsche Gäste werden künftig gemeinsam mit DDR-Bürgern im Ferienhaus Erich Honeckers am Schweriner See Urlaub machen können, teilt der Hamburger Reiseveranstalter „Hansa Tourist" mit. Zu dem Ferienkomplex gehören zwei massive Häuser mit 50 Betten, Sauna, Badestelle am See sowie als besondere Attraktion Honeckers Haus-Hirsch „Rudi", der täglich zum Äsen in den Garten kommt.

Als einen würdigen Abschluß für die Demonstrationsbewegung dieses Herbstes schlagen Vertreter der Kirche und demokratischer Gruppierungen für den kommenden Montag ein schweigendes Gedenken an die Opfer des Stalinismus in der DDR vor. Nach den traditionellen Friedensgottesdiensten soll sich um das Leipziger Stadtzentrum ein Menschenring schließen. Auf Plakate und

Sprechchöre soll verzichtet werden. Statt dessen sollten Kerzen brennen. Die Kirchen der Stadt werden zum Abschluß läuten und den Wunsch der Christen zum Ausdruck bringen, daß sich die Erneuerung des Landes in Wahrhaftigkeit, Friedfertigkeit und Gewaltlosigkeit vollziehen möge. Über die Fortführung der Demonstrationen im neuen Jahr, so schließt der Aufruf, entscheide die von der politischen Lage abgeleitete Notwendigkeit.

Am Abend ruft Bundespräsident Richard von Weizsäcker im ersten Interview für das DDR-Fernsehen die Deutschen in Ost und West zur Besonnenheit auf. „Die Deutschen in der DDR haben sich in einer ganz friedlichen, demokratischen Revolution die Freiheit erstritten. Die ganze Welt hat Anteil genommen an dem Wiedersehen, das die Folge davon war, zwischen den Deutschen hüben und drüben und mit großem Respekt diese demokratische Revolution verfolgt. Jetzt gilt es, die erstrittene Freiheit verantwortlich zu gebrauchen." An seine Landsleute gewandt sagt der Bundespräsident: „Nun haben wir zunächst einmal mit großer Achtung den Deutschen in der DDR zu begegnen. Wir haben die Freiheit geschenkt bekommen, sie haben sie selber erstritten." Niemand solle die Entwicklung in der DDR für seine hiesigen Zwecke benutzen.

Donnerstag, 14. Dezember

Mit einem „Dreistufenplan der nationalen Einigung" reagiert die Bürgerbewegung „Demokratie jetzt" auf die veränderte Stimmungslage im Land. Den Forderungen der Straße nach sofortiger Wiedervereinigung will man ein langfristiges Konzept entgegensetzen. Danach soll der demokratische Konsolidierungsprozeß in der DDR mit einer schrittweisen politischen Annäherung der beiden deutschen Staaten verkoppelt werden, so daß am Ende eine „neue politische Einheit der Deutschen, gegründet auf einer solidarischen Gesellschaft" entsteht. In der ersten Phase ist an politische Reformen in beiden deutschen Staaten gedacht: Wahl-, Verfassungs- und Wirtschaftsreform in der DDR, soziale und ökologische Reformen in der BRD. Danach soll der Grundlagenvertrag in einen Nationalvertrag verwandelt werden, der einen Staatenbund mit doppelter

Staatsbürgerschaft und doppelter Mitgliedschaft in EG und RGW konstituiert. In der dritten Phase schließlich ist nach dem Abzug der Alliierten und der Verabschiedung eines Europäischen Friedensvertrages an einen „Bund Deutscher Länder“ gedacht, der die politische Einheit herstellen soll.

Neue Ansätze auch im grünen Spektrum. Mehrere Umweltgruppen kommen überein, einen gemeinsamen Dachverband zu gründen, der zu den kommenden Volkskammerwahlen im Mai 1990 kandidieren soll. Das kündigen Vertreter vom „Netzwerk Arche“ an. Erster Schritt für die Kandidatur sei die rechtliche Konstituierung der „Grünen Liga“, die Anfang Februar in Leipzig erfolgen werde.

Eine Initiativgruppe von Wissenschaftlern gründet in Berlin ein unabhängiges Institut für Umweltfragen. Zu den Aufgaben, Zielen und Prinzipien nimmt der Biochemiker Christof Tannert Stellung. Neben der Wissenschaftlichkeit sei „die materielle und ideologische Unabhängigkeit“ eine der tragenden Säulen des Institutes, das „unabhängig von Vereinigungen und Körperschaften, unabhängig von Staat und sogar einer ökologischen Partei“ arbeiten will. Bei vielen Menschen sei das Vertrauen in den Staat stark erschüttert. Das Institut wolle sich daher bemühen, vom Staat erhobene Umweltdaten zu bewerten und gegebenenfalls zu überprüfen sowie eigene Daten zu erfassen. Modethemen in der Ökologiebewegung dürften nicht dringend zu lösende Tageprobleme verdrängen. „Deshalb sehen wir das Ziel unseres Wirkens auch darin, engagierten Menschen, ökologischen Basisbewegungen und Bürgerinitiativen Kompetenz zu erschließen.“

Der Berliner Ökologieprofessor Günter Streibel schlägt die Einführung von Öko-Pässen für Industriebetriebe sowie die Gründung einer Umweltzeitung vor. Die Umweltschäden schätzt er auf jährlich 30 Milliarden Mark. Zwei Drittel aller Flüsse in der DDR seien mittel bis stark belastet, nur noch drei Prozent der Seen hätten Trinkwasserqualität.

Wie ADN mitteilt, wird bis Jahresende die Aluminiumschmelze 1 des Kombinates Bitterfeld im Industriebezirk Halle geschlossen. Die dort produzierten 20 000 Tonnen Aluminium pro Jahr müßten nun für jährlich 80 Millionen DM importiert werden. Vermieden wird mit der Stillegung ein Ausstoß von jährlich 640 Tonnen Fluorkohlenwassertoff, 4 800 Tonnen Kohlenmonoxid und 1 000 Tonnen nichtgiftigen Staubes. Die 1916 errichtete Anlage sei verschlissen und nicht mehr rekonstruktionsfähig.

In Halle wird ein der SDP nahestehender „Bund sozialdemokratischer Studenten" gegründet. Die Freie Deutsche Jugend (FDJ) hat inzwischen ihren Alleinvertretungsanspruch für die Jugend aufgegeben und will sich in einen sozialistischen Jugendverband umwandeln. Der Gründungskongreß soll Ende Februar 1990 in Brandenburg stattfinden. Die Bildung eines christlichen Jugendverbandes war bereits angekündigt worden.

Einer Information der Berliner Bischofskonferenz zufolge gibt es in der DDR gegenwärtig 6,2 Millionen Christen. Das sind 37,4 Prozent der Gesamtbevölkerung. 5,1 Millionen gehören dem Bund der Evangelischen Kirchen an, 1,05 Millionen bekennen sich zum katholischen Glauben und 71 450 gehören anderen Kirchen oder Religionsgemeinschaften an.

Schnelle Entscheidungen fallen zum Abbau von Privilegien, um dem wachsenden Druck zu begegnen, der immer radikalere Formen annimmt. Die Politbürosiedlung Wandlitz soll einem Beschluß des Ministerrates zufolge in ein Rehabilitationszentrum für Erwachsene und Kinder umgewandelt werden. Laut Regierungssprecher Meyer werden ab Februar 1990 dort die ersten 400 Personen betreut.

Das Innenministerium warnt noch einmal vor Selbstjustiz und Übergriffen. Im Reichsbahnausbesserungswerk Eberswalde sei öffentlich die Todesstrafe für Funktionäre von „Stasi, SED und des FDGB" gefordert worden. Mehreren Kaderleitungen in Betrieben der Bezirke Potsdam und Halle wurde bei Einstellung von ehemaligen Mitarbeitern des aufgelösten Ministeriums für Staatssicherheit mit Gewaltakten gedroht.

Der Leiter des Aufbau-Verlages, Elmar Faber, informiert darüber, daß Solschenizyns „Krebsstation" baldmöglichst in der DDR erscheinen wird. Bereits Anfang nächsten Jahres werde Walter Jankas Erinnerungsband „Schwierigkeiten mit der Wahrheit" vorliegen. In der neuen Publizistik-Reihe „Aufbau Texte zur Zeit" folge eine Dokumentation der DDR-Ereignisse vom 7. Oktober bis zum 17. Dezember, die gerade in Zusammenarbeit mit dem Peter-Hammer-Verlag in Wuppertal entstehe. Ferner verweist Elmar Faber als Chef des Verlegerausschusses des Leipziger Börsenvereins auf bevorstehende Veränderungen in der DDR-Verlagslandschaft. Es entstünden neue, private Unternehmungen, so der Sachbuchverlag LinksDruck, der Buchmarkt werde sich öffnen und es bildeten sich vielfältige, neue Kooperationsformen heraus, darunter auch Joint ventures.

Für Demokratie und eine mündige DDR demonstrieren am Abend über 10 000 Einwohner von Erfurt. Vertreter des „Neuen Forums" sprechen sich für die Beibehaltung sozialer Wertvorstellungen aus, die auch bei einer Vereinigung beider deutscher Staaten miteingebracht werden müßten. Sie setzen sich für Toleranz gegenüber politisch Andersdenkenden ein, nicht aber gegenüber Neonazis und Terroristen.

Freitag, 15. Dezember

„Ob 1848, ob 1918, ob 1933 – die deutsche Linke verlor, die Rechte triumphierte. Warum? Weil sich die Linken in ihrem intellektuellen Hochmut mit gegenseitigen Vorwürfen, mit Machtansprüchen gegeneinander, mit Rechthaberei, Profilsucht und Taktiererei zerstritten, während sich die Rechten damit begnügten, nationale Gefühle zu chauvinistischen Emotionen hochzupeitschen und demagogische Scheinlösungen anzubieten", schreibt die „Berliner Zeitung". „Genaugenommen hat die deutsche Rechte einen Satz von Karl Marx viel besser begriffen als die Linke, die Marx zu ihren Stammvätern zählt. Jenen bitteren Satz nämlich, daß die Deutschen noch nie eine eigene Revolution zu Ende gebracht, jede Konterrevolution aber mitgemacht haben. Wird es der Oktoberrevolution 1989 in der DDR anders ergehen? (...) Nach dem mutigen Aufmarsch einiger Tausender, dann Zehntausender und schließlich einer halben Million gegen die unerträglichen stalinistischen Strukturen in diesem Land droht Leipzig jetzt zum Sammelpunkt der Rechten zu werden. Jetzt melden sie sich öffentlich zu Wort, jetzt, da Demonstrationen keinen Mut mehr erfordern, jetzt, da die alten Strukturen beseitigt werden. Jetzt fordern sie Großdeutschland und gröhlen selbstbewußt: ‚Rote raus aus der Demo!' Täuschen wir uns nicht, mit den ‚Roten' meinen sie nicht nur die Mitglieder der bisherigen SED, sondern jeden, der über die Chance eines erneuerten, demokratischen und ökologischen Sozialismus nachdenkt." Der Kommentator Bo Adam schließt: „Letztendlich müssen also wir, die Linke in der DDR – ob in der künftigen SED, im ‚Neuen Forum', in ‚Demokratie jetzt', im ‚Demokratischen Aufbruch', in der SDP, bei den Grünen, bei ‚Frieden und Menschenrechte' und in früheren ‚Blockparteien' organisiert –, die Sache allein ausfechten. Auf uns lastet die Verantwortung, ob aus der Oktoberrevolution 1989 nicht doch wieder eine großdeutsche Konterrevolution wird, bis alles in Scherben fällt..."

Mit dem Pädagogen Volker Abend vom „Neuen Forum" soll erstmals ein Vertreter der oppositionellen Gruppen in die Regierungsverantwortung gerufen werden. Dem früheren Mathematiklehrer an der katholischen Theresien-Oberschule wird angetragen, Stellvertreter des Ministers für Bildung zu werden.

Unter dem Leitwort „Erneuerung und Zukunft" beginnt in Berlin der von der Basis geforderte CDU-Sonderparteitag. Die 800 Delegierten vertreten rund 140 000 Parteimitglieder. Der erst wenige Wochen im Amt stehende Parteivorsitzende Lothar de Maizière bezeichnet den demokratischen Zentralismus als den genetischen Defekt der DDR und des von ihr betriebenen Pseudosozialismus. „Das Versagen unserer Partei in der Vergangenheit hat ein wichtiges Potential kirchlichen gesellschaftlichen Engagements in die neuentstandenen Gruppierungen und Parteien fließen lassen", resümiert er. Nach de Maizières Meinung ist der Begriff „Sozialismus" zur Worthülse verkommen und daher nicht mehr verwendbar. Die CDU sei eine Volkspartei mit christlichem Profil, die eintritt für Frieden in Freiheit und Gerechtigkeit, für Marktwirtschaft in sozialer Bindung und mit ökologischer Verantwortung, für die Einheit der deutschen Nation – übergangsweise in einer deutschen Konföderation – in einem freien und vereinten Europa auf der Grundlage des Selbstbestimmungsrechts der Völker. In einem Zwischenbericht des parteiinternen Untersuchungsausschusses heißt es, der frühere CDU-Vorsitzende Gerald Götting habe sich „wesentliche Verstöße" zuschulden kommen lassen, woraus ein materieller Schaden in Höhe von 1,2 Millionen Mark entstanden sei. So habe sich Götting jährlich 50 000 Mark für den Verlust seiner Funktion als früherer Parlamentspräsident auszahlen lassen. Die Zahlung sei mit dem Hinweis geschehen, daß habe Erich Honecker angewiesen.

Am Abend tritt das bisherige Hauptausschußmitglied Winfried Wolk aus der Partei aus. Der 48jährige Maler und Grafiker, der seit 19 Jahren der CDU angehörte, wirft dem Parteitag mangelnde Vergangenheitsbewältigung vor. Dieses Land stehe vor der Katastrophe. Aber wo man schreien müßte, werde gesäuselt. Die CDU sei lange Zeit der „Knüppel der SED“ und keine eigenständige Partei gewesen. Die CDU laufe der Entwicklung ständig hinterher. Statt um die brennenden Tagesfragen gehe es um Sitze, um Pfründe und um Selbstdarstellung.

Mitglieder der Liberal-Demokratischen Partei (LDPD) aus Karl-Marx-Stadt unterbreiten den offiziellen Vorschlag, die Stadt wieder in Chemnitz umzubenennen, so wie sie vor 1953 hieß. Ferner sprechen sie sich dafür aus, Straßen wieder ihren früheren Namen zu geben. So sollten beispielsweise die Juri-Gagarin-Straße und die Julian-Marchlewski-Straße wieder Zschopauer Straße und Bersdorfer Straße heißen.

Prominente Schriftsteller veröffentlichen einen Aufruf „Für feste Verbundenheit mit dem polnischen Volk“, in dem es heißt: „Menschen anderer Völker wird mit Mißtrauen begegnet, polnische Bürger vor allem stoßen inmitten der breiten demokratischen Volksbewegung auf eine Mauer der Intoleranz, des Mißtrauens, der Vorbehalte, der Zeichen des offenen Fremdenhasses.“ Die Unterzeichner fordern dazu auf, auch in Alltagssituationen nicht zu vergessen, „daß Achtung der Würde und die Akzeptanz der tief in der Geschichte verwurzelten Identität der Bürger anderer Länder zu den besten humanistischen Traditionen unseres Volkes gehören.“

Bei seinem Staatsbesuch in Prag erklärt Prof. Manfred Gerlach, daß es in der DDR keinen Raum für Neofaschismus und Antisemitismus geben werde. Vereinzelten derartigen Tendenzen begegne man mit allen Mitteln, auch den gesetzlichen Mitteln des Staates. Man werde auch keine neofaschistischen Parteien oder Organisationen dulden, also auch keine Zweigstellen der sogenannten „Republikaner“ aus der BRD.

Sonnabend, 16. Dezember

Es beginnt das große Wochenende der Parteitage, an dem neue wie erneuerte Kräfte Bilanz ziehen und Ausblick wagen. Die erste Phase der revolutionären Umgestaltung scheint abgeschlossen. Alte festgefahrene Verhältnisse sind aufgebrochen, der Boden für grundlegende Veränderungen bereitet. Nun gilt es, Kräfte zu sammeln, überzeugende Programme zu erarbeiten und Mehrheiten zu gewinnen, um bei den bevorstehenden Wahlen strukturelle Wandlungen herbeizuführen, die bis an die Wurzeln der Gesellschaft reichen.

Der neugewählte Generalsekretär der CDU, Martin Kirchner, gibt auf der Abschlußsitzung des Parteitags in Berlin ein öffentliches Schuldbekenntnis seiner Partei ab. Täter und Opfer seien Opfer und Täter zugleich gewesen. In der Aussprache plädieren mehrere Delegierte dafür, die Attribute konservativ und bürgerlich in die neue Parteiprogrammatik aufzunehmen. Mit überwältigender Mehrheit wird der Rechtsanwalt Lothar de Maizière zum Vorsitzenden gewählt. Zum Abschluß spricht er sich für ein wirklich neues Denken aus, für Unbestechlichkeit in der Politik und – mit Blick nach vorn – für den bewußten Verzicht auf billige Wahlkampftaktik.

In Leipzig tagt zur gleichen Zeit der Gründungsparteitag des „Demokratischen Aufbruchs“, der sich nach langer Programmdebatte für eine Zukunft der Marktwirtschaft ausspricht. Viele Redner machen zugleich darauf aufmerksam, daß sich dieses Ziel unter Beibehaltung der Wertvorstellungen „sozial und ökologisch“ – die ja auch Bestandteil des Parteinamens sind – allerdings nur schwer erreichen läßt. Auch hier wird das Wort Sozialismus aus dem Sprachgebrauch der Partei entfernt. Der Erfurter Delegierte Gerald Wittenberg erntete starken Beifall für die Feststellung: „Die Planwirtschaft ist tot, wir wollen diese Leiche nicht wiederbeleben, keine sozialistischen Experimente mehr.“ In der Aussprache wird deutlich, daß sich die junge Partei zwischen den „linken Visionären“ um den Wittenberger Pfarrer Friedrich Schorlemmer und den

„Pragmatikern“ um den Rostocker Rechtsanwalt Wolfgang Schnur, der zum Vorsitzenden gewählt wird, zu polarisieren beginnt. Der 45jährige Schnur ist einer der wenigen Einzelanwälte in der DDR und genießt das Vertrauen der Evangelischen Kirche, die ihn stets mit sensiblen Vorgängen betraute, auch mit der anwaltlichen Vertretung von Oppositionellen und „Republikflüchtlingen“. Er erklärt in einem Interview mit der „Bild am Sonntag“, seine Partei wolle ein „neues, vereinigtes Deutschland in den Grenzen des Jahres 1989 schaffen“.

Die SED beschließt während des zweiten Teils ihres Sonderparteitages in Berlin, sich als „Partei des Demokratischen Sozialismus“ neu zu formieren und bis zum nächsten ordentlichen Parteitag unter dem Doppelnamen SED-PDS dafür Sorge zu tragen, daß ihre tiefe Schuld an der Krise der DDR abgetragen wird. Unmißverständlich bricht die neue Führung mit der stalinistischen Vergangenheit in Struktur, Organisation und Politik. Basisdemokratie, freie Entfaltung des einzelnen Mitglieds, gleichberechtigter Status neben anderen Parteien und das Streben nach einem sauberen, menschenfreundlichen Sozialismus sollen den Charakter der gewandelten Partei bestimmen. Ausdruck dessen ist auch die Teilnahme von früheren „Abweichlern“ wie Walter Janka und Rudolf Bahro. Janka wird einstimig in die Tagungsleitung gewählt, Bahro kann halbstündig den Delegierten sein Konzept ökologischer Wirtschaftspolitik vortragen. Auch für die SED-PDS hat der Wahlkampf schon begonnen und so wird als vordringlichste Aufgabe gestellt, „die staatliche Eigenständigkeit der DDR zu wahren und mit einer einflußreichen sozialistischen Partei in Volksvertretungen und Regierung Verantwortung zu tragen“.

Von rechter Seite wird ebenfalls zum Wahlkampf gerüstet. Der Kriminalsoziologe Wolfgang Brück, der die jüngsten Aktivitäten in diesem Bereich beobachtet hat, urteilt: „Ich vermute, daß wir recht bald mit einem organisierten Heraustreten einer rechtsextremistischen Organisation aus dem Dunkel zu rechnen haben. Es gibt in der DDR beträchtliche rechtsextreme Stimmungen. Es hat örtliche Aktionen gegeben. Flugblätter der Republikaner sind in Berlin und Leipzig aufgetaucht. Eine andere Frage aber ist, ob die Republikaner oder die anderen neonazistischen Gruppierungen Oberhand in unserer gegenwärtigen Situation gewinnen können. Eine solche aktuelle Gefahr ist, so glaube ich jedenfalls, nicht unbedingt vorhanden. Die DDR ist in ihrer übergroßen Gesamtheit antifaschistisch. Sie muß sich aber in aller Offenheit, ich wiederhole, in bedingungsloser Offenheit, diesem Kampf stellen. Ansonsten wird es ein böses Erwachen geben."

Nach Angaben von „Republikaner"-Chef Franz Schönhuber schickt die Neonazi-Partei derzeit „tonnenweise" Propagandamaterial in die DDR, wo sie über „intakte Gruppen" verfüge. Die „Junge Welt" berichtet über faschistische Morddrohungen, die bei der Nationalen Mahn- und Gedenkstätte in Buchenwald eingetroffen sind und die mit den Worten endeten: „Deshalb haltet die Öfen offen, jeder Schuß ein Ruß' und ein Kommunist!" Der maschinengeschriebene Brief trug den Absender Untergrundbewegung „Republikaner". Darin enthalten war auch die Feststellung: „Wenn Medien der DDR schreiben und meinen, ‚Neonazis haben keine Chance', dann möchte ich sie eines besseren belehren!"

Die Regierung informiert Volkskammerpräsident Maleuda über die Auflösung des Amtes für Nationale Sicherheit und die Abberufung ihres Leiters General Wolfgang Schwanitz aus dem Kabinett. Zu diesem Thema liest man in der „National-Zeitung": „Wieder ein Sieg des Volkes auf der Straße? Sicher auch. Schließlich lag über dem neuen Amt unübersehbar der dunkle Schatten des unseligen Vorgängerministeriums, konnte in Jahrzehnten gewachsenes Mißtrauen sich nicht über Nacht in Wohlgefallen auflösen. Zögerlicher Umgang mit der eigenen, geheimnisumwitterten Vergangenheit, versuchte und tatsächliche Aktenvernichtung, von der Führung des Amtes mehr oder minder halbherzig betriebener Bruch mit dem Überlebten machte auch das neue Unternehmen wiederum verdächtig."

Sonntag, 17. Dezember

Meinungsforscher aus der BRD und der DDR führen eine repräsentative Befragung unter DDR-Bürgern durch und kommen zu folgenden Ergebnissen: Für die Idee des Sozialismus sind 71 Prozent, für eine souveräne DDR 73 Prozent der Befragten. Lediglich

27 Prozent sprechen sich für einen gemeinsamen Staat mit der Bundesrepublik aus. 39 Prozent halten das Wirtschaftssystem der BRD für erstrebenswert, 61 Prozent geben einem „gründlich reformierten sozialistischen Wirtschaftssystem" den Vorzug. „Falls morgen Wahlen wären", würden 86 Prozent wählen gehen. Von den 48 Prozent Entschlossenen würden 14 Prozent SED, 9 Prozent SDP, 6 Prozent „Neues Forum", 5 Prozent LDPD, 5 Prozent CDU, 3 Prozent Die Grünen, 3 Prozent DBD, 1 Prozent „Demokratischer Aufbruch" und 1 Prozent NDPD wählen.

Diese Ergebnisse lösen bei vielen Überraschung aus. Die Fernsehbilder der letzten Wochen hatten eher einen anderen Eindruck entstehen lassen, doch entsprechen fahnenschwenkende Gruppen in Leipzig und laute Sprechchöre in Dresden offensichtlich nicht der Gesamtstimmung in allen Teilen der Bevölkerung. Vielmehr ist die Absicht zu spüren, einen eigenen demokratischen Weg zu beschreiten, die jungen Hoffnungen nicht gleich wieder aufzugeben.

Der österreichische Zukunftsforscher Prof. Robert Jungk, der die jüngste Entwicklung der DDR intensiv verfolgt hat, kommt sogar zu folgendem Urteil: „Hier sind diese alten festgefahrenen ökonomischen und politischen Herrschaftsstrukturen nicht mehr da, die bei uns im Westen überall noch existieren, ob es sich nun um Machtstrukturen der Konzerne oder der Parteien handelt. Hier ist etwas in Fluß geraten, eine Demokratie im Entstehen, die den Bürgern viel mehr Möglichkeiten des Mitdenkens und Mitentwerfens bietet als irgendeine andere Demokratie. Das könnte ein Modell für die Welt werden... Viele sehen die Öffnung dieser Gesellschaft nur als Gefahr der Kolonisation. Ich sehe die DDR nicht als das verlorene Land, sondern vor allem als die große Chance."

Überblick der Ereignisse

7. Oktober
Feiern zum 40. Jahrestag der DDR
Demonstrationen für Reformen in vielen Städten, die durch brutale Polizeieinsätze aufgelöst werden
Gründung der Sozialdemokratischen Partei (SDP)

8. Oktober
Demonstrationen in Berlin und Dresden mit gewaltsamen Auseinandersetzungen und zahlreichen Festnahmen

9. Oktober
Friedliche Demonstration von 70 000 in Leipzig; engagierte Bürger verhindern das Eingreifen der Polizei
Schlagstockeinsatz in Halle

10. Oktober
Sitzung des SED-Politbüros; keine Mehrheit für eine Erneuerung

11. Oktober
Aufruf des SED-Politbüros zum „sachlichen Dialog"
Demonstrationen in mehreren Städten

12. Oktober
Verfügung von Reisebeschränkungen in die ĈSSR
Das „Neue Forum" fordert seine Zulassung und die Freilassung aller verhafteten Demonstranten
Die „Vereinigte Linke" verlangt den Rücktritt von SED-Politbüro und Regierung sowie die Bildung einer Übergangsregierung

13. Oktober
Angriff des LDPD-Chefs Gerlach auf das Machtmonopol der SED
Treffen Erich Honeckers mit den Vorsitzenden der „befreundeten Parteien"
Freilassung der inhaftierten Demonstranten bis auf elf Personen

14. Oktober
Koordinationstreffen des „Neuen Forums"
Anschwellen des Ausreisestroms mit dem Beginn der Herbstschulferien

15. Oktober
Demonstrationen in Halle und Plauen
„Konzert gegen Gewalt" in Berlin

16. Oktober
120 000 Menschen demonstrieren in Leipzig , jeweils 10 000 in Dresden und Magdeburg, 5 000 in Halle und 3 000 in Berlin
Treffen von Dresdens Oberbürgermeister Berghofer mit Vertretern der Bürgerbewegung „Gruppe der 20"

17. Oktober
Stundentenkundgebung an der Berliner Humboldt-Universität für Reformen im Hochschulbereich
Aufruf zur Gründung unabhängiger Gewerkschaften aus dem Teltower Geräte- und Reglerwerk

18. Oktober
Rücktritt Erich Honeckers als Generalsekretär des ZK der SED; Wahl von Egon Krenz zum Nachfolger; Absetzung der ZK-Sekretäre Günter Mittag (Wirtschaft) und Joachim Herrmann (Agitation und Propaganda)

19. Oktober
Krenz kündigt eine „Wende" an
Großveranstaltung des „Neuen Forums" mit 10 000 Menschen in Zittau

20. Oktober
Rücknahme des Vertriebsverbots für die sowjetische Zeitschrift „Sputnik"
50 000 Dresdner fordern auf der Straße freie Wahlen

21. Oktober
Demonstrationen in Dresden, Plauen, Potsdam, Berlin und Karl-Marx-Stadt
Die LDPD erkennt das „Neue Forum“ an und bietet Listenplätze für die nächsten Wahlen an

22. Oktober
Erste öffentliche Diskussion zwischen Parteifunktionären, Theologen und Bürgern in Leipzig.

23. Oktober
Großdemonstrationen in Leipzig, Berlin, Dresden, Potsdam, Plauen und Karl-Marx-Stadt
Bürgerinitiativen stellen eine hundertseitige Dokumentation über die gewaltsamen Polizeieinsätze am 7. und 8. Oktober vor

24. Oktober
Wahl von Egon Krenz zum Vorsitzenden des Staatsrates und zum Vorsitzenden des Nationalen Verteidigungsrates durch die Volkskammer; Protestaktionen dagegen in mehreren Städten

25. Oktober
Demonstrationen in Berlin, Neubrandenburg, Greifswald und Halberstadt

26. Oktober
Erstes Treffen eines SED-Politbüromitgliedes mit Vertretern des „Neuen Forums“
Öffentlicher Dialog in Dresden, an dem 100 000 Menschen teilnehmen
25 000 demonstrieren in Rostock, 15 000 in Erfurt und 5 000 in Gera
Erste Kontakte zwischen Egon Krenz und Bundeskanzler Helmut Kohl

27. Oktober
Amnestie für alle „Republikflüchtlinge“ und nichtgewalttätigen Demonstranten
Demonstrationen in Karl-Marx-Stadt, Dresden, Güstrow, Lauchhammer, Saalfeld und Großräschen

28. Oktober
Die Blockparteien LDPD, NDPD und CDU melden größere Eigenständigkeit an
Protestaktionen in Leipzig, Erfurt, Jena, Plauen, Greiz und Senftenberg
Öffentliche Rehabilitierung für Walter Janka, ein prominentes Opfer des Stalinismus, im Deutschen Theater in Berlin

29. Oktober
Öffentlicher Dialog vor dem Roten Rathaus in Berlin
Demonstrationen in Ueckermünde, Rostock und Bad Salzungen

30. Oktober
Die Bürgerbewegung „Demokratischer Aufbruch“ beschließt, Partei zu werden; Wahl von Wolfgang Schnur zum Vorsitzenden
Freigabe der Umweltdaten
Massendemonstrationen im ganzen Land: 200 000 Teilnehmer in Leipzig, 50 000 in Halle, 40 000 in Schwerin, 20 000 jeweils in Cottbus und Karl-Marx-Stadt, 5 000 in Pößneck
Zum letzten Mal läuft der „Schwarze Kanal“ im DDR-Fernsehen

31. Oktober
Rücktrittsankündigung von Gewerkschaftschef Harry Tisch
Demonstration in Wittenberg

1. November
Treffen von Egon Krenz und Michail Gorbatschow in Moskau
Demonstrationen in Neubrandenburg, Frankfurt/Oder, Freital und Ilmenau

2. November
Wahl von Annelis Kimmel zur neuen Vorsitzenden des Gewerkschaftsverbandes FDGB
Rücktritt der SED-Bezirkschefs von Gera und Suhl
Abdankung der Vorsitzenden von CDU (Gerald Götting) und NDPD (Heinrich Homann)
Nachträgliche Bekanntgabe des Rücktritts von Volksbildungsministerin Margot Honecker
Demonstrationen in Gera, Erfurt, Halle und Guben

3. November
Rücktritt des Leipziger Oberbürgermeisters
Ausscheiden der SED-Politbüromitglieder Axen (ZK-Sekretär für internationale Beziehungen), Hager (ZK-Sekretär Wissenschaft und Kultur), Mielke (Minister für Staatsssicherheit), Mückenberger (Vorsitzender der Zentralen Parteikontrollkommission) und Neumann (Vizepremier)

4. November
Massendemonstration von mehr als 500 000 Menschen in Berlin für Presse- und Versammlungsfreiheit; es ist die größte Kundgebung in der Geschichte des Landes
Kundgebungen in Magdeburg, Rostock, Altenburg, Potsdam, Lauscha, Suhl, Plauen, Schwerin, Dresden und Arnstadt

5. November
Rücktritt der SED-Bezirkssekretäre in Leipzig und Schwerin
Bildung einer Initiativgruppe zur Gründung einer grünen Partei

6. November
Veröffentlichung des 1. Entwurfs eines Reisegesetzes
Demonstrationen in Leipzig (500 000), Karl-Marx-Stadt (50 000), Schwerin, Halle und Cottbus

7. November
Rücktritt der Regierung Stoph
Protestaktion der SED-Basis vor dem ZK-Gebäude in Berlin
Abschaffung des Wehrkundeunterrichts an den Schulen

8. November
Rücktritt des SED-Politbüros; Wiederwahl von Egon Krenz zum Generalsekretär
Demonstrationen in Neubrandenburg, Frankfurt/Oder und Limbach-Oberfrohna

9. November
Das Innenministerium registriert das „Neue Forum" als Vereinigung
Die Parteibasis erzwingt den Rücktritt von vier neugewählten SED-Politbüromitgliedern
SED-Politbüromitglied Schabowski kündigt am Abend unvermittelt die Öffnung der Westgrenze für den nächsten Tag an
Tausende strömen noch in der Nacht zur Berliner Mauer und erzwingen sich den freien und ungehinderten Grenzübertritt

10. November
Volksfeste in Westberlin und grenznahen BRD-Städten nach dem Eintreffen Hunderttausender DDR-Bürger
Der Berliner Rechtsanwalt Lothar de Maizière wird neuer CDU-Vorsitzender
Kundgebung der SED in Berlin mit 100 000 Teilnehmern für innere Reformen

11. November
Bekanntgabe der Selbstmorde von mehreren SED-Funktionären
Warnung des „Neuen Forums" vor den ökonomischen Konsequenzen der überstürzten Grenzöffnung

12. November
Eröffnung zusätzlicher Grenzübergänge in Berlin
Die SED-Führung gibt dem Druck der Basis nach und wandelt die

geplante Parteikonferenz in einen außerordentlichen Parteitag um, womit die Neuwahl aller Leitungen möglich wird
Auswechselung der SED-Bezirkssekretäre in Erfurt, Karl-Marx-Stadt, Halle, Magdeburg und Rostock

13. November
Wahl von Günter Maleuda (DBD) zum neuen Parlamentspräsidenten
Wahl von Dr. Hans Modrow zum neuen Regierungschef
Großdemonstrationen in Leipzig, Dresden, Karl-Marx-Stadt, Cottbus, Magdeburg, Neubrandenburg und Schwerin

14. November
Ankündigung eines möglichen Beitritts der DDR zur EG
48 Hochschulen fordern die Abschaffung des Marxismus-Leninismus als Pflichtfach

15. November
Aufdeckung von Korruptionsaffären und Privilegienwirtschaft in den Medien
Eine erste Bilanz der Umweltzerstörungen wird vorgelegt

16. November
Auswechselung der restlichen SED-Bezirkssekretäre
Die Vorsitzende des offiziellen Frauenverbandes DFD, Ilse Thiele, tritt zurück
DDR-Tageszeitungen veröffentlichen erstmals die bundesdeutschen Fernsehprogramme
Die Akademie der Wissenschaften rehabilitiert ihre ehemaligen Mitglieder Robert Havemann und Ernst Bloch

17. November
Regierungserklärung des neuen Ministerpräsidenten Hans Modrow; Vorschlag zu einer Vertragsgemeinschaft zwischen der DDR und der BRD
Erste landesweite Demonstration von 10 000 Studenten in Berlin
Rücktritt des Rektors der SED-Parteihochschule, Kurt Tiedke

18. November
Bericht von Generalstaatsanwalt Günter Wendland über den Ermittlungsstand zu den Übergriffen der Sicherheitsorgane am 7. und 8. Oktober

19. November
Erste genehmigte Kundgebung des „Neuen Forums“ in Leipzig, an der sich 30 000 Menschen beteiligen
Demonstrationen auch in Dresden, Plauen, Suhl, Berlin und Eberswalde-Finow

20. November
Rücktritt des 79jährigen Präsidenten der Gesellschaft für Deutsch-Sowjetische Freundschaft Erich Mückenberger
Bekenntnis der Regierung Modrow zur politischen Kooperation mit der EG
Bilanz der Ausreisewelle: Seit dem 1. November haben 100 000 DDR-Bürger ihr Land verlassen
Das „Neue Forum“ Rostock schlägt die Abschaffung der Armee vor
Demonstrationen in Leipzig (250 000), Halle, Dresden, Cottbus, Schwerin, Magdeburg, Karl-Marx-Stadt und Neubrandenburg

21. November
Die Gruppe „Demokratie jetzt“ schlägt einen „Runden Tisch“ vor; die LDPD sagt ihre Teilnahme zu

22. November
Zusage der SED zur Teilnahme am Runden Tisch
Verteidigungsminister Theodor Hoffmann lehnt eine Auflösung der Streitkräfte wegen Bündnisverpflichtungen ab

23. November
Die Regierung beschließt Maßnahmen zur Bekämpfung von Schmuggel und Spekulation mit subventionierten Waren
Wiederaufführung des vor 20 Jahren verbotenen DEFA-Filmes „Spur der Steine“

Der Schriftstellerverband nimmt den 1979 verfügten Ausschluß von sechs Autoren zurück und entschuldigt sich bei ihnen

24. November
Egon Krenz kündigt die Streichung des Führungsanspruchs der SED aus der Verfassung an
83 Prozent der Teilnehmer an einer Umfrage sprechen sich für eine eigenständige Entwicklung der DDR aus. Hans Modrow ist mit 42 Prozent der populärste Politiker im Land

25. November
Besuch von Egon Krenz in Leipzig, wo er sich „tief betroffen" vom Verfall der Stadt zeigt
Wirtschaftsseminar des „Neuen Forums" in Berlin
Demonstration in Plauen für die „Wiedervereinigung Deutschlands"
Kulturminister Keller ruft alle außer Landes gegangenen Künstler zur Rückkehr auf

26. November
Erstes Arbeitstreffen der „Initiative für eine Vereinigte Linke"
Veröffentlichung des Aufrufs „Für unser Land", der sich für die Eigenstaatlichkeit der DDR einsetzt
Ankündigung der ersten Beratung am „Runden Tisch" für den 7. Dezember

27. November
Demonstrationen in Leipzig, Halle und Schwerin

28. November
Die Regierung legt einen neuen Entwurf des Reisegesetzes vor, nachdem der erste auf entschiedene Ablehung gestoßen war
Verkündung des 10-Punkte-Planes der Bundesregierung zum Ausbau der Beziehungen zur DDR
Die Stadtverordnetenversammlung von Berlin spricht sich für die Öffnung des Brandenburger Tores aus

29. November
Der frühere FDGB-Chef Harry Tisch wird aus den Gewerkschaften ausgeschlossen; der gesamte Bundesvorstand des FDGB tritt zurück

30. November
Finanzskandal im FDGB
Bildung einer Arbeitsgruppe Joint ventures in Berlin
Demonstration in Erfurt

1. Dezember
Die Volkskammer beschließt die Streichung des Führungsanspruchs der SED aus der Verfassung
Offizielle Entschuldigung der DDR-Regierung für die Beteiligung an der militärischen Intervention 1968 in der ČSSR
Treffen von Kulturminister Keller mit dem Liedermacher Wolf Biermann, der am Abend nach 13 Jahren erstmals wieder in der DDR auftreten darf
Der Sprecherrat des „Neuen Forums" Karl-Marx-Stadt ruft zum Generalstreik auf

2. Dezember
Enttarnung einer Lagerhalle bei Rostock als Waffenlager der IMES GmbH, die Kriegsgüter in Spannungsgebiete nach Afrika, Lateinamerika und in den Nahen Osten exportierte
Demonstration der SED-Parteibasis gegen Egon Krenz

3. Dezember
Hunderttausende beteiligen sich an einer Menschenkette für demokratische Erneuerung quer durch das Land
Das Politbüro und das ZK der SED treten geschlossen zurück
Ein Arbeitsausschuß übernimmt die Leitung der SED
Staatssekretär Alexander Schalck-Golodkowski flieht außer Landes
Harry Tisch, der frühere ZK-Sekretär für Wirtschaft Günter Mittag und die ehemaligen SED-Bezirkssekretäre Müller (Erfurt) und Albrecht (Suhl) werden wegen Korruptionsvorwürfen verhaftet

In mehreren Strafanstalten des Landes brechen Häftlingsrevolten aus; gefordert wird eine Generalamnestie

4. Dezember

Austritt der CDU aus dem Demokratischen Block

Die SPD schlägt als Wahltermin den 6. Mai 1990 vor

Demonstrationen in Leipzig, Karl-Marx-Stadt, Cottbus, Berlin und Halle

5. Dezember

Generalstaatsanwalt Günter Wendland tritt zurück

Erich Honecker und weitere frühere Politbüromitglieder werden unter Hausarrest gestellt

Das Kollegium des neugebildeten Amtes für Nationale Sicherheit tritt geschlossen zurück

Die LDPD verläßt den Demokratischen Block

Premier Hans Modrow und Kanzleramtsminister Rudolf Seiters vereinbaren einen deutsch-deutschen Devisenfonds

6. Dezember

Egon Krenz tritt vom Amt des Vorsitzenden des Staatsrates und des Nationalen Verteidigungsrates zurück. Amtierendes Staasoberhaupt wird Manfred Gerlach

Erste Warnstreiks u. a. in Plauen und Markneukirchen

Die Gebäudes des Amtes für Nationale Sicherheit werden unter Polizeikontrolle gestellt, um die Aktenvernichtung zu verhindern

Der flüchtige Staatssekretär Schalck-Golodkowski stellt sich den Westberliner Behörden

7. Dezember

Beginn der Beratungen am „Runden Tisch"

Bekanntgabe des Wahltermins am 6. Mai 1990

Rücktritt des Präsidenten des Nationalrates der Nationalen Front, Lothar Kolditz

Verkündung einer Teilamnestie

8. Dezember
Die Regierung verfügt die Auflösung des Amtes für Nationale Sicherheit im Ergebnis der Beratungen am „Runden Tisch"
Die Volkskammer beschließt die Ausarbeitung eines Wahlgesetzes
Die früheren SED-Politbüromitglieder Mielke, Stoph, Kleiber und Krolikowski werden wegen Korruptionsfällen verhaftet. Honecker und Axen erhalten ob ihres Gesundheitszustandes Haftverschonung
Beginn des SED-Sonderparteitags in Berlin

9. Dezember
Wahl des Berliner Rechtsanwaltes Gregor Gysi zum Vorsitzenden der SED. Seine Stellvertreter werden Dresdens Oberbürgermeister Wolfgang Berghofer und Premier Hans Modrow
Der frühere Vorsitzende der Nationaldemokratischen Partei (NDPD) Heinrich Homann wird aus der Partei ausgeschlossen

10. Dezember
Demonstrationen in Rostock, Cottbus, Erfurt und Plauen

11. Dezember
Konstituierung der marxistischen Partei DIE NELKEN
Das Innenministerium zieht alle Schußwaffen führender Funktionäre ein
100 000 demonstrieren in Leipzig. Demonstrationen auch in Karl-Marx-Stadt, Dresden, Halle, Neubrandenburg und Schwerin

12. Dezember
Das „Neue Forum" erstattet Strafanzeige gegen Egon Krenz und den früheren Chef des aufgelösten Amtes für Nationale Sicherheit, General Wolfgang Schwanitz wegen „Verdunklung" durch Aktenvernichtung

13. Dezember
Der Polizeipräsident von Berlin, General Friedhelm Rausch, tritt zurück
Kirche und oppositionelle Gruppen schlagen vor, die Leipziger

Montagdemonstration in schweigendem Gedenken an die Opfer des Stalinismus zu beenden und auf Plakate und Sprechchöre zu verzichten

14. Dezember
Gründung eines unabhängigen Umweltinstituts
Die frühere Politbürosiedlung Wandlitz bei Berlin soll Rehabilitations-Zentrum werden
Das Innenministerium warnt vor Übergriffen und Selbstjustiz

15. Dezember
Beginn des Sonderparteitages der CDU
LDPD-Mitglieder schlagen die Rückbenennung von Karl-Marx-Stadt in Chemnitz vor
Die Regierung gibt die Auflösung der Kampfgruppen bekannt

16. Dezember
Wahl von Lothar de Maizière zum Vorsitzenden der CDU
In Leipzig findet der Gründungsparteitag des „Demokratischen Aufbruchs“ statt
In Berlin wird der Sonderparteitag der SED fortgesetzt; die SED wird künftig den Beinamen „Partei des Demokratischen Sozialismus“ führen und als SED-PDS ihre „Schuld an der tiefen Krise der DDR abtragen“

17. Dezember
In Meinungsumfragen sprechen sich 73 Prozent der Befragten für eine selbständige DDR aus
Alle Parteien eröffnen den Wahlkampf

Angaben zu den Autoren

Hannes Bahrmann

Jahrgang 1952, freier Publizist in Berlin, Studium der Geschichte und Lateinamerikawissenschaften in Rostock, Journalist bei Rundfunk, Zeitungen und einer Nachrichtenagentur, Autor zahlreicher Sachbücher u. a. zu Mittelamerika, Drogen und US-Politik

Christoph Links

Jahrgang 1954, Literaturkritiker und Publizist, Studium der Philosophie in Berlin, Journalist bei der „Berliner Zeitung“, wissenschaftlicher Mitarbeiter im Aufbau-Verlag, Initiator und Leiter des Sachbuchverlages „LinksDruck“, Autor und Herausgeber mehrerer Bücher

Fotonachweis

ADN-ZB/ Bartoja 156
Bauer 77, 98
Busch 187
Gahlbeck 18
Hirschberger 102
Köhler 162
Lehmann 37, 117
Link 79
Ludwig 97
Müller 156
Oberst 50, 58
Roeske 92
Weisflog 79, 171
Zimmermann 179
Hannes Bahrmann 225
Günter Hübner 43
Eberhard Klöppel (Umschlag)
Christoph Links 225
Frank Splanemann 61, 72, 95, 114, 134, 182
Klaus Thiere 43, 53
Garald Zörner 10

ISBN 3-351-01765-0

1. Auflage 1990

Einbandgestaltung Regine Schmidt
Druck und Binden Druckerei „Hermann Duncker", Leipzig III/18/138
Printed in the German Democratic Republic
Lizenznummer 301. 120
Bestellnummer 614 298 7
DDR [illegible] M